U0367063

国家出版基金项目

绿色制造丛书

组织单位 | 中国机械工程学会

绿色包装与物流

张钦红　编著

机械工业出版社

CHINA MACHINE PRESS

本书共 7 章，分别从包装概述、绿色物流包装的实践与研究、绿色物流包装的设计、绿色物流包装的选材与制造、物流包装的租赁与共享、物流包装的循环利用、典型产品的物流包装与绿色化等方面展开阐述。

本书的主要读者对象包括物流包装行业的从业人员、大学相关专业的本科生和研究生等。

图书在版编目（CIP）数据

绿色包装与物流／张钦红编著 . —北京：机械工业出版社，2021.6
（绿色制造丛书）
国家出版基金项目
ISBN 978-7-111-68266-0

Ⅰ.①绿… Ⅱ.①张… Ⅲ.①物流管理-包装管理- 无污染技术-研究 Ⅳ.①F252.13

中国版本图书馆 CIP 数据核字（2021）第 091522 号

机械工业出版社（北京市百万庄大街 22 号 邮政编码 100037）
策划编辑：罗晓琪 责任编辑：罗晓琪 何 洋 刘 静
责任校对：李 伟 责任印制：李 楠
北京宝昌彩色印刷有限公司印刷
2021 年 12 月第 1 版第 1 次印刷
169mm×239mm · 12.75 印张 · 239 千字
标准书号：ISBN 978-7-111-68266-0
定价：68.00 元

电话服务　　　　　　　　网络服务
客服电话：010-88361066 机 工 官 网：www.cmpbook.com
　　　　　010-88379833 机 工 官 博：weibo.com/cmp1952
　　　　　010-68326294 金 书 网：www.golden-book.com
封底无防伪标均为盗版 机工教育服务网：www.cmpedu.com

"绿色制造丛书" 编撰委员会

主　任
宋天虎　中国机械工程学会
刘　飞　重庆大学

副主任（排名不分先后）
陈学东　中国工程院院士，中国机械工业集团有限公司
单忠德　中国工程院院士，南京航空航天大学
李　奇　机械工业信息研究院，机械工业出版社
陈超志　中国机械工程学会
曹华军　重庆大学

委　员（排名不分先后）
李培根　中国工程院院士，华中科技大学
徐滨士　中国工程院院士，中国人民解放军陆军装甲兵学院
卢秉恒　中国工程院院士，西安交通大学
王玉明　中国工程院院士，清华大学
黄庆学　中国工程院院士，太原理工大学
段广洪　清华大学
刘光复　合肥工业大学
陆大明　中国机械工程学会
方　杰　中国机械工业联合会绿色制造分会
郭　锐　机械工业信息研究院，机械工业出版社
徐格宁　太原科技大学
向　东　北京科技大学
石　勇　机械工业信息研究院，机械工业出版社
王兆华　北京理工大学
左晓卫　中国机械工程学会
朱　胜　再制造技术国家重点实验室
刘志峰　合肥工业大学
朱庆华　上海交通大学

张洪潮　大连理工大学
李方义　山东大学
刘红旗　中机生产力促进中心
李聪波　重庆大学
邱　城　中机生产力促进中心
何　彦　重庆大学
宋守许　合肥工业大学
张超勇　华中科技大学
陈　铭　上海交通大学
姜　涛　工业和信息化部电子第五研究所
姚建华　浙江工业大学
袁松梅　北京航空航天大学
夏绪辉　武汉科技大学
顾新建　浙江大学
黄海鸿　合肥工业大学
符永高　中国电器科学研究院股份有限公司
范志超　合肥通用机械研究院有限公司
张　华　武汉科技大学
张钦红　上海交通大学
江志刚　武汉科技大学
李　涛　大连理工大学
王　蕾　武汉科技大学
邓业林　苏州大学
姚巨坤　再制造技术国家重点实验室
王禹林　南京理工大学
李洪丞　重庆邮电大学

"绿色制造丛书"　编撰委员会办公室

主　任
刘成忠　陈超志

成　员（排名不分先后）
王淑芹　曹　军　孙　翠　郑小光　罗晓琪　罗丹青　张　强　赵范心　李　楠
郭英玲　权淑静　钟永刚　张　辉　金　程

　　制造是改善人类生活质量的重要途径，制造也创造了人类灿烂的物质文明。

　　也许在远古时代，人类从工具的制作中体会到生存的不易，生命和生活似乎注定就是要和劳作联系在一起的。工具的制作大概真正开启了人类的文明。但即便在农业时代，古代先贤也认识到在某些情况下要慎用工具，如孟子言："数罟不入洿池，鱼鳖不可胜食也；斧斤以时入山林，材木不可胜用也。"可是，我们没能记住古训，直到 20 世纪后期我国乱砍滥伐的现象比较突出。

　　到工业时代，制造所产生的丰富物质使人们感受到的更多是愉悦，似乎自然界的一切都可以为人的目的服务。恩格斯告诫过：我们统治自然界，决不像征服者统治异民族一样，决不像站在自然以外的人一样，相反地，我们同我们的肉、血和头脑一起都是属于自然界，存在于自然界的；我们对自然界的整个统治，仅是我们胜于其他一切生物，能够认识和正确运用自然规律而已（《劳动在从猿到人转变过程中的作用》）。遗憾的是，很长时期内我们并没有听从恩格斯的告诫，却陶醉在"人定胜天"的臆想中。

　　信息时代乃至即将进入的数字智能时代，人们惊叹欣喜，日益增长的自动化、数字化以及智能化将人从本是其生命动力的劳作中逐步解放出来。可是蓦然回首，倏地发现环境退化、气候变化又大大降低了我们不得不依存的自然生态系统的承载力。

　　不得不承认，人类显然是对地球生态破坏力最大的物种。好在人类毕竟是理性的物种，诚如海德格尔所言：我们就是除了其他可能的存在方式以外还能够对存在发问的存在者。人类存在的本性是要考虑"去存在"，要面向未来的存在。人类必须对自己未来的存在方式、自己依赖的存在环境发问！

　　1987 年，以挪威首相布伦特兰夫人为主席的联合国世界环境与发展委员会发表报告《我们共同的未来》，将可持续发展定义为：既满足当代人的需要，又不对后代人满足其需要的能力构成危害的发展。1991 年，由世界自然保护联盟、联合国环境规划署和世界自然基金会出版的《保护地球——可持续生存战略》一书，将可持续发展定义为：在不超出支持它的生态系统承载能力的情况下改善人类的生活质量。很容易看出，可持续发展的理念之要在于环境保护、人的生存和发展。

世界各国正逐步形成应对气候变化的国际共识，绿色低碳转型成为各国实现可持续发展的必由之路。

中国面临的可持续发展的压力尤甚。经过数十年来的发展，2020 年我国制造业增加值突破 26 万亿元，约占国民生产总值的 26%，已连续多年成为世界第一制造大国。但我国制造业资源消耗大、污染排放量高的局面并未发生根本性改变。2020 年我国碳排放总量惊人，约占全球总碳排放量 30%，已经接近排名第 2~5 位的美国、印度、俄罗斯、日本 4 个国家的总和。

工业中最重要的部分是制造，而制造施加于自然之上的压力似乎在接近临界点。那么，为了可持续发展，难道舍弃先进的制造？非也！想想庄子笔下的圃畦丈人，宁愿抱瓮舀水，也不愿意使用桔槔那种杠杆装置来灌溉。他曾教训子贡："有机械者必有机事，有机事者必有机心。机心存于胸中，则纯白不备；纯白不备，则神生不定；神生不定者，道之所不载也。"（《庄子·外篇·天地》）单纯守纯朴而弃先进技术，显然不是当代人应守之道。怀旧在现代世界中没有存在价值，只能被当作追逐幻境。

既要保护环境，又要先进的制造，从而维系人类的可持续发展。这才是制造之道！绿色制造之理念如是。

在应对国际金融危机和气候变化的背景下，世界各国无论是发达国家还是新型经济体，都把发展绿色制造作为赢得未来产业竞争的关键领域，纷纷出台国家战略和计划，强化实施手段。欧盟的"未来十年能源绿色战略"、美国的"先进制造伙伴计划 2.0"、日本的"绿色发展战略总体规划"、韩国的"低碳绿色增长基本法"、印度的"气候变化国家行动计划"等，都将绿色制造列为国家的发展战略，计划实施绿色发展，打造绿色制造竞争力。我国也高度重视绿色制造，《中国制造 2025》中将绿色制造列为五大工程之一。中国承诺在 2030 年前实现碳达峰，2060 年前实现碳中和，国家战略将进一步推动绿色制造科技创新和产业绿色转型发展。

为了助力我国制造业绿色低碳转型升级，推动我国新一代绿色制造技术发展，解决我国长久以来对绿色制造科技创新成果及产业应用总结、凝练和推广不足的问题，中国机械工程学会和机械工业出版社组织国内知名院士和专家编写了"绿色制造丛书"。我很荣幸为本丛书作序，更乐意向广大读者推荐这套丛书。

编委会遴选了国内从事绿色制造研究的权威科研单位、学术带头人及其团队参与编著工作。丛书包含了作者们对绿色制造前沿探索的思考与体会，以及对绿色制造技术创新实践与应用的经验总结，非常具有前沿性、前瞻性和实用性，值得一读。

丛书的作者们不仅是中国制造领域中对人类未来存在方式、人类可持续发展的发问者，更是先行者。希望中国制造业的管理者和技术人员跟随他们的足迹，通过阅读丛书，深入推进绿色制造！

华中科技大学　李培根
2021 年 9 月 9 日于武汉

在全球碳排放量激增、气候加速变暖的背景下，资源与环境问题成为人类面临的共同挑战，可持续发展日益成为全球共识。发展绿色经济、抢占未来全球竞争的制高点，通过技术创新、制度创新促进产业结构调整，降低能耗物耗、减少环境压力、促进经济绿色发展，已成为国家重要战略。我国明确将绿色制造列为《中国制造 2025》五大工程之一，制造业的"绿色特性"对整个国民经济的可持续发展具有重大意义。

随着科技的发展和人们对绿色制造研究的深入，绿色制造的内涵不断丰富，绿色制造是一种综合考虑环境影响和资源消耗的现代制造业可持续发展模式，涉及整个制造业，涵盖产品整个生命周期，是制造、环境、资源三大领域的交叉与集成，正成为全球新一轮工业革命和科技竞争的重要新兴领域。

在绿色制造技术研究与应用方面，围绕量大面广的汽车、工程机械、机床、家电产品、石化装备、大型矿山机械、大型流体机械、船用柴油机等领域，重点开展绿色设计、绿色生产工艺、高耗能产品节能技术、工业废弃物回收拆解与资源化等共性关键技术研究，开发出成套工艺装备以及相关试验平台，制定了一批绿色制造国家和行业技术标准，开展了行业与区域示范应用。

在绿色产业推进方面，开发绿色产品，推行生态设计，提升产品节能环保低碳水平，引导绿色生产和绿色消费。建设绿色工厂，实现厂房集约化、原料无害化、生产洁净化、废物资源化、能源低碳化。打造绿色供应链，建立以资源节约、环境友好为导向的采购、生产、营销、回收及物流体系，落实生产者责任延伸制度。壮大绿色企业，引导企业实施绿色战略、绿色标准、绿色管理和绿色生产。强化绿色监管，健全节能环保法规、标准体系，加强节能环保监察，推行企业社会责任报告制度。制定绿色产品、绿色工厂、绿色园区标准，构建企业绿色发展标准体系，开展绿色评价。一批重要企业实施了绿色制造系统集成项目，以绿色产品、绿色工厂、绿色园区、绿色供应链为代表的绿色制造工业体系基本建立。我国在绿色制造基础与共性技术研究、离散制造业传统工艺绿色生产技术、流程工业新型绿色制造工艺技术与设备、典型机电产品节能减排技术、退役机电产品拆解与再制造技术等方面取得了较好的成果。

但是作为制造大国，我国仍未摆脱高投入、高消耗、高排放的发展方式，资源能源消耗和污染排放与国际先进水平仍存在差距，制造业绿色发展的目标尚未完成，社会技术创新仍以政府投入主导为主；人们虽然就绿色制造理念形成共识，但绿色制造技术创新与我国制造业绿色发展战略需求还有很大差距，一些亟待解决的主要问题依然突出。绿色制造基础理论研究仍主要以跟踪为主，原创性的基础研究仍较少；在先进绿色新工艺、新材料研究方面部分研究领域有一定进展，但颠覆性和引领性绿色制造技术创新不足；绿色制造的相关产业还处于孕育和初期发展阶段。制造业绿色发展仍然任重道远。

本丛书面向构建未来经济竞争优势，进一步阐述了深化绿色制造前沿技术研究，全面推动绿色制造基础理论、共性关键技术与智能制造、大数据等技术深度融合，构建我国绿色制造先发优势，培育持续创新能力。加强基础原材料的绿色制备和加工技术研究，推动实现功能材料特性的调控与设计和绿色制造工艺，大幅度地提高资源生产率水平，提高关键基础件的寿命、高分子材料回收利用率以及可再生材料利用率。加强基础制造工艺和过程绿色化技术研究，形成一批高效、节能、环保和可循环的新型制造工艺，降低生产过程的资源能源消耗强度，加速主要污染排放总量与经济增长脱钩。加强机械制造系统能量效率研究，攻克离散制造系统的能量效率建模、产品能耗预测、能量效率精细评价、产品能耗定额的科学制定以及高能效多目标优化等关键技术问题，在机械制造系统能量效率研究方面率先取得突破，实现国际领先。开展以提高装备运行能效为目标的大数据支撑设计平台，基于环境的材料数据库、工业装备与过程匹配自适应设计技术、工业性试验技术与验证技术研究，夯实绿色制造技术发展基础。

在服务当前产业动力转换方面，持续深入细致地开展基础制造工艺和过程的绿色优化技术、绿色产品技术、再制造关键技术和资源化技术核心研究，研究开发一批经济性好的绿色制造技术，服务经济建设主战场，为绿色发展做出应有的贡献。开展铸造、锻压、焊接、表面处理、切削等基础制造工艺和生产过程绿色优化技术研究，大幅降低能耗、物耗和污染物排放水平，为实现绿色生产方式提供技术支撑。开展在役再设计再制造技术关键技术研究，掌握重大装备与生产过程匹配的核心技术，提高其健康、能效和智能化水平，降低生产过程的资源能源消耗强度，助推传统制造业转型升级。积极发展绿色产品技术，研究开发轻量化、低功耗、易回收等技术工艺，研究开发高效能电机、锅炉、内燃机及电器等终端用能产品，研究开发绿色电子信息产品，引导绿色消费。开展新型过程绿色化技术研究，全面推进钢铁、化工、建材、轻工、印染等行业绿色制造流程技术创新，新型化工过程强化技术节能环保集成优化技术创新。开展再制造与资源化技术研究，研究开发新一代再制造技术与装备，深入推进废旧汽（含新能源汽车）零部件和退役机电产品回收逆向物流系统、拆解/破碎/分离、高附加值资源化等关键技术与装备研究并应用示范，实现机电、汽车等产品的可拆卸和易回收。研究开发钢铁、冶金、石化、轻工等制造流程副产品绿色协同处理与循环利用技术，提高流程制造资源高效利用绿色产业链技术创新能力。

在培育绿色新兴产业过程中，加强绿色制造基础共性技术研究，提升绿色制造科技创新与保障能力，培育形成新的经济增长点。持续开展绿色设计、产品全生命周期评价方法与工具的研究开发，加强绿色制造标准法规和合格评判程序与范式研究，针对不同行业形成方法体系。建设绿色数据中心、绿色基站、绿色制造技术服务平台，建立健全绿色制造技术创新服务体系。探索绿色材料制备技术，培育形成新的经济增长点。开展战略新兴产业市场需求的绿色评价研究，积极引领新兴产业高起点绿色发展，大力促进新材料、新能源、高端装备、生物产业绿色低碳发展。推动绿色制造技术与信息的深度融合，积极发展绿色车间、绿色工厂系统、绿色制造技术服务业。

非常高兴为本丛书作序。我们既面临赶超跨越的难得历史机遇，也面临差距拉大的严峻挑战，唯有勇立世界技术创新潮头，才能赢得发展主动权，为人类文明进步做出更大贡献。相信这套丛书的出版能够推动我国绿色科技创新，实现绿色产业引领式发展。绿色制造从概念提出至今，取得了长足进步，希望未来有更多青年人才积极参与到国家制造业绿色发展与转型中，推动国家绿色制造产业发展，实现制造强国战略。

中国机械工业集团有限公司　陈学东

2021 年 7 月 5 日于北京

　　绿色制造是绿色科技创新与制造业转型发展深度融合而形成的新技术、新产业、新业态、新模式,是绿色发展理念在制造业的具体体现,是全球新一轮工业革命和科技竞争的重要新兴领域。

　　我国自20世纪90年代正式提出绿色制造以来,科学技术部、工业和信息化部、国家自然科学基金委员会等在"十一五""十二五""十三五"期间先后对绿色制造给予了大力支持,绿色制造已经成为我国制造业科技创新的一面重要旗帜。多年来我国在绿色制造模式、绿色制造共性基础理论与技术、绿色设计、绿色制造工艺与装备、绿色工厂和绿色再制造等关键技术方面形成了大量优秀的科技创新成果,建立了一批绿色制造科技创新研发机构,培育了一批绿色制造创新企业,推动了全国绿色产品、绿色工厂、绿色示范园区的蓬勃发展。

　　为促进我国绿色制造科技创新发展,加快我国制造企业绿色转型及绿色产业进步,中国机械工程学会和机械工业出版社联合中国机械工程学会环境保护与绿色制造技术分会、中国机械工业联合会绿色制造分会,组织高校、科研院所及企业共同策划了"绿色制造丛书"。

　　丛书成立了包括李培根院士、徐滨士院士、卢秉恒院士、王玉明院士、黄庆学院士等50多位顶级专家在内的编委会团队,他们确定选题方向,规划丛书内容,审核学术质量,为丛书的高水平出版发挥了重要作用。作者团队由国内绿色制造重要创导者与开拓者刘飞教授牵头,陈学东院士、单忠德院士等100余位专家学者参与编写,涉及20多家科研单位。

　　丛书共计32册,分三大部分:① 总论,1册;② 绿色制造专题技术系列,25册,包括绿色制造基础共性技术、绿色设计理论与方法、绿色制造工艺与装备、绿色供应链管理、绿色再制造工程5大专题技术;③ 绿色制造典型行业系列,6册,涉及压力容器行业、电子电器行业、汽车行业、机床行业、工程机械行业、冶金设备行业等6大典型行业应用案例。

　　丛书获得了2020年度国家出版基金项目资助。

　　丛书系统总结了"十一五""十二五""十三五"期间,绿色制造关键技术与装备、国家绿色制造科技重点专项等重大项目取得的基础理论、关键技术和装备成果，凝结了广大绿色制造科技创新研究人员的心血，也包含了作者对绿色制造前沿探索的思考与体会，为我国绿色制造发展提供了一套具有前瞻性、系统性、实用性、引领性的高品质专著。丛书可为广大高等院校师生、科研院所研发人员以及企业工程技术人员提供参考，对加快绿色制造创新科技在制造业中的推广、应用，促进制造业绿色、高质量发展具有重要意义。

当前我国提出了 2030 年前碳排放达峰目标以及 2060 年前实现碳中和的目标，绿色制造是实现碳达峰和碳中和的重要抓手，可以驱动我国制造产业升级、工艺装备升级、重大技术革新等。因此，丛书的出版非常及时。

绿色制造是一个需要持续实现的目标。相信未来在绿色制造领域我国会形成更多具有颠覆性、突破性、全球引领性的科技创新成果，丛书也将持续更新，不断完善，及时为产业绿色发展建言献策，为实现我国制造强国目标贡献力量。

中国机械工程学会　宋天虎
2021 年 6 月 23 日于北京

　　物流包装影响着物流的成本和质量，是物流管理中的重要环节。物流包装直接体现了物流对环境的影响，尤其是近年来，大量的一次性物流包装已成为社会各界关注的焦点。随着"环保风暴"不断加强，造纸业、化工业等与物流包装密切相关的行业均出现了较大幅度的成本上涨，进而导致了物流包装采购价格的上涨。在此背景下，如何通过包装材料减量化、包装可循环、包装租赁共享等技术和管理方法，提升物流包装绿色化水平并降低物流包装成本成为业界关注的热门话题。

　　对物流包装而言，保护产品、方便搬运、提升运输效率是其基本功能，而在满足乃至提升上述功能的前提下，通过引入新材料、新技术和新管理模式，降低包装的成本，提升其环保性，是绿色物流包装的整体思路。新材料技术的不断进步，是物流包装轻量化、减量化、绿色化的重要推动力。尤其是对一些特殊产品，如药品、食品、电子元器件、危化物品等，富含新技术的包装材料不仅能够保证这些产品在物流过程中的安全，而且能够提升其包装材料的环保性。在材料技术的基础上，运用最优化方法提升包装设计的水平，是提升物流包装绿色化水平、降低物流包装成本的重要手段。此外，在遵循一定标准的前提下，如何根据产品的尺寸、质量、搬运存储要求等因素设计适合的包装，是包装优化设计的研究课题。最后，物流管理模式，尤其是物流包装管理模式的改进和创新，也是提升物流包装绿色化的重要方面。比如，相比于"自给自足"的物流包装管理模式，租赁等共享的物流包装管理模式不仅能够降低物流包装的需要量和空包装的物流量，还能够提升物流包装的利用率。该模式在汽车行业已经得到了较多的应用，而且不断涌现的物流包装共享企业和平台验证了从管理上推进绿色物流包装的可行性和巨大的经济价值。这些从事物流包装共享和租赁的企业同样注重专业化的设计、研发和管理物流包装。

　　本书针对物流包装绿色化这一现实需要，从绿色物流包装的内涵和外延、绿色物流包装材料选择、设计、制造、运营中的优化利用，以及绿色物流包装的实践等角度，向业界提供一个整体的图景。考虑到绿色包装等课题受到学术界和实务界的密切关注，本书还充分利用现有的研究成果，提供了大量的案例材料，以帮助读者理解当前绿色物流包装实践的特点。

上海交通大学博士生石静对本书第 1~3 章做出了较多贡献；博士生胥欣对本书第 4、6 章做出了较多贡献；硕士生杨康康整理了每章的案例材料。在此一并表示感谢！由于编著者能力及时间限制，本书难免存在不足和疏漏，欢迎读者批评指正。

作　者

2021 年 1 月

目录 CONTENTS

第 1 章

———

包 装 概 述

案例导读

国家市场监督管理总局于 2019 年 5 月发布并实施了 GB/T 37422—2019《绿色包装评价方法与准则》。针对绿色包装产品低碳、节能、环保、安全的要求，该标准规定了绿色包装评价准则、评价方法、评价报告内容和格式，具体评价内容涉及包装产品的物理安全、食品安全和环境安全。

"绿色包装"在该标准中的定义：在包装产品全生命周期中，在满足包装功能要求的前提下，对人体健康和生态环境危害小、资源能源消耗少的包装。标准从资源属性、能源属性、环境属性和产品属性四个方面规定了绿色包装等级评定的关键技术要求。

我国包装行业规模庞大，目前国内生产企业有 20 余万家，涉及产品种类数以万计。然而，超过 80% 的企业以生产传统包装产品为主，产能过剩问题显著，包装废弃物对环境产生的压力也越来越大；同时，由于缺乏绿色化先进技术及绿色包装意识，当今市场对绿色包装产品的需求难以满足，因此包装行业的"供给侧结构"亟须调整。要改变这种格局，最有效的方式是通过"绿色包装评价"这一重要技术杠杆，促进企业产品更新换代和产业结构升级，以解决包装行业产能过剩的问题，从而在本质上实现"供给侧结构性改革调整"，进而推动我国包装产业由传统模式向绿色模式转变。

我国自 2015 年起，围绕绿色产品、节能低碳出台了一系列政策，如《中国制造 2025》《生态文明体制改革总体方案》《贯彻实施质量发展纲要 2015 年行动计划》《2015 年循环经济推进计划》《关于加强节能标准化工作的意见》等，明确提出支持企业实施绿色战略、绿色标准、绿色管理和绿色生产，建立统一的绿色产品体系，开展绿色评价，引导绿色生产和绿色消费，实施节能标准化示范工程。在一系列国内政策和国际发展趋势的推动下，我国于 2017 年 5 月首先发布并实施了国家绿色产品标准 GB/T 33761—2017《绿色产品评价通则》。

目前国内外绿色包装仅停留在概念阶段，尚无严格的统一定义和评价标准。因此，将绿色包装从概念转化为明确的评价要求，建立科学、合理、可操作的绿色包装评价标准体系，是当今社会发展的迫切需要，也是政府监管部门、行业协会和相关企业开展绿色包装评价工作和编制具体包装产品的绿色包装评价规范的重要依据。同时，绿色包装评价属于低碳、节能、环保领域的基础性标准化研究工作，推动绿色包装评价研究和应用示范，对转变包装产业结构、实现包装行业可持续发展具有举足轻重的影响。

因此，《绿色包装评价方法与准则》GB/T 37422—2019 的实施是贯彻落实

《生态文明体制改革总体方案》《中国制造2025》等国家标准化战略的具体措施，是加快实施"创新驱动发展战略"的重要举措，是将创新技术及时转化为国家标准或者国际标准并指导生产的典范。

GB/T 37442—2019 针对绿色包装产品低碳、节能、环保、安全的要求，结合 GB/T 33761—2017 中"绿色产品"的定义，提出了"绿色包装"的内涵。围绕"绿色包装"的定义，在 GB/T 37442—2019 编制过程中融入了"全生命周期"理念，在评价指标上涵盖了"资源+能源+环境+产品"四大属性，在框架上规定了绿色包装评价准则、评价方法、评价报告内容和格式。

GB/T 37442—2019 首次构建了绿色包装评价标准体系，采用计分制评价方法，使绿色包装评价可以量化，旨在通过开展绿色包装评价来带动绿色生产技术的升级与发展。GB/T 37442—2019 的实施，对于推动绿色包装评价研究和应用示范、转变包装产业结构、实现包装行业可持续发展具有重要的意义。

关于绿色包装的评价准则，GB/T 37442—2019 从资源属性、能源属性、环境属性和产品属性四个方面规定了等级评定的关键技术要求，给出了基准分值的设置原则：对重复使用性能、实际回收利用率、可降解率等重点指标赋予较高分值。

在环境属性方面，GB/T 37442—2019 要求工业用水重复利用率不小于90%，或不用水，依据 GB/T 7119—2018 进行计算。GB/T 37442—2019 无疑是对包装企业的一次警醒，在接下来的监管过程中，工业用水重复率或将成为评价包装企业环境影响的新重点。

事实上，此前我国就已颁布和实施了类似的取水量定额指标，使得造纸和包装企业通过提高设备水平，改进生产工艺技术，积极推广应用先进的节水技术，行业用水效率和回用率得到了较大提高。

据业内人士分析，从目前发布的标准看，这一情况可能会提高企业的环保成本，而无法完成设备升级以降低用水量、达到标准的企业，或将沦为新一轮的被淘汰者。

GB/T 4122.1—2008《包装术语第1部分：基础》中将包装定义为："为在流通过程中保护产品，方便储运，促进销售，按一定技术方法而采用的容器、材料及辅助物等的总体名称。也指为了达到上述目的而采用容器、材料和辅助物的过程中施加一定方法等的操作活动。"其他国家或组织对包装虽有着不同的表述，但基本意思一致，都以包装的功能和作用为其核心内容，一般包括两重含义：①关于盛装商品的容器、材料及辅助物品，即包装物；②关于实施盛装和封缄、包扎等的技术活动。

1.1 包装的功能与发展历史

1.1.1 包装的功能

一般而言，任何产品都要经过原材料、零部件、产成品的不同形态，通过不同加工处理和不同企业，最终到达消费者手中。在从原材料到产成品的过程中，产品必须经过适合的包装才能进行装卸和移动，因此，包装起着非常重要的作用。具体而言，包装的功能主要体现在两个方面：一个方面是产品保护功能，即防止商品在搬运和存储过程中可能发生的损坏、变质、损耗等；另一个方面是媒介功能，即把商品介绍给消费者，吸引消费者，从而达到扩大销售、占领市场的目的。这两种功能相辅相成：保护功能保证商品处于完好状态，为媒介功能的实现提供可能；媒介功能把商品尽快地推向消费者手中，使保护功能有效实现。综合来讲，包装的功能大致可以分为以下几个方面：保护与盛载、储运与促销、美化商品与传达信息、卫生与环保、循环与再生利用、成组化与防盗等。

1. 保护与盛载

保护与盛载内装物是包装制品的最基本功能。内装物的复杂性决定了它们具有各样的质地和形态，如固体（刚体、柔体、粉粒体）、液体或气体，这也决定了它们需要使用不同类型的盛载容器。此外，商品在完成生产后需经过多次搬运、储存、装卸等过程才能到达消费者手中。而在以上流通过程中，这些商品可能会面临压力、振动、冲击、潮湿、盐雾、化学腐蚀等不同的危害。因此，如何使商品保持完好状态、使各类损失降到最低，是包装制品生产制造之前的首要问题，同时也是选材设计乃至结构设计的重要理论依据。

2. 储运与促销

包装可以统一商品的大小规格，因此可以在一定程度上解决各类商品大小形态不一而给运输或存储带来的问题。同时，统一商品的大小规格可以方便商品在储运或流通过程中的搬运和数量清点。除此之外，通过合理设计包装物，可以达到促进消费的目的。如包装物通过印上各类图形、文字等，利用鲜明的色彩来引起消费者的注意。

3. 美化商品与传达信息

视觉效果的传达是包装的精华，是包装最具商业性的特质。包装通过设计，不仅能使消费者熟悉商品，还能增强消费者对商品品牌的记忆与好感，提高对生产企业的信任度。包装物还可以通过造型设计给人以美感，体现浓厚的文化特色。包装物品通过明亮鲜艳的色调，使之在强烈的传统文化节律中表达或渗透现代的艺术风韵和时代气息设计。包装以美感为要求的造型设计可以体现企业特色、文化特色，使商品本身的价值得到一定程度的提高，这样会调动消费环节的诸多因素，起到促进销售、塑造品牌形象、培育企业文化等作用。

▶ 4. 卫生与环保

包装就是将各类物品盛装在特定的容器中。在盛装之前，包装物需要经过清洗、干燥、消毒、除尘等几道工序的处理。盛装物品后，可使物品与外界细菌或有毒物质隔离，在一定程度上保持了物品在加工流通过程中的稳定性。包装的这一功能减少了物品的二次污染，充分体现了现代文明社会中产品卫生的首要准则。除此之外，随着人们环保观念的加强以及包装行业中绿色革命的兴起，包装还应做到可循环、无污染。而那些污染性强的包装物，一方面已被限制或禁止使用，另一方面也没有市场前景，最终将被社会所淘汰。

▶ 5. 循环与再生利用

许多包装制品可以多次循环使用，有的可以通过回收处理后反复使用，有的可以通过再次加工重新制成包装制品再次投入使用。包装制品的这种循环与再生利用功能，一方面可降低包装制品的成本，另一方面可充分利用和节省资源，更符合可持续发展的要求。

▶ 6. 成组化与防盗

成组化是指将同种商品或同类商品或不同类商品，以包装为单位，通过中包、大包的形式将其组合包装在一起，使包装后商品的功能更加完备，从而实现新的商品价值、达到更好的使用效果的过程。防盗功能是保护功能的延伸，是为防止被包装的商品遗失而设计的一种特殊功效。如包装药品罐的铅封一旦被打开，就会留下明显的开启痕迹，从而起到警示作用。

▶ 1.1.2 包装的发展历史

随着商品的出现、生产的发展和科技的进步，包装也不断改良并发生重大突破。包装的发展历程大致可以分为原始包装、传统包装和现代包装三个重要的发展阶段。

▶ 1. 原始包装

人类使用包装的历史可以追溯到远古时期。早在原始社会后期，随着生产技术的提高，生产得到发展，剩余物品必须储存和交换，于是人们利用自然界提供的树皮、树叶、兽皮、果壳等作为容器，以天然的葛藤作为捆扎材料，这就是包装的雏形，也是原始包装发展的开始。此后，随着劳动技能的提高，人们开始以植物纤维等制作最原始的篮、筐，用火煅烧石头、泥土制成泥壶、泥碗和泥罐等，用来盛装和保存食物、饮料及其他物品，这一突破初步完善了包装的运输、储存与保管功能。

▶ 2. 传统包装

冶炼工艺与锻造工艺的发展也进一步推动了包装材料的发展。包装进入传统包装发展阶段可以追溯到约公元前 4000 年的青铜器时代。4000 多年前的我国夏朝，人们已能冶炼铜器。商周时期，青铜冶炼技术进一步发展。春秋战国时期，人们掌握了铸铁炼钢技术和制漆涂漆技术，铁质容器、涂漆木质容器大量出现。在古埃及，公元前 3000 年就开始吹制玻璃容器。因此，用陶瓷、玻璃、木材、金属加工各种包装容器已有几千年的历史，其中许多技术经过不断完善发展，一直使用至今。

此外，公元 105 年蔡伦改进了造纸术。公元 610 年，中国造纸术经高丽传至日本；12 世纪传入欧洲，德国第一个建造了较大的造纸厂。11 世纪中叶，中国毕昇发明了活字印刷术。15 世纪，欧洲开始出现了活版印刷，包装印刷及包装装潢业开始发展。16 世纪，欧洲陶瓷工业开始发展；17 世纪，玻璃工业大发展，美国建成了玻璃工厂，开始生产各种玻璃容器。至此，以陶瓷、玻璃、木材、金属等为主要材料的包装工业开始发展，近代传统包装开始向现代包装过渡。

▶ 3. 现代包装

自 16 世纪以来，由于工业生产迅速发展，特别是 18、19 世纪的欧洲产业革命，极大地推动了包装工业的发展，从而为现代包装工业和包装科技的产生和建立奠定了基础。18 世纪末，法国科学家发明了灭菌法包装储存食品，促进了 19 世纪初玻璃食品罐头和马口铁食品罐头的出现，使食品包装学得到迅速发展。进入 19 世纪，包装工业开始全面发展。进入 20 世纪，科技的发展日新月异，新材料、新技术不断出现，聚乙烯（PE）、纸、玻璃、铝箔、各种塑料、复合材料等包装材料被广泛应用，无菌包装、防震包装、防盗包装、保险包装、组合包装、复合包装等技术日益成熟，从多个方面强化了包装的功能。

20 世纪中后期开始，国际贸易飞速发展，包装已为世界各国所重视，大约 90% 的商品需经过不同程度、不同类型的包装，包装已成为商品生产和流通过程中不可缺少的重要环节。电子技术、激光技术、微波技术被广泛应用于包装工业，包装设计实现了计算机辅助设计（Computer Aided Design，CAD），包装生产也实现了机械化与自动化。

▶ 1.1.3　物流中的包装

物流包装在经济与社会发展中发挥着重要作用。随着现代物流的发展，商品在流通过程中既要提高商品的防护能力，又要达到便利储运、安全流通、降低综合成本、加强环保及再生资源利用的目的。这就要求将现代物流与包装紧密结合起来。

随着科学技术和信息产业的高速发展，我国经济建设取得了相当令人瞩目的成就，但同时也带来了日益严重的环境污染问题。以快递物流为例，我国于2014年已经超越美国，成为全球快递量第一的国家，其中2018年全国快递量超过500亿件，相当于每人一年收发38个快递，日均快件处理量超过1亿件。然而，快递的过度包装导致一次性快递包装材料大量混杂于生活垃圾之中，若填埋或焚烧，包装中的胶带、气泡膜、塑料袋等会对土壤、地下水、空气产生难以逆转的污染。

为了适应循环经济以及可持续发展的需要，实现物流包装材料的无害化、减量化成为当前快递物流包装发展的主要目标。针对快递垃圾的普遍性、快速增长性和危害性，第十三届全国政协常委、北京市政协副主席程红建议：首先应强制淘汰有毒有害材料，基本实现无害化；其次，遏制、减少过度包装，促进快递包装减量化；最后，建立有效机制，提高快递包装的回收和再循环化。第十三届全国人大代表、苏宁控股集团董事长张近东聚焦物流，建议制定循环包装国家标准，建成绿色包装回收体系。联泓新材料科技股份有限公司董事长郑月明提出，塑料垃圾带来了严重的环境问题，寻求绿色环保的新型替代材料解决塑料垃圾污染问题具有重大意义。对此，他建议在国家层面制定法规，鼓励从业者和消费者使用"绿色环保"的生物可降解材料；参照发达国家标准并结合我国国情，制定生物可降解材料产品表和评价体系，加强市场引导和宣传，完善监督机制。

以汽车行业为例，物流包装的种类和数量较为复杂和多样，既可以作为物流包装的样本，又代表了物流包装的水平。实践中，我国各大主机厂（即汽车制造商）都从安全、质量、效率、成本、客户满意等方面对包装原则进行了不同程度的硬性规定（见表1-1）。

表1-1 汽车零部件物流包装的要求

项目	主要原则	企业案例
安全	包装容器内部零件码放整齐有序，保证质量，方便清点	上汽通用、一汽、奇瑞、东风乘用车等
	包装变更申请应得到主机厂认可	奇瑞、东风乘用车、福特等
	包装的数量单位要与物流和销售的实际情况相吻合	一汽
	所有包装，无论是包装单元、运输单元或混合单元，都要有标签、厂名标记	东风乘用车、福特

（续）

项目	主 要 原 则	企 业 案 例
质量	所有包装应保证零部件在用户使用时的质量	奇瑞、一汽、东风乘用车、福特
	所有包装应保证零件在运输和仓储期间的防尘、防水、防潮等质量要求	上汽通用、东风乘用车
	两个零件之间的取料间隙，整车厂零件为30mm，发动机厂零件为35mm	略
	除特殊采购零件、标准件外，来件包装禁止使用纸包装	奇瑞
效率	力求包装形状的通用化、简单化、轻量化、标准化，包装容积率不低于90%	一汽
	供应商应优先选择主机厂建议使用的通用容器或带轮网箱	奇瑞、东风乘用车、福特
	所有运输单元都应适合机械搬运（除了不适合托盘化运输的手工搬运小包装外）	东风乘用车、奇瑞
	所有包装应考虑可折叠，以提高返回时的装载率	东风乘用车等
	所有包装应便于运输、搬运、储存、配送、取用等物流过程和生产过程	上汽通用、一汽等
	一种零件的包装类型是唯一的，对主机厂所有供应商都有效	奇瑞、东风乘用车
	所有金属包装必须带脚轮（6in[①]聚氨酯脚轮）和前后牵引装置	东风乘用车
	必须采用可重复利用的周转容器包装，需要时可在内部采用隔板来补充	东风乘用车
成本	包装材料的成本与产品价值要相适应	一汽
	保证零件的包装容器精益性，降低制造费用	上汽通用
客户满意度	注意废弃处理方面的合理性	一汽
	损害零件质量、威胁操作人员安全、违反环保法规的零件包装将被拒收	奇瑞、东风乘用车等
	与本规则描述不相符的包装，在供应商和主机厂之间应达成一致协议	奇瑞、东风乘用车
	标准箱内的零件质量，通常毛重不超过15kg	略
包装规格	每箱零件存放数量按照36的公约数或公倍数；小件及标准件必须有内包装，装载量超过500件的，每100件或200件为一小包装	奇瑞
	对于北美进口件，设计包装时包装数量应为96的倍数，以便翻包装时不留余数；国产件、韩国进口件则无此限制，但考虑到物流和仓储，数量应尽可能多	上汽通用
	包装单元的填充率不能低于80%；装载数量选择12的约数或者倍数；标准件等细小零件，单个包装单元的装载数量不能超过1个月的产量需求，尽量选择300mm×200mm×148mm型不可折叠标准塑料盒；中等体积零件，单个包装单元的装载数量不能超过1天的产量需求；最佳包装单元装载数量为1个小时的产量需求	略

① 1in＝0.0254m。

1.2 包装材料

包装材料是指用于制造包装容器、包装装潢、包装印刷、包装运输等满足产品包装要求所使用的材料。它包括金属、塑料、玻璃、陶瓷、纸、竹本、木材、天然纤维、化学纤维、复合材料等主要包装材料，也包括捆扎带、装潢、印刷材料等辅助材料。

包装材料在整个包装工业中占有重要地位，是发展包装技术、提高包装质量和降低包装成本的基础。为了实现保护产品，利于储运流通、便于携带使用、促进销售等功能，包装材料必须具备一定的性能，如：具有抗拉伸、抗压缩、耐撕裂和耐戳穿等力学性能；具有耐热性或耐寒性、透气性或阻气性、透光性或遮光性、对电磁辐射的稳定性或对电磁辐射的屏蔽性等物理性能；具有耐化学药品性、耐腐蚀性及在特殊环境中的稳定性等化学性能；具有封合性、印刷适应性等包装要求的特殊性能等。因此，了解包装材料的性能、应用范围和发展趋势，对合理选用包装材料、扩大包装材料来源、采用新包装和加工新技术、创造新型包装和包装技术、提高包装技术水平与管理水平、都具有重要的意义。

1.2.1 常用包装材料

包装是产品的重要组成部分，它不仅在运输过程中起保护的作用，而且直接关系到产品的综合品质。根据材料功能，包装材料可分为主要包装材料和辅助包装材料。主要包装材料是指用来制造包装容器的器壁或包装物结构主体的材料，如纸材、塑料、金属、复合材料、玻璃、木材等；辅助包装材料是指装潢材料、黏合剂、封闭物和包装辅助物、封缄材和捆扎材等。按照原材料种类，常用包装材料分类如下：

1）纸包装材料，包括蜂窝纸、纸袋纸、牛皮纸、工业纸板等。

2）合成高分子材料，包括塑料、橡胶等。

3）金属包装材料，包括马口铁、铝箔、桶箍、钢带打包扣、泡罩铝、铝板、钢扣等。

4）玻璃与陶瓷材料。

5）木材。

6）烫金材料，包括激光膜、电化铝、烫金纸、烫金膜、烫印膜、烫印箔等。

7）胶黏剂、涂料，包括复合胶、增强剂、封口胶、乳胶、树脂、不干胶等。

8）包装辅助材料，包括瓶盖、手套机、模具、垫片、提手衬垫、喷头、封口盖、包装膜等。

上述材料中第1）～4）类的使用量最大，因此常将纸、塑料、金属、玻璃称为四大包装材料。

▶ 1.2.2 特殊包装材料

当前，全球气候变暖、环境污染以及化石能源资源枯竭等问题日益严重，特殊包装材料正是在人类社会进入高度文明、世界经济进入高速发展阶段的必然产物，是在人类要求保护生存环境的呼声中逐渐发展起来的。特殊包装材料，如纳米技术带来的纳米塑料、纳米陶瓷、纳米涂料以及纳米油墨、纳米润滑剂等，为新包装提供了新的技术、新的材料；又如光降解、生物降解、热氧降解、水降解、生物合成、可食性材料等的出现，进一步推动了包装产业的发展。

包装行业是运用新材料最多、最快的行业，一些前沿性的研究成果被转化为新的包装材料。例如，美国研制出的一种新型材料，可以将太阳能转化为热能，它的作用就像太阳能集热器，如果用它包装食品，当将其放在太阳光照射的地方时，包装内的食品就会被加热，只有打开包装热量才会散去。又如，日本一家公司研制出一种用于食品包装的新型防腐纸，用这种纸包装带有卤汁的食品，可以使食品在38℃高温下存放3周不变质。

特殊包装材料的特征是采用先进的科学技术，将天然原料与合成原料配合在一起制成包装材料。这种包装材料不污染环境，既可以回收再利用，也可以循环降解、回归自然，符合当前我国提倡的循环经济、可持续发展的目标。特殊材料不仅具有更加科学、合理、安全、可靠的性能，而且更加注重无公害、可循环等方面的要求，更加追求材料的细腻、光滑、柔韧等。有些材料能模仿自然材料的特征，并能替代传统材料的作用，在达到包装最佳效果的同时，降低对资源的消耗并减少对环境的污染。例如生物基可降解材料，是以可再生生物质为原料，包括农作物及其废弃物，如秸秆等，通过生物、化学以及物理等方法制造的新材料，具有绿色环保、节能减排、原料可再生等优势。特殊包装材料的投入使用，不仅可以从根本上解决白色污染问题，还可以大量减少材料产业对石油的消耗，缓解石化资源压力。又如由PET/陶瓷制成的镀陶瓷膜，具有良好的透明性、极佳的阻隔性、优良的耐热性、较好的可透微波性和良好的环境保护性等，是一种有利于环境保护的包装膜，可用于包装樟脑之类易挥发的物质。由于它具有较好的阻隔性，除了用作食品包装材料外，也可用于微波容器的盖材和调味品、药品、精密仪器等的包装用材。

1.2.3 汽车行业包装实例

汽车行业用到的包装材料包括木质、塑料、金属等。某汽车主机厂容器分类及占比如表1-2所示。

表1-2 某汽车主机厂容器分类及占比

容 器 类 型	容器数量（个）	数量占比（%）
周转托盘	47 442	4.4
通用塑料容器	598 056	55.8
通用金属容器	33 821	3.2
专用金属容器	116 295	10.9
中空板箱	275 654	25.7

1. 木质托盘

木质托盘信息如表1-3所示。

表1-3 木质托盘信息

	尺寸：1200mm×1000mm×150mm 或者 1100mm×1100mm×150mm
	承载质量：1000kg
	材料：杨木、松木
	按照 GB/T 31148—2014《联运通用平托盘 木质平托盘》相关标准执行

2. 塑料材质的周转箱

塑料材质的周转箱信息如表1-4所示。

表1-4 塑料材质的周转箱信息

项 目	川字形网格	川字形平板	田字形网格	田字形平板
实物图				
尺寸	1200mm×1000mm ×150mm	1200mm×1000mm ×150mm	1200mm×1000mm ×150mm	1200mm×1000mm ×150mm
材质	抗冲击高密度聚乙稀（HDPE）或聚丙稀（PP）			
进叉形式	四面进叉单面标准		四面进叉双面标准	
静载/kgf	4 000		6 000	4 000
动载/kgf	1 000		1 500	1 000

(续)

项　目	川字形网格	川字形平板	田字形网格	田字形平板
货架载荷/kgf	800		1 000	
叉孔高/mm	110		奇瑞95，一汽96	
适用设备	叉车及手动液压托盘搬运车			
使用方式	适合货架、平地及堆码使用			

3. 隔衬材料

物流包装中还会应用到大量的隔衬材料，即在周转箱内设置隔衬材料以隔离不同物品，防止物品间的相互碰撞，并便于取放。汽车零部件物流包装常用的各类隔衬材料如下（见图1-1）：

1）塑料类：钙塑板；PE 吸塑成型托盘；ABS 吸塑成型托盘；气垫薄膜；聚氯乙烯（PVC）硬板、硬管、软板（薄膜）、软管；PE 硬板、软板（薄膜）、软管、发泡板、发泡管；尼龙硬板等。

2）纸质类：瓦楞纸板；防锈纸等。

3）非外观件：PE 中空板、EVA 发泡材料、EPE 珍珠棉、吸塑盒等。

4）外观件：中空板植绒、中空板加珍珠棉、EVA 发泡材料加绒布、EPS 发泡材料等。

PE中空板　　　EPE珍珠棉　　　吸塑盒　　　EPS泡沫棉　　　EVA泡沫棉

图 1-1　各类隔衬材料

1.3　包装的相关标准

1.3.1　包装标准及演化

包装标准是为了取得物品包装的最佳效果，根据包装科学技术、实际经验，以物品的种类、性质、质量为基础，依据有利于物品生产、流通安全和厉行节约的原则，经有关部门充分协商并经一定的审批程序，而对包装的用料、结构、造型、容量、规格尺寸、标志以及盛装、衬垫、封贴和捆扎方法等方面所做的技术规定，目的是使同种、同类物品所用的包装逐渐趋于一致和优化。包装的标准有很多，根据不同的目的或原则，可将标准划分为技术标准、管理标准和工作标准三大类。

技术标准是指对标准化领域中需要协调统一的技术事项所制定的标准。技术标准包括基础技术标准、产品标准、工艺标准、检测试验方法标准，以及安全、卫生、环保标准等。管理标准是指对标准化领域中需要协调统一的管理事项所制定的标准。管理标准包括管理基础标准、技术管理标准、经济管理标准、行政管理标准，以及生产经营管理标准等。工作标准是指对工作的责任、权力、范围、质量要求、程序、效果、检查方法，以及考核办法所制定的标准。工作标准一般包括部门工作标准和岗位（个人）工作标准。

这些标准构成了包装标准体系的基本框架。从其覆盖面来看，这些标准基本满足了包装及相关行业对标准的需求，形成了比较完整的标准化体系。在十几年的发展过程中，为了适应市场的变化、满足用户和生产需求、保证产品质量，降低包装成本，我国先后制定了多项包装标准，并不断对这些标准进行更新、完善和整合。其发展过程大体上可分为以下三个阶段：

⟫1. 起步探索阶段

我国的包装标准化工作起步相对较晚。为了加强包装标准化工作，1980 年国家成立了中国包装技术协会。1982 年，国家标准局把包装标准化工作列为国家标准化工作重点之一，1983 年在北京召开了包装标准化工作会议，发出了《关于加强包装工作的通知》，要求有关方面加强包装标准化的工作，并于 1985 年成立了全国包装标准化技术委员会，专门从事我国包装标准的研究工作及包装标准的制定、修订和审查工作，大大促进了我国包装标准化工作的发展。

⟫2. 快速发展阶段

随着我国加入世界贸易组织（WTO），包装的技术标准已成为世界各国发展贸易、保护民族产业、规范市场秩序、推动技术进步和实现高新技术产业化的重要手段，在经济和社会发展中发挥着越来越重要的作用。因此，世界主要发达国家以提高本国技术标准水平为目的，纷纷研究和制定了一系列与本国利益密切相关的重要技术标准，以保持在激烈市场竞争中的优势地位。国家有关部门的调查表明，自我国加入世界贸易组织以后，技术性贸易壁垒成为制约我国外贸出口的主要障碍。

为适应我国国际贸易新形势的需要，改变我国包装标准既不配套、不完善，又繁杂无序、难以保护我国民族工业利益的现状，我国不断推出既与国际接轨、符合国际惯例，又能与我国的具体情况相适应的包装标准，利用包装标准化这一武器有效保护我国经济利益、冲破贸易技术壁垒。这一阶段，我国制定并修改完善了一系列包装技术标准，如 GB/T 5338—2002《系列 1 集装箱　技术要求

和试验方法 第 1 部分：通用集装箱》、GB/T 19142—2003《出口商品包装 通则》等。

▶3. 完善改进阶段

随着科学技术和信息产业的高速发展，我国经济建设取得了相当令人瞩目的成就，标准化事业得到了迅速发展。按照国家标准化管理委员会的要求，从 2003 年开始，对包装国家标准进行清理，提出了继续有效、修订、整合和废止的建议。通过清理，提高了国家标准的统一协调性、科学合理性和先进适用性。为了适应包装行业发展的需要，对包装标准体系表进行了修订，补充了有关节能、节材与环境保护以及有关食品包装安全的相关标准。如 2018 年 12 月 8 日起，我国制定了四部包装与环境标准，包括通则、重复使用、材料循环再生以及包装系统优化等。这不仅为提高包装产品的质量，而且为保护生态环境和消费者的安全发挥了重要的作用。

▶1.3.2 主要的包装标准

标准化工作是一项复杂的系统工程。为适应不同的要求，标准体系构成了一个庞大而复杂的系统。从世界范围来看，标准层级分为国际标准、区域标准、国家标准、行业标准、地方标准与企业标准。

▶1. 中国标准

中国现行的包装标准由中国国家标准化管理委员会发布，由全国包装标准化技术委员会在中国国家标准化管理委员会和工业和信息化部的领导下，以及中国包装联合会的指导和支持下制定。目前，中国包装标准体系可分为三层：第一层为包装基础标准，包括工作指导、包装标志、包装术语等，适用于整个行业；第二层为包装专业标准，包括包装材料、包装容器等，只适用于包装行业中的某一特定专业；第三层为产品包装标准，按产品进行分类，每一标准适用于特定产品。中国包装标准具有以下特点：

1）标准覆盖面广，形成了完整的标准化体系。

2）积极采用国际标准和国外先进标准，增强国际市场的竞争力。

3）标准的清理工作基本完成，标准的公告制度正在实行。

▶2. 美国标准

美国包装标准体系主要由美国军用标准和规范（MIL）、美国联邦标准和规范（FED）、美国标准（ANSI）及其他配套的行业、专业学会、协会标准（如美国试验材料学会（ASTM）、美国纸浆和造纸工业技术协会（TAPPI）等）组成。这些标准相互补充、协调一致，共同完成包装标准职能。美国包装标准具有以下特点：

1）试验检验规定严谨、明确，具有较强的可操作性和统一性。

2）标准内容丰富，叙述详尽、具体，但有的标准内容过于烦琐、篇幅较长。

3）标准层面较多，但相互联系、配套，相互协调，相互补充。

4）工业技术基础强，技术要求、参数等易于在包装标准中引用和使用。

5）注重实用、实效，虽然标准数量较多，但重点突出。

6）发挥各学会、协会专业特长，对其成熟的标准，国家认可，直接采用。如 ASTM 试验方法标准在美国，以至其他国家都具有一定的权威性。

▶▶ **3. 日本标准**

日本包装标准体系主要以日本工业标准（JIS）、日本防卫省标准（NDS）为主，以各行业协会、联合会标准为补充。日本包装标准具有以下特点：

1）在国外先进包装标准的基础上改进，转化成本国标准，并具有本国特色。

2）标准体系严谨，各种标准相互配套，操作性强。

3）标准内容准确、严谨，注重技术参数的完整全面。

在汽车行业，多种形式的标准如表 1-5 所示。

表 1-5　各大主机厂的托盘及周转箱标准

托　　盘	塑料周转箱	东风日产	广汽丰田	上海通用	长安福特	奇瑞汽车
1200mm×1000mm	VDA 标准[①]	—	—	√	√	√
1200mm×800mm	欧洲标准	—	√	—	—	√
1100mm×1100mm	日本标准	√	—	—	—	—

① VDA 标准是由德国汽车工业协会制定的统一标准。

1.4　延伸阅读——中国输美商品木质包装案

▶▶ **1. 背景介绍**

如今，关税作为保护国内市场最主要工具的地位逐渐被更隐蔽、更有效也更灵活的技术性贸易壁垒替代。许多发达国家和地区通过制定各种严格、复杂、苛刻而且多变的技术标准、技术法规和认证制度，来达到阻止外国商品进入本国市场的目的。不少国家，尤其是发达国家，一方面，极力倡导贸易自由化；另一方面，为维护自身利益，在技术标准、法规、包装、标签以及认证制度等方面具有较强的保护色彩。例如，美国利用安全、卫生检疫以及各种包装、标签的规定，对进口商品进行严格检验。技术性贸易壁垒的产生是以保护人、动植物、公共卫生以及环境为出发点的。但是，因为其名义上的合理性、隐蔽性，技术性贸易性壁垒被越来越多地使用在限制国际贸易方面，尤其是在进口方面。具有贸易保护主义色彩的技术性贸易壁垒扭曲了技术规则的本来意图，使原本有利于国际贸易的技术标准成为阻挠国际贸易的"隐形杀手"。美国对我国输美商品木质包装的苛刻规定，就是在贸易中设置带有保护主义色彩的技术性贸易壁垒的又一见证。美国政府在制定贸易政策时，面对各种政治思潮和利益集团的掣肘，贸易政策目标同实际政策严重脱轨：一方面倡导在全球范围内推行市场化和自由贸易，另一方面却在强化贸易保护主义措施。

在中美贸易中，随着我国出口美国贸易额从逆差转为顺差，美国政府为了迎合来自各种势力的批评，几乎将所有的经济问题都归咎于国外市场的不开放和美国的贸易赤字，这也是我国输美商品木质包装案发生的原因之一。因此，美国想通过这项限令进一步提高我国出口商品的成本，削弱我国出口产品的竞争力。

▶▶ 2. 事件经过

1998年9月11日，美国农业部部长格利克曼（Glickman）签署了一项新法令，要求所有来自中国的木质包装物采取严格的高温处理、熏蒸或防护剂处理，否则，将一律被拒绝入关。其理由是自当年1月起，在全美20多个仓库中，陆续发现来自中国的木质包装材料里有天牛，7月中旬甚至在芝加哥发现一些树木已遭到天牛的破坏。美方这一决定涉及每年从中国进口的大约100万个集装箱。

1998年9月21日，美国政府宣布从12月17日起将禁止来自中国未经除害处理的木质包装产品进入美国境内。美国官员称，这项禁令将影响到中国对美出口总额620亿美元中的1/3～1/2。美国政府为了表明对这个问题的认真态度，10月邀请中方有关人员组成的代表团去美国参观了遭到天牛破坏的现场，观看实物和图片展览。

为了输美货物能顺利出口，避免造成经济损失，1998年10月26日，国家经济贸易委员会、海关总署、国家出入境检验检疫局和对外贸易经济合作部联合下发了《关于对输美货物的木质包装进行除害处理的紧急通知》。国家出入境检验检疫局积极采取相应措施，相继出台了《输美货物木质包装检疫处理管理办法》《输美货物木质包装检疫处理技术要求》，从适用范围、技术依据、除害方法及报验出证程序等方面做了明确规定，要求对除害过程实施监督管理，实施木质包装加工企业分类管理和考核认可制度，加强从业人员的职业教育和技术培训等，以确保输美货物顺利出口。

对于美国的严厉规定，加拿大和欧盟先后效仿。1998年11月4日，加拿大食品检验局（CFIA）也颁布法令，自1999年1月4日起（法令生效日），加拿大对所有来自中国的抵达加港口的货物木质包装实施类似美国的检疫措施，以防止光肩星天牛传入该国。1999年6月1日，欧盟公布了欧盟委员会的决议，要求成员国采取紧急措施，对所有来自中国的货物的木质包装实施新的检疫标准。紧急措施适用于 1999 年 6 月 10 日后从中国离境的所有产品的木质包装。

⫸ 3. 后续影响

美国、加拿大、欧盟接二连三的严厉规定对我国出口产品影响巨大，涉案商品主要有以下六大类：

1）木及木制品：木炭、软木、编结品。

2）矿物材料制品：陶瓷品、玻璃及制品。

3）贱金属及其制品。

4）机电、音响设备及其零件、附件。

5）车辆、航空器、船舶及运输设备。

6）光学、医疗等仪器，钟表、乐器。

对美国而言，上述六大类约占我国对其出口商品总额的 1/3。由于新检疫规定的实施，采用热处理、熏蒸处理或防腐剂处理的木质包装，费用将增加 10%～30%，而利用替代材料如纸板、塑料等，成本也会成倍增长。同时，由于输美国、加拿大货运周期长，在美国、加拿大分别为 90 天和 60 天的宽限时间内完成木质原料的处理和检疫，势必延长交货日期。美国、加拿大还单方面规定，一旦发现违规货物，将会整批扣留或禁止入境，或以他们认可的处理方式处理，如拆除、销毁木质包装材料等，这样的处理势必影响交付使用，造成索赔、拒收，所有这些都增加了我商品进入美国、加拿大市场的难度。而欧盟决定的宽限期只有 10 天，中方 6 月出港货物多数已经在港口待发，无法适应新的检疫标准。中方初步估算欧盟的决定影响了中国 70 多亿美元的对欧出口贸易。

由于出口方对我国出口的商品制定了如此严格与详尽的规定，加之我国出口商品的相当大部分都是采用木质包装，我国损失惨重，仅输美包装本身价值在 1997 年就已达到 200 多万美元，而包装本身的损失还只是冰山一角，美国、加拿大、欧盟等进口方的严厉规定主要严重影响我国出口货物中需要使用木质包装的大量商品。从我国海关 1998 年和 1999 年的统计数据就可以看出，中方涉案上述六大类商品的出口总值在 1999 年年初曾急剧下挫，1999 年 1 月，六类商品的对美出口总值 10 亿美元，竟然比 1998 年 12 月的 20 亿美元减少了 50%，直到 1999 年 8 月才恢复到了 1998 年年底的水平。

⫸ 4. 我国出口包装管理体系

20 世纪 90 年代，我国的出口商品运输包装（简称出口包装）涉及的环节多、辐射面广，因此其检验与管理在很大程度上有别于其他出口商品。彼时我国的出口包装检验与管理模式是根据 1989 年颁布实施的《进出口商品检验法》和国家进出口商品检验局于 1990 年制定并发布的《出口商品运输包装检验管理办法（试行）》建立的。其中根据出口包装的特点，商检机构实行出口包装质量许可证（简称许可证）制度，对出口包装容器的检验实行周期性的性能检验，获得许可证的企业可在有效的检验周期之内办证，由此可见，这是一种粗放型的管理模式。实践证明，此模式虽然在一定程度上促进了出口包装企业管理水平和出口包装质量的提高，但也暴露出若干不容忽视的细节问题。

第一个问题是许可证考核标准缺乏科学性。1990 年，国家进出口商品检验局发布了《出口商品包装质量许可证考核评分标准（试行）》。该标准将整个考核内容分为技术、设备、质量管理和人员素质四部分，考核方式采用评分法。其弊端是只覆盖了企业质量体系的部分要素，只强调了有关要素的独立活动，而忽视了质量体系运行效果的综合评价，无法真正指导企业提高质量管理水平。

第二个问题是重性能检验，轻使用鉴定。出口包装检验工作一般由包装检验部门主管，而包装检验部门侧重的是出口包装容器的性能检验。这实际是一种质量认可，而包装容器的使用鉴定，即包装盛装商品使用方法和效果的检查则容易被忽视。这一问题首先体现在有关管理文件对此未做明确规定，缺少出口包装使用鉴定规程和方法。其次是出口商品品质检验人员普遍缺乏出口包装使用鉴定意识。这种"重性能、轻使用"的做法，无法保证投入使用的、获得质量认可的包装质量完全符合客观要求，同时也难以保证符合要求的包装容器得到正确、合理的使用，最终在一定程度上导致出口包装的性能检验流于形式。

第三个问题是出口商品运输包装检验规程缺乏针对性。对不同的商品、运输方式及流通时间缺乏针对性，既不利于强度要求低的出口包装成本的降低，又不利于强度要求高的出口包装安全系数的提高。同时，该规程对出口包装外观质量要求偏低，不利于出口商品内在品质的体现和产品附加值的提高。

第四个问题是监督管理薄弱、综合治理不力。出口包装的检验与管理，在商检内部涉及监管、包装检验、品质检验多个部门，因此需要上述部门共同参与，建立全方位的监督管理体系。而彼时监督管理仍属出口包装管理的薄弱环节，这不仅体现在对处于检验周期内的出口包装企业的原辅材料、生产工艺、产品质量、企业内部管理缺乏全面有效的控制，而且体现在对出口包装使用单位和流通领域缺乏监督，从而造成少数不法厂商偷工减料、粗制滥造，个别出口经营单位无视有关规定，使用劣质包装，无法从根本上杜绝不合格包装流出国门。另外，商检内部有关部门缺乏有效的信息沟通和衔接协调，致使潜在的问题不能被及时发现并加以解决，也加重了上述问题的程度。

第五个问题是包装企业监管难度大。除列入种类表内出口商品的木质包装实施出口包装质量许可证管理，由获证企业定点加工外，其他出口商品的木质包装大部分都是散加工，加工企业良莠不齐。有些小企业对《进出口商品检验法》和《进出境动植物检疫法》知之甚少，而对国外政府关于包装质量检疫方面的规定更是陌生。因此，在出口商品木质包装的加工过程中，对包装质量和除害处理缺乏针对性的控制。部分出口单位为降低出口成本，对木质包装质量不做严格要求，个别单位甚至逃避检疫与检疫处理。由于有关国家对出口商品木质包装的检疫要求提出时间较晚，出入境检疫机关对此尚未形成全面有效的监管体系，也给个别出口商品木质包装加工和出口单位带来了可乘之机，从而给正常的检疫与检疫处理工作带来了难度。

管理体制的落后必然造成出口包装的宏观管理严重滞后于出口包装行业良性发展的要求，也使得作为微观主体的企业在技术改造、产业升级、企业创新等方面存在种种问题。输美木质包装案的发生的确是给我国的出口包装行业敲了一记警钟，应该引起整个行业从监管部门到生产企业的充分重视。

▶ 5. 我国出境检疫体制

从 1992 年 4 月 1 日起，我国开始实施《进出境动植物检疫法》（简称《动植物检疫法》），根据该法制定的《进出境动植物检疫法实施条例》于 1997 年 1 月实施。对类似天牛等有害的动植物昆虫，《动植物检疫法》第二十条规定："货主或者其代理人在动植物、动植物产品和其他检疫物出境前，向口岸动植物检疫机关报检。"这里规定，动植物、动植物产品和其他检疫物在出境前都要在口岸动植物检疫机关报检，没有例外。

报检是一项法律制度，违反这一规定就是违法行为，按照《动植物检疫法》规定，应受到口岸动植物检疫机关的罚款处罚。该法第二十一条规定："输出动植物、动植物产品和其他检疫物，由口岸动植物检疫机关实施检疫，经检疫合格或者经除害处理合格的，准予出境；海关凭口岸动植物检疫机关签发的检疫证书或者在报关单上加盖的印章验收。检疫不合格又无有效方法作除害处理的，不准出境。"此规定充分体现了检疫的宗旨，既严格把关，又保障了外贸信誉；既不引祸入境，又不酿灾于人。

危险性病虫害的传播载体不只包括出口物品本身，包装物和运输工具也时常扮演"不光彩的角色"。交通运输工具与集装箱等的发展，不仅加快了货物运输的速度，而且也给危险性害虫的传播创造了良好的机会。因此，《动植物检疫法》第三十七条规定："装载出境的动植物、动植物产品和其他检疫物的运输工具，应当符合动植物检疫和防疫的规定。"根据这一规定，要在装载动植物、动植物产品之前对运输工具（包括集装箱）进行验仓，以保证运输工具不带有危险性害虫及其他检疫物。

因为出境检疫采取报检的方式进行，所以在我国输美木质包装案发生以前，从来没有任何关于木质包装出口必须熏蒸的规定，加之出口商品木质包装的涉及面很大，即便发现了中间存在的问题，国家出入境检疫机关也不会轻易地做出全部涉案商品包装都必须进行检疫的规定。报检的方式意味着采取不强制检疫的方式进行处理，报检与否取决于国家出入境检疫机关的有关规定及出口厂商执行规定的主动性和配合程度，这实际上为我国输美商品木质包装案的发生埋下了伏笔。《动植物检疫法》对违反该法规定的行为视情节轻重给予一定的处罚，例如，《动植物检疫法》对未报验或者未依法办理检疫审批手续的违反该法的行为处以罚款，以及对报检的动植物、动植物检疫产品或者其他检疫物与实际不符的，除罚款外，对已取得检疫单证的，予以吊销。但往往天网恢恢，仍然有铤而走险者以身试法，最终造成了如此严重的经济后果。

▶ 6. 我国出口商品木质包装

出口商品木质包装是指木箱、木桶等木质容器以及木质托盘、木质铺垫与固定材料等。我国在20世纪90年代有1/3以上的商品使用了木质包装，包括五金制品、机电产品、化工矿产产品和部分农副产品等，主要出口美国、欧盟、加拿大、澳大利亚及东南亚等国家和地区。近几十年来，随着木材资源的不断减少、新型包装材料的出现和现代化运输方式的发展，木质包装使用率逐年下降。但是，由于其在强度、价格、可回收利用等方面具有其他包装无法比拟的优点，木质包装所涉及的商品面仍然较广，涉及的出口国家也比较多，对外贸出口有重大影响。我国出口商品木质包装主要采用天然木材，人造木材使用率远远低于发达国家，主要面临以下问题：

（1）国内木材供需矛盾突出

从改革开放至20世纪90年代末，我国物资流通领域的现代化兴起，托盘的应用大幅度增加，再加上机电产品出口的增多，木质包装箱的使用量也在不断增加，对木材的消耗量非常大。但我国是一个少林国家，20世纪90年代初的全国森林资源调查结果显示，全国木材可采资源只有14亿~15亿 m^3，最多只能采伐7~8年。木包装材料的耗用量约占全部包装材料用量的9%，这一数字大大高于美国和德国2%的水平，也高于日本5%的水平。因此，在木材资源日益紧张的情况下，大量使用木材作为包装材料前景暗淡，节木和发展代木材料非常必要。

（2）国外环保与检疫要求严苛

随着国际贸易朝着自由化方向不断发展，关税壁垒已经逐渐减弱或消失，而一些发达国家为寻求贸易保护，经常采取以保护人类健康、生态环境为由的"绿色壁垒"，限制国外商品进入本国市场，而商品的包装则是其设置障碍的重要环节之一。许多国家出于环保、卫生、检疫的目的，对进口商品的包装都有严格的限制。如美国、澳大利亚、新西兰等国禁止天然植物纤维（如干草、稻麦草、黄麻等）直接充当包装材料，对木质包装容器要求提供充分的检疫、熏蒸证明文件。对食品包装要求更为严格，如禁止使用任何含氯的塑料直接包装食品。如果违反了上述规定，轻则该批商品不能报关验收进口，只能退回，贸易商将遭受重大损失；重则会以此为借口，对出口国的类似商品规定更严格的专门检验标准和程序，增加两国间的贸易障碍，成为歧视性的贸易政策。

（3）工艺设计与除害处理技术需进一步完善

尽管出口商品木包装在强度等方面能满足安全运输要求，但新的装卸工具的出现和运输条件的改善，使得包装所需的安全系数大大减小，包装过剩的现象大量存在。部分出口商品的木质包装结构设计欠佳，箱体枕木、立柱等主要受力构件与其他非关键部位材料强度搭配不合理，不利于木材强度的发挥。上述现象均造成了木材使用上的浪费，增加了包装费用，不利于出口创汇成本的降低。彼时除害处理大多是在木质包装使用后进行分散熏蒸处理，浪费大量人力、物力，增加了出口企业的经济负担。而且，熏蒸法采用的溴甲烷等化学药剂均为有毒有害物质，对一些有特殊要求的商品有很大局限性，对周边环境也将产生严重的危害。从发展前景看，这是一种不可持续的处理方法。

▶ 7. 可行的木质包装替代材料

宋维宁博士主持研究开发的一种新型绿色材料——再生塑料与木质纤维复合材料，是一种有效的木质包装替代材料。该材料是将废旧塑料和废旧锯末以一定的比例，添加特制的黏合剂，经高温、高压连续制成结构型材（面板、纵梁和底板），再装配成托盘或包装箱等产品。它具有以下特点：

1）原料99%是废旧材料，来源充足，价格便宜，既有利于环境保护，又有利于降低产品成本。

2）结构型材，其各项力学性能与硬木相当，可制成各种尺寸、规格的托盘和包装箱。

3）产品不被虫蛀，不长真菌，不繁殖细菌，抗酸碱，不吸水，不易变形。

4）产品可以100%回收再生。

该托盘具有较大的实用性。美、加两国要求我国对木质包装材料的处理如表1-6所示。

表1-6　木质包装材料的处理

处理方法	温度/℃	压力	处理介质	浓　　度	时　间	费　　用
熏蒸	>21	大气压	溴化甲醇	$48g/m^3$	16h	300元/20尺 （1尺=0.33m）集装箱
熏蒸	4.5~20.5	大气压	—	—	16h	—
烘烤	52	大气压	—	—	30min	—
化学浸泡	—	—	铬化砷酸盐	0.58%~0.68% As_2O_3		

美、加要求我方出具我国出入境检疫机关签署的熏蒸/消毒证书。对处理后不能立即离港的货物，该货物及包装箱等必须存放在不会被虫蛀的地方，所有经过处理的木质垫板等必须保留在港口指定的场所存放，可以随船返回，但不得在北美流通。不能满足上述要求的货物或拒入境，或拆毁包装箱等；由此产生的费用将由我方出口商承担。美、加的收费是每小时90美元和86美元。由上看到，即使我方出口采取熏蒸等处理，也要耗费大量费用和时间。若欧洲也要求我方做同样的处理，以我国出口500万只集装箱计，处理费用就达15亿元人民币（熏蒸），处理时间计800万h。

另外，美、加对所谓制造的木质包装材料，即用胶粘，经过热、加压制成的多层板、纤维板、刨花板、瓦楞板等就没有处理要求。上述加工的木板做包装箱的面板尚可，但包装的垫板和托盘均要求一定的承载能力。人造板不可能满足500kg以上的承载要求，而且层板等价格昂贵，寻找非木质托盘已迫在眉睫。塑料托盘也被许多国家采用。塑料托盘一般采用压塑的生产工艺，一次成型一定规格的托盘。而在现实的物运、物流过程中，工业界已有各类先进的物运设备，需要搬运的产品也各有规格，塑料托盘的相容性是个问题，而且塑料托盘价格比较高。

DURA公司的塑木复合托盘以其优越的性能和合理的价格，一经推出就备受专家和用户的青睐。美国托盘工业的鼻祖、美国全国木托盘和集装箱协会（NWPCA）创始人维廉·沙多（William Sardojr）在1997NWPCA的年会上如是评价DURA托盘："木托盘总算遇到了真正的竞争对手。"DURA托盘曾被送到世界最权威的托盘研究所美国弗吉尼亚理工大学进行测试。结果显示，DURA托盘比美国最好的硬木托盘的重复使用率高10倍。

表1-7列出了各种托盘各项指标的全面比较。可以看出，除了比木质托盘更耐用外，DURA托盘比塑料托盘便宜。

此外，作为木质包装替代材料，该产品有利于消除白色污染和提高木材综合利用率。DURA公司投资巨大，耗时多年，开发了利用回收塑料及农业纤维废料生产的新技术。DURA型材的主要原料为废旧再生塑料和废弃的木质纤维，包括锯木、枝杈木材及糠壳、花生壳等农业纤维。废旧塑料和废旧木料的大量使用，既对减少我国日益严重的"白色污染"有重大的社会和经济意义，又能提高木材的综合利用率。DURA托盘利用废弃的锯木、树杈等木质材料，原料来源广、价格低。

该型托盘应用领域广泛，DURA公司彼时在多伦多工厂已装配了14条大型生产线，具有年产50万个北美标准托盘的能力。DURA波士顿厂，第一期已安装了15条同规格的生产线，第二期具备年产120万个托盘的能力。DURA托盘可以完全替代外运木质包装和铺垫材料，而且还能够用于门、窗框，建筑模板、地板，汽车配件等。DURA 产品的各种用途如表 1-8 所示。

表 1-7 各种托盘各项指标的全面比较

各 项 指 标	DURA 托盘	木质托盘	塑料托盘
每次使用的费用	最低	高	较低
结构尺寸稳定性	高	有限	高
重复使用率（耐用性）	高	有限	高
强度	高	高	低
货架储存性	高	高	不适用
废物处理	买回	收费	收费
吸水性	不吸水	高	不吸水
被污染性	无	高	无
可回收性	完全回收	低	低
安全性（尖钉/木刺）	高	低	高
需经常修理	低	高	不能维修
顾客定制尺寸	容易	容易	不适用
与物运设备的相容性	无问题	无问题	很难

表 1-8 DURA 产品的各种用途

不同用户类别	DURA 产品	使 用 方 式	经 济 效 益
仓库、立体库	单、双面托盘	货架储存、堆垒存放、传送带搬运等	提高仓库空间的利用率，缩短货物搬运周期，易于现代化自动搬运，减少人工，减少损坏等
外运单位	托盘、纵梁/枕木和包装	搬运出口产品	减少木质托盘和木质包装箱，减少各种海关处理费和检验费，缩短通关周期
机械制造	托盘、纵梁/枕木	存放、搬运模具、原料和产品	以 DURA 纵梁替代 100mm×100mm 原木为枕木，减少木材，减少人工损坏，可制造特长和其他规格的托盘和纵梁
各种饮料	各种托盘	存放和搬运箱装饮料	易于现代化搬运，减少人工，减少损坏等
食品和零售业	各种托盘	存放和搬运各类货物	减少人工，减少损坏，防止食品变质腐坏等
铁路、公路运输	托盘、纵梁/枕木	存放和搬运各类货物	缩短货物搬运周期，减少损坏和污染等
电子、陶瓷	各种托盘	存放和搬运贵重易碎货物	缩短货物搬运周期，减少损坏和污染等
汽车、化工	托盘、纵梁/枕木	存放和搬运各类货物	缩短货物搬运周期，抗强酸碱腐蚀，减少损坏和污染
各类生产资料	各种托盘	存放和搬运各类货物	缩短货物搬运周期，减少损坏，减少人工等

本章小结

本章首先阐述了包装的保护与盛载、储运与促销等功能以及包装的发展阶段，然后介绍了物流包装在经济与社会发展中的重要作用，诠释了实现物流包装材料的无害化、减量化对适应循环经济以及可持续发展需要的重要性。在案例方面，介绍了汽车行业在安全、质量、效率、成本、客户满意等方面对包装原则进行了不同程度的硬性规定，说明了我国在推进物流包装材料所做出的重要努力。

其次，介绍了常用包装材料以及特殊包装材料。包装材料作为发展包装技术、提高包装质量和降低包装成本的基础，在整个包装工业中占有重要地位。在案例方面，以某汽车主机厂为例，介绍了其常用的包装材料类型以及占比，并详细说明了各类包装材料的相关信息。

最后，介绍了包装的相关标准。包装标准的制定对满足用户和生产需求、保证产品质量、降低包装成本发挥了重要作用。我国包装标准的发展过程大体上可分为起步探索阶段、快速发展阶段以及完善改进阶段。标准体系作为一个庞大而复杂的系统，各国有着不同的要求，在诠释了我国包装标准的同时，详细介绍了美国标准以及日本标准。此外，从世界范围来看，标准层级可分为国际标准、区域标准、国家标准、行业标准、地方标准与企业标准。在案例方面，介绍了在汽车行业中多种形式标准的采用情况。

第 2 章

———

绿色物流包装的实践与研究

案例导读

2020年，在新冠肺炎疫情防控的过程中，快递业的作用有目共睹：不仅有力支撑了民生保障，在战略物资运输和海外跨境支援中也发挥了重要作用。能力越强，责任就越大，快递包装绿色化始终是行业高质量发展的重点。

特别是2020年，对快递包装绿色化是具有里程碑意义的一年。早在2017年国家邮政局等十部门联合发布的《关于协同推进快递业绿色包装工作的指导意见》中，就把2020年作为快递包装绿色化的重要节点，提出提升可降解绿色包装材料的使用率、基本淘汰重金属等特殊物质超标的包装物料等目标。2020年伊始，新的政策和标准接踵而来，国家市场监督管理总局、国家邮政局联合出台意见，实施快递包装绿色产品认证；国家市场监督管理总局、国家标准化管理委员会发布两项快递绿色包装国家标准，着力推广快递绿色包装等：这些都意味着快递包装行业将迎来一次"检阅"和突破。

1. 顶层设计明方向

国家邮政局第一季度先后与工业和信息化部、国家市场监督管理总局联合发布了《关于促进快递业与制造业深度融合发展的意见》和《关于开展快递包装绿色产品认证工作的实施意见》，两个文件均对快递包装业有着重要影响。

一方面，两个文件都强调要推进"生产、使用经绿色认证的邮件快件包装产品"。长期以来，绿色包装的实现方式多样，绿色包装认证一直是快递包装绿色化的关键和难点。一般来讲，传统包装通过什么样的变化降低对社会资源的占用和环境的压力，不同角度的认识都不一样，需要在性能、成本和环保三者之间找到平衡点。因此，认证工作将解决"什么是社会认可的绿色包装"这一重大问题，从官方渠道公布社会共识，而不纠结于绿色包装的具体定义和实现方式。

另一方面，通过快递业和制造业的深度融合，也能促进快递包装集约化发展，从而减少包装消耗总量。众所周知，电商产品种类多，现有的包装规格不能完全适应所有产品的大小，从而形成较大规模的"大材小用"。而规格越多，包装制造成本也就相应提高。与制造业融合，可以使得较大规模的同等规格商品按照快递要求生产外包装，避免二次包装的浪费及二次包装规格不精细的问题。

2. 标准体系更完善

2020年3月，GB/T 38727—2020《全生物降解物流快递运输与投递用包装塑料膜、袋》和 GB/T 38726—2020《快件航空运输信息交换规范》两项快递绿色包装国家标准正式公布，使得快递包装标准体系进一步完善。

前者是对包装材料全生物降解包装膜袋的全面规范。全生物降解膜袋已不是首次在快递包装业中出现，早在 2017 年实施的行业标准 YZ/T 0160.1—2017《邮政业封装用胶带　第 2 部分：生物降解胶带》及 2018 年实施的国家标准 GB/T 16606.3—2018《快递封装用品　第 3 部分：包装袋》中就有涉及。而 GB/T 38727—2020 更侧重对快递行业所使用的膜袋类塑料制品要求的全面覆盖，新增自黏膜、自封袋、卷装膜、热收缩膜和充气枕等新型膜袋类用品的物理及降解性能要求，对生物分解率提出更明确的仲裁检测试验方法。

后者是对快件航空运输操作的重点规范。尽管后者主要侧重信息交换类，规定了快递服务组织与航空运输企业之间快件运输信息交换的内容、流程、格式等要求，但它特别指明了快件总包异常，包括包装破损的信息交换方法，可有效减少快件航空运输环节中的包装破损，保障快件的航空运输安全。

3. 技术创新需发力

除政策和标准外，绿色包装的实现还依靠技术进步：①包装材料方面，国内全生物降解塑料和生物基塑料的技术研发水平和生产产能进一步提升，在特定包装领域，如生鲜保鲜包装方面不断有新的产品应用，绿色包装材料的专利申请数量大大增多；②包装结构方面，悬空紧固、免胶带、组合式、套叠式的外包装和针对特定产品的缓冲包装都大大减少了包装使用量；③通过人工智能算法对包装规划重新设定最佳的包装模数和规格，以减少过度包装，以及通过视频或传感器的动作识别监控暴力分拣现象，从源头减少保护性包装的用量；④循环包装方式受社会青睐，这不仅要求包装材料的性能和结构等强度高、可堆码、可防盗，还要通过人工智能算法实现循环包装的调度和管理，避免循环包装在使用过程中遗失。

经过三年的发展，快递绿色包装取得阶段性进展，政策导向越来越清晰，政策系统性越来越强，标准体系越来越完善，行业和社会的共识越来越多。如 2019 年提出的"电子运单使用率95%以上"，已超额提前完成并实现 2017 年十部门联合发文提出的目标。2020 年更是新增瘦身胶带的使用比例，并开展黑色包装袋等特定物质超标包装专项整治，推动可循环快递包装产品研发应用，推广应用免胶带纸箱和绿色环保包装袋。但快递包装绿色化仍有很长的一段路要走，因为它是一项长期性、复杂性和系统性的工作，更是快递业服务民生、保障人民群众追求美好生活的内在动力。

2.1 绿色物流包装基本知识

2.1.1 物流包装污染的产生

国际物流环境的形成和发展，促使现代物流和包装紧密结合，以达到提高商品防护能力、便利储运、安全流通、降低综合成本、加强环保及再生资源利用的目的。物流包装在经济与社会发展中发挥着越来越重要的作用。随着包装工业的发展，包装材料从单一的天然植物、陶瓷等材料演变为以纸、塑料、金属、玻璃四大类材料为主的格局；包装形式也日趋丰富，如产品的内包装、中包装、外包装以及物流运输包装等，在产品的流通过程中都发挥着一定的作用。但是，这种里三层外三层的包装形式无疑对资源造成了极大的浪费。同时，伴随着商业的繁荣和包装工业的迅速崛起，包装废弃物也与日俱增，一些包装材料难以回收再利用，或对其回收处置不当，容易造成极其严重的环境污染问题，尤其是塑料包装废弃物带来的"白色污染"更是有目共睹，令人担忧。

包装作为消耗性产品，一般要经历从原材料加工制造形成包装产品，到包装的流通使用，最后到包装废弃物回收处理三个阶段，产业链和生命周期长。在包装物的整个生命周期中，各利益相关方往往仅追求自身的经济利益，而忽视了企业应承担的社会责任，对环境产生了诸多负面影响。从包装产品的整个生命周期来看，包装对资源及环境的污染主要表现在以下几个方面：

1. 包装生产过程中的污染

包装在生产过程中产生了大量的废气、废水，若这些废气、废水未经处理或处理不当而直接排放，将对空气及水资源造成极大的污染。此外，包装工业产生的废渣等固体废弃物直接排放会对周围环境造成污染。目前，我国大多数包装生产企业都实行粗放型生产模式，包装工业在生产过程中排出大量"三废"，尤以纸包装的制浆造纸生产、金属包装的涂料及打磨工艺、玻璃包装的熔融成型和塑料包装的原材料采掘最为严重。例如，某些造纸企业产生的废弃物未经正确处理就直接排放，对环境造成污染。又如，某些金属桶在涂装前表面除油、除锈、磷化等工艺产生的废水、废气、废渣均会对环境造成严重污染，对人身造成伤害。

2. 包装在流通使用过程中的污染

包装材料或包装容器因其自身化学性质变化，将导致产品或环境污染。包装材料中的重金属、有机挥发物及一些持久性有机污染物将通过与食品接触、直接挥发、填埋转化等途径进入食品、大气、水及土壤中，对人类健康和环境造成潜在危害。此外，包装材料由于在生产过程中要使用大量的黏合剂、油墨和有机溶剂等，残留的挥发性有机物（Volatile Organic Compound，VOC）会向所承装的内容物迁移，或缓慢向环境中释放，严重威胁人类健康。例如，包装材料中的聚氯乙烯（Polyvinyl Chloride，PVC）热稳定性较差，在 140℃ 左右会分解成氢和有毒物质氯，从而对产品造成污染。若处置不当对其进行焚烧，会产生氯化氢气体，成为酸雨产生的原因之一。包装用的胶黏剂若是溶剂型的，也会因有毒导致公害。包装工业用的发泡剂、生产各种泡沫塑料的氯氟烃（Chlorofluorocarbon，CFC）等化学物质则是破坏臭氧层的罪魁祸首。

▶▶ 3. 包装废弃物的污染

包装废弃物是指在生产、流通和消费过程中基本或完全失去使用价值，无法再重新利用的最终丢弃物，主要以纸包装、塑料包装、金属包装、玻璃包装及复合包装为主。包装作为消耗性产品，通常只使用一次，造成了极大的浪费。一次性快递包装耗材大量混杂于生活垃圾之中，若填埋或焚烧，包装中的胶带、气泡膜、塑料袋等都会对土壤、地下水、空气造成难以逆转的污染。

▶▶ 2.1.2　绿色物流包装的兴起

自产业革命开始后的 200 多年来，虽然世界经济日趋繁荣，但随之而来的资源减少、环境恶化对人类赖以生存的家园造成了严重威胁。世界各国逐渐意识到单纯发展经济不是长久举措，还必须同时考虑环境的发展。自 1969 年开始，欧美各国先后出现了"地球之友""绿色和平组织""绿党"等环境保护团体。1972 年，"罗马俱乐部"委托美国麻省理工学院多内拉·梅多斯（Donella H. Meadows）博士等学者进行了环境研究项目，并编写报告《增长的极限》，为人类社会发展敲响了警钟：现代社会人们无止境地追求经济效益的增长，而忽视了环境的承载能力和人类社会的可持续发展。全球气候变暖、环境恶化、资源枯竭等种种迹象表明，人类正在为自己的所作所为付出代价。

1987 年 2 月，在日本东京召开的第八次世界环境与发展委员会上首次完整明确地提出了可持续发展的理念。到 1992 年 6 月，联合国环境与发展大会上通过的《里约环境与发展宣言》《21 世纪议程》，在全世界范围内掀起了以保护生态环境为核心的绿色浪潮。1996 年 6 月，《中国的环境保护》白皮书指出，我国政府将在"九五"期间实施《中国跨世纪绿色工程计划》，为创造绿色产品、绿色包装指明了方向。2001 年，我国加入 WTO，环保型的物流包装已成为世界各国发展贸易、拓展市场、保护民族产业的基本要素，在经济和社会发展中发挥着越来越重要的作用。

随着我国城市化进程的不断推进，环境污染、资源短缺问题也日益严重，发展循环经济与实现可持续的目标是我国政府长期以来的工作重点。2015 年，

《中国制造 2025》提出制定绿色产品、绿色工厂、绿色园区、绿色企业标准体系，开展绿色评价；2016 年，《生产者责任延伸制度推行方案》提出开展生态设计、使用再生原料、规范回收利用、加强信息公开；2017 年，十九大报告提出要推进绿色发展，加快建立绿色生产和消费的法律制度和政策导向，建立健全绿色低碳循环发展的经济体系。为了适应循环经济以及可持续发展的需要，实现物流包装材料的资源化、无害化、减量化已成为当前快递物流包装发展的主要目标，绿色物流包装应运而生。

在可持续发展战略的烘托下，绿色生产、绿色消费已成为人们新的追求。绿色物流包装作为这一发展趋势中的一部分，以其强大的市场需求及环保优势已得到了较好的发展。如今，绿色包装已成为当今包装工业及世界贸易发展中不可逆转的浪潮，受到了整个国际社会的关注。纵观绿色物流包装的兴起与发展，主要有以下几方面的原因：

1. 物流包装的绿色化可以有效减少环境污染

物流包装的绿色化要求包装在原材料选取、设计生产、使用及回收处置环节均未对自然资源及环境造成破坏，因此能有效减少"白色污染"的产生，降低对资源的消耗和对环境的污染，真正实现绿色发展理念。

2. 绿色物流包装顺应了国际可持续发展趋势的需要

在可持续发展浪潮的推动下，越来越多的客户倾向于选购对人体及环境无害的绿色产品，尤其在欧美等发达国家中，采用绿色包装的产品更容易被客户接受。

3. 发展绿色包装是世界贸易组织有关贸易协定的要求

世界贸易组织中，《贸易与环境协定》要求各国企业必须生产出符合环境要求的产品及包装。

4. 绿色包装是各国消除新的贸易壁垒的重要途径之一

国际标准化组织（ISO）对环境相关标准 ISO 14000 的制定，为世界各国在国家贸易中增加了新的非关税壁垒，世界各国纷纷建立绿色包装体系以消除贸易壁垒。

5. 绿色包装是促进包装业与物流业可持续发展的基础

可持续发展要求经济、环境、社会三者协调发展，因此经济的发展必须走"少投入、多产出"的集约型模式，从而减少对环境的污染与对社会的负面影响，而绿色包装能有效促进资源的利用，实现经济、环境和社会的协调发展。

2.1.3　绿色物流包装的定义

中华人民共和国国家标准 GB/T 37099—2018《绿色物流指标构成与核算方

法》中将绿色物流定义为"通过充分利用物流资源、采用先进的物流技术，合理规划和实施运输、储存、装卸、搬运、包装、流通加工、配送、信息处理等物流活动，降低物流活动对环境影响的过程"。21 世纪，绿色包装逐渐兴起，对传统物流包装提出了新的发展要求和改进方向，要求包装不仅能起到保护与盛载被包装物、储运与促销等作用，更要求包装材料的减量化与包装的可重复使用，力图在不影响包装性能的情况下减少包装对环境的负面影响。因此，绿色包装在绿色物流中起着至关重要的作用。

"绿色包装"一词起源于 1987 年 2 月，由世界环境与发展委员会通过，并于同年 4 月出版的《我们共同的未来》一书中出现。绿色包装通常要求包装材料和包装产品在整个生产和使用的过程中对人类和环境都不会造成危害。它的理念包含两层含义：一是减少对环境的污染；二是节约资源。随着科学的发展及国际环境的不断变化，绿色包装的内涵也在不断扩展，目前国际上还没有统一绿色包装的定义。一般认为，绿色包装是指包装产品能够循环使用，包装材料能够循环再生、再利用或能在自然环境中降解。绿色包装的设计应以环境和资源为核心，遵循在不影响性能的情况下减少材料的使用与浪费、增加柔性包装的可回收性、包装废弃物的处理对环境和人类不造成危害等原则。

▶ 2.1.4 绿色物流包装的内涵

绿色包装作为实现绿色物流的基础，是包装行业中的一个新兴理念。它从资源节约和环境保护的角度对传统物流体系进行改进，有助于形成资源节约型和环境友好型的绿色物流体系。绿色包装充分利用环保再生资源，以保护人类健康和减少对环境的污染为基础，通过绿色加工生产形成绿色包装产品，经使用及循环使用后进入回收处理阶段，回收商对有再制造价值的绿色包装进行再制造，对无再制造价值的原材料进行无污染处置。如图 2-1 所示，包装的整个生命过程主要由三个阶段组成：绿色包装原材料经绿色生产形成绿色产品，经使用与循环使用阶段后进入绿色回收与再生阶段，最终形成一个闭环的生态循环圈。我国国家标准 GB/T 37422—2019《绿色包装评价方法与准则》中对绿色包装的定义为：在包装产品全生命周期中，在满足包装功能要求的前提下，对人体健康和生态环境危害小、资源能源消耗少的包装。

4R1D 原则作为绿色包装闭环生态循环圈的重要组成部分，对绿色包装原材料的选取、设计生产及循环使用都具有重要的指导意义。一般认为，绿色物流包装具以下五个方面的内涵：

1）绿色物流包装应在满足物流基本要求的情况下，从绿色包装原材料的选择、材料的绿色加工与制造，到绿色包装的使用与包装废弃物的回收再生，最终到包装材料的处置阶段这一全生命周期过程中，尽量减少对自然资源的消耗，

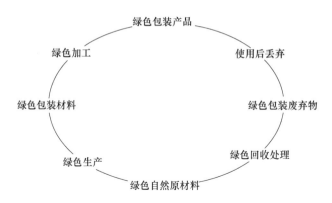

图 2-1　绿色包装的闭环生态循环圈

降低对人体健康和自然环境造成的危害，使得包装在满足保护与盛载功能、储运与促销功能、美化商品与传达信息功能的同时，符合环保与卫生、循环与再生利用的要求。

2）绿色物流包装在设计时应遵循包装的减量化（Reduce）原则。这是指在满足包装基本功能的条件下选用最少的原材料，避免过度包装对资源造成不必要的浪费，对自然环境造成污染。欧美部分发达国家已将包装的减量化视为发展绿色包装的首选措施。

3）绿色物流包装应能重复利用（Reuse）和再填充使用（Refill）。这是指多次使用或用另一种方式使用已被用过的物品。绿色包装在设计时应考虑包装的生命周期中的可重复使用次数，通过对包装的重复使用可以达到节约包装原材料、减少包装废弃物、保护环境的目的。

4）绿色物流包装应能回收利用（Recycle）。包装在失去原有的使用价值后，应对其进行回收处置。因此，包装在生产时应尽量选用具有回收再生价值的原材料。通过对包装废弃物进行回收再制造，能有效节约资源，同时对不可再生的材料进行无害化处理，如回炉提炼热能，既能减少对环境的污染，又能充分利用资源。

5）绿色物流包装的废弃物要能降解腐化（Degradable）。包装废弃物作为包装的生命末端产物，应进行合理的处置，不应形成永久垃圾，成为大自然的负担，因此，包装的原材料应易于降解腐化，通过堆肥化达到改善土壤的目的。

2.2　绿色物流包装的要求

物流行业的发展使人们的生活变得更加方便、快捷，但物流包装带来的资源浪费和环境污染制约了物流及包装行业的可持续发展，成为现阶段物流行业亟待解决的问题。这就要求提供包装服务的物流企业从资源节约和环境保护的角度进行物流包装的绿色改造，如选择能够循环再生、再利用或能在自然环境中降解的包装材料，提高包装的重复利用率及可回收性。此外，包装的设计要尽可能简化，以节约包装材料，并尽量减少包装的生产及包装废弃物的处理过程中对环境和人类造成的危害等。

2.2.1 材料要求

包装的基本功能是保护和承载内装物，而包装材料是实现包装基本功能的物质基础，所以绿色物流包装材料的选择首先取决于内装物本身的特性，满足内装物在物流运输过程中的各种要求，如生鲜冷链产品在物流运输中对包装恒温、低温的要求，易碎品对包装减压抗振的要求等。其次，包装材料要肩负起物流、包装行业可持续发展的重任，因此，包装材料的选择要以节约资源和保护环境为出发点，选择可重复利用和再生的包装材料，尽量延长包装本身的生命周期，提高包装的可重复利用率及降解能力。从绿色物流包装的角度出发，包装材料的选择应满足以下要求：

1. 材料的获取对环境无害

绿色物流包装的材料获取过程必须符合可持续发展的理念，不应该开采珍贵和不可再生的自然资源。此外，包装材料从石油、金属等原料中提取的过程中，应尽量减少废气、废水的排放，降低绿色包装生产对环境的污染。

2. 利用自然资源开发天然生物包装材料

传统的纸、塑、金、玻等材料的包装废弃物对环境造成了难以忽视的不利影响，而且这些材料在提取、生产过程中消耗大量能源，加重了环境负担。而利用自然资源开发天然生物包装材料，具有开发成本低、资源丰富、环境负载低等优点。如利用木材、木屑、柳条、芦苇、稻草以及农作物秸秆等作为绿色包装的原材料，不仅能减少对不可再生资源的消耗，还能减少对环境的污染。因此，绿色物流包装应利用自然资源开发天然生物包装材料。

3. 选择高性能的包装材料

要对现有包装材料进行开发和深加工，使得传统包装材料在满足包装基本功能要求的基础上，尽量减少对包装材料的使用。发展适度包装，不仅能减少企业的包装成本、减少包装废弃物，更重要的是能节约资源和减少对环境的污染。

4. 选择可重复利用或再生的包装材料

包装材料的重复利用和再生利用是现阶段发展绿色物流包装的基础，包装的重复利用能有效减少包装的材料提取、设计、生产、回收、降解等过程中对环境及人类健康的不利影响，因此，要尽量提高包装的可重复利用能力，如饮料、啤酒等选用玻璃包装，可多次重复利用。包装材料再生是指对原有废弃的或达到寿命末期的包装进行回收，并对其进行一定的物理或化学方式处理，从中提取可再利用的组分作为绿色物流包装的原材料。例如，利用物理方式，将包装废弃物彻底净化、粉碎，将处理后的包装材料用于生产再生包装；利用化学方式，在化学试剂的作用下将塑料解聚成单体或低聚物，纯化后再将其合成再生包装的原材料等。

▶▶ 5. 使用可降解的包装材料

可降解的包装材料是指在一定的时间内，通过特定的方式能造成其性能损失，使其化学结构发生变化的材料。可降解的包装材料能有效减少包装废弃物对土壤的侵蚀，降低环境的承载能力。因此，回收再利用价值低或无法回收再利用的包装应采用可降解的包装材料，以减少包装废弃后对环境的不利影响。

▶▶ 6. 绿色包装的辅助材料

在绿色包装的设计生产过程中，要重视包装的辅助材料，如黏合剂、油墨、涂料等在开发过程中的环境污染问题。这些材料在加工制作时容易产生易挥发、有毒有害的气体，尤其是苯类气体，严重损害人体健康，甚至会引起肺癌。因此，采用安全、无污染的辅助材料对绿色包装的实现与发展也至关重要。

▶▶ 2.2.2 技术要求

要真正实现绿色物流包装，仅仅满足相关的材料要求是不完善的，还需要绿色物流包装的技术要求作为补充。这里所说的技术要求主要包括包装生产设计中的设备、工艺及采用的技术，以及包装的使用与报废过程中所采用的技术等要能满足降低能耗、减少污染和改善生态的要求。这使得绿色物流包装要从设计出发，构建包装的绿色循环系统，使包装从选材、生产到使用与报废的各个环节都能充分利用再生资源，做到节约资源且对环境无污染。世界上一些发达国家一直在沿用4R1D原则进行绿色包装的设计。现在有人将"Refuse——拒绝使用对人类健康及自然环境造成危害的包装材料及生产工艺"也作为指导包装生产的原则之一。此外，绿色物流包装还需遵循产品的"生命周期评价"（Life Cycle Assessment，LCA）方法，因此，本节主要从4R1D原则及LCA的角度出发分析绿色物流包装的技术要求。

▶▶ 1. 绿色包装在设计生产中的技术要求

Reduce（减量化）作为指导绿色包装生产的首选，要求包装的生产从源头上减少材料的使用。因此，它从源头上杜绝了包装对资源的消耗，从而减少了包装废弃物的产生，在国际上受到了广泛关注。国际上的绿色包装制度兴起于

20 世纪 90 年代。工业发达国家在不断出现的环境危机和世界贸易危机的压力下，要求禁止进口不符合减量化标准的过度包装，成为新的绿色贸易壁垒。欧盟 94/62/EC 号指令《包装和包装废弃物指令》（PPWD）提出要依据满足包装的保护功能、生产制造要求、填充灌装需要和物流管理要求等多种性能指标来判断是否过度包装。针对我国的过度包装问题，GB 23350—2009《限制商品过度包装要求 食品和化妆品》于 2009 年 3 月发布，其中，对食品和化妆品包装空隙率与包装层数的具体规定如表 2-1 所示，而且该规定为强制性条款。此外，该标准还规定除去商品初始包装之外的其他包装的总成本不应超过商品销售价格的 20%。2015 年实施了 GB/T 31268—2014《限制商品过度包装 通则》。该标准规定了限制商品过度包装的基本要求、设计结构要求、材质要求和成本要求等通用要求，适用于商品包装的设计和使用。避免过度包装只是实现包装减量化的一个方面，包装的减量化还可通过包装的轻量化和薄壁化等技术途径实现。

表 2-1 食品和化妆品包装空隙率与包装层数的具体规定

商品类别	限量指标	
	包装空隙率	包装层数
饮料酒	≤55%	3 层及以下
糕点	≤60%	3 层及以下
粮食（原粮及其初级加工品）	≤10%	2 层及以下
保健食品	≤50%	3 层及以下
化妆品	≤50%	3 层及以下
其他食品	≤45%	3 层及以下

注：当内装产品所有单件净含量均不大于 30mL 或 30g 时，其包装空隙率不应超过 75%；当内装产品所有单件净含量均大于 30mL 或 30g，且不大于 50mL 或 50g 时，其包装空隙率不应超过 60%。

（1）包装的轻量化技术

包装的轻量化技术是指在保证实现包装功能所需各项机械性能的前提下，减轻包装材料的重量。从包装材料的选择上看，宜选用轻量化、低密度的包装材料，有效降低包装的重量，从而提高运输能源的利用效率，降低物流成本。典型的例子有塑料包装的轻量化和玻璃包装的轻量化。

塑料包装的轻量化主要通过选用软质材料、调整包装的外形、结构来实现。例如，2012 年，亨氏食品公司选用软质袋装的包装替换了传统的硬质塑料瓶包装；可口可乐公司明确提出，要在 2020 年实现瓶装饮料包装采用植物作为原材料，以植物包装瓶取代传统 PET 瓶。这些都属于取代型的轻量化技术。当塑料包装成功实行轻量化技术之后，能有效减少包装注塑成型的工艺环节所需要的树脂材料，因此对节约资源、保护环境非常有益。

不同于塑料包装的取代型轻量化技术，玻璃包装的轻量化主要通过降低玻璃瓶的重容比来实现。重容比用来衡量相同容积的玻璃瓶包装的重量大小。一般情况下，轻量瓶的重容比在 0.15 ~ 0.8，根据玻璃瓶包装的不同用途而有差异。具体而言，玻璃包装的轻量化主要通过综合使用调整材料配方、优化瓶型设计、采用轻量化结构、实行理化的强化工艺（熔制工艺、成型控制等）和表面涂层等强化方法来实现。玻璃包装的轻量化最终使玻璃瓶的重容比降到 0.8 以下，提高了货物的装载效率，降低了企业的物流成本，从而增强了玻璃在包装材料中的竞争力。

（2）包装的薄壁化技术

与包装的轻量化技术类似，包装的薄壁化技术是指在保证实现包装功能所需各项机械性能的前提下，通过减小包装壁厚的方式来减少包装材料的用量。包装的薄壁化不仅能有效减少包装材料的使用，降低企业的生产成本和物流成本，还有利于仓储优化，通过增加货物的堆放层数从而提高仓储空间的利用率。但同时，薄壁化也给包装的加工制造工艺提出了更新和更高的要求，如对物流包装来说，在薄壁状态下保持较高的耐压强度是非常困难的。因此，在同等用料的前提下，提高包装材料的抗挤压强度、抗磨损性能非常关键，不仅有助于实现包装容器的薄壁化，节省包装材料，还有助于避免货物在运输过程中因挤压等不可抗力而造成的破损。

因此，包装薄壁化的实现必须从设计到生产全过程的各个环节入手，通过对包装材料性能的改良、合理地设计包装结构、正确地安排加工工艺、有效地控制生产工艺指标和进行有效的表面处理等强化措施，以达到在满足包装基本功能要求的情况下，不断提高物流包装的抗挤压与抗磨损等性能，减少包装壁厚的目的。目前，薄壁化技术已应用于瓦楞纸板、塑料薄膜、玻璃、金属板材等包装材料。

实践证明，包装薄壁化技术的应用不仅能帮助企业实现绿色发展的理念，更有助于企业的经济增长，是一项可持续发展举措。2018 年，广州华研精密机械股份有限公司推出了 4g 轻量环保瓶坯生产系统，设备生产周期 5.5s，产能 2.9 万支/h，能耗 ≤0.4kW·h/kg，在节能的同时可实现高效生产。该注坯系统生产的 4g 瓶坯，主要应用于 250mL 小瓶装水包装，可满足小瓶装水市场的生产需求，可有效提高生产效率，降低生产成本，提高企业的市场竞争力。联合利华利用发泡技术实现包装的薄壁化要求，有效减轻了包装的重量。康师傅集团在保证实现包装各项所需力学性能要求的基础上，将原本重 18g 的瓶降低到 16g，最终降低到了现在的 12g，极大地减小了包装的厚度。数据显示，该公司通过降低饮料瓶重量，每年成本节约了 7% ~ 10%，使企业经济效益明显提高。此外，我国越来越多的企业陆续从国外引进先进包装生产加工技术，将原本

3.5mm 的玻璃瓶厚度降到 2 ~ 2.5mm，使得整个包装的重量减轻了 40% 左右，有效地减少了包装对资源的消耗，降低了企业的生产成本与物流成本，进而提高了企业的经济效益，增强了企业的竞争力。

▶▶ 2. 绿色包装的回收利用技术要求

指导绿色包装生产的 4R1D 原则中，有"3R"都在强调包装的回收再利用：Reuse（能重复利用）、Recycle（能回收利用）和 Refill（能再填充使用），可见包装及包装材料的重复使用与循环再利用对实现绿色包装的重要性。4R 原则从包装材料的选择、包装的加工生产以及包装的使用环节充分强调了包装的绿色化，而"1D"即 Degradable（能降解腐化）则主要对废弃包装的生命末期处置问题做了要求。4R1D 原则的成功实施，使物流包装真正实现了闭环。

（1）重复利用技术

能重复利用是指在包装的全生命周期内，有预期并且有计划地使包装或包装成分达到周转或循环有限次数的目的。包装的重复利用技术是指通过简单的"清洗—灭菌—杀毒"等过程使包装可再次利用，在这一过程中，一般不涉及化学反应。常见的重复利用包装如物流周转箱，它可广泛应用于电子、机械、轻工等行业，适用于物流中的运输、配送、储存、流通等环节。物流周转箱因其耐磨损、可重复使用的特点，一定程度上改变了传统的纸包装箱资源浪费现状，减少了包装垃圾的产生。此外，食品包装，如玻璃瓶、塑料瓶等，在经过"清洗—灭菌—杀毒"等一系列操作，并经检验符合卫生标准后即可投放市场再次利用。

随着资源短缺、环境恶化等问题加剧，各个国家在 4R1D 原则的指导下，纷纷研发或引进新技术来提高包装的可重复利用率。日本对 200L 钢桶或储罐实行复用技术，通过"翻修—整理—洗涤—烘干—喷漆"等操作后可多次重复使用。在使用相关复用技术后，瑞典生产的 PET 瓶可重复使用 20 次，德国的碳酸酯瓶更是可重复使用 100 次以上。中国移动通信集团有限公司将移动通信设备由原来的木包装箱替换为可多次重复使用的、可拼装的集装周转架包装，每年减少木材消耗 $5.7 \times 10^4 m^3$，相当于每年少砍伐森林 $670 hm^2$，同时每年还减少运输燃油消耗 137 万 L，节约电能 393 万 kW·h，折合减少二氧化碳排放 12 万 t。企业通过使用可循环利用包装，不仅取得了突出的生态、环境效益，也带来了可观的经济效益。

（2）循环再生技术

物质的循环再生理念主要依据生态系统的物质循环理论：在生态系统中，生物不断地从自然界摄取物质并合成新的物质，又随时分解为原来的简单物质，重新被系统中的生产者所吸收利用，进行着不间断的物质循环。绿色包装的循环再生原则要求尽可能使用在自然界中可循环再生的原材料，且尽可能减少使用自然界中不可循环再生的原材料，实现"资源—产品—再生资源"的循环。随着可持续发展理念的不断深入，以生态系统的循环再生原理为基础，包装工业的循环再生技术得到了广泛应用。目前，包装材料，如瓦楞纸板、塑料薄膜、玻璃、金属板材等，都可实现有效的回收再利用。

1）废弃纸包装的再生循环，一般以废纸作为再生原料，通过打碎—去色—机械制浆等多道加工工序再生出瓦楞纸板面纸；如果再生循环的原材料是回收的木浆纸，则还需要加入适量的原生木浆，并通过化学制浆方式生产出高档次的纸（如新闻纸）。回收废纸也可通过立体造型，制出纸浆模塑制品，如蛋托、水果托、一次性快餐盒等。我国目前是纸模制品产量最大的国家之一。数据表明，1t 废纸可生产品质良好的再生纸 850kg，可节煤 1.2t，节省木材 3m³，同时节水 100m³，节电 600kW·h，节省化工原料 300kg。

2）废塑料的回收再生技术按循环再生程度可分为四种：材料直接再生、材料改性再生、化学物回收再生和能源回收再生。材料直接再生技术较简单，但再生制品质量较差，一般用于对性能要求不严格的包装，如作为部分产品的内包装。材料改性再生通常需要借助物理、化学等工艺进行混炼，如通过填充改性、共混改性、共聚改性等方法，获得的再生制品一般具有较高的耐腐蚀性、抗氧化性、耐磨性等优点。化学回收再生是最理想的回收再生技术，它通过对废弃塑料进行热分解、水解、解聚等还原反应，将其化学成分分解还原出来，可制作新合成的树脂，或用以获得石油、天然气、化工原料等。能源回收再生是指通过对废弃塑料进行热分解或化学催化反应等方法提炼热能，用于供热或发电。

3）废弃金属包装循环再生的难点在于如何清除包装表面印刷的油墨和包装内腔的有机涂层。此外，钢铁包装容器中存在的铅、锡、铝等低熔点金属，易与熔化炉的耐火材料反应，造成炉壁损伤，并降低钢材质量。例如，钢材中含 0.01% 的锡就会使钢锭开裂，热加工时易产生裂纹，同时会使材质硬化，造成冷轧困难；铅容易穿透炉底，造成漏钢事故。因此，对于不同的废弃金属包装，选用合适的循环再生技术非常关键。对于用纯铝制造的包装容器，如牙膏软管，经碱洗后可直接挤压分切成铝粒；对于镀铝纸，清洗干净后与润滑剂（石蜡）混合粉碎、筛选、洗涤、抛光，得到铝粉，商业称其为银粉；对于混合的铝包装废弃物，可以通过酸溶水解、过滤、聚合等工序，生产净化工业废水用的聚合氯化铝。钢铁包装废弃物不能重复使用时，均可作为废铁进行回收，送到钢铁厂重熔；对于大型铁桶，如果锈蚀不严重，可以考虑直接用来制造瓦楞铁板，或改制成较小尺寸的铁桶。

▶▶ 2.2.3　回收法制要求

随着可持续发展理念的不断深入，世界各国都高度重视包装废弃物的回收再利用。美国环保署（EPA）规定，废弃物处理顺序是"减量化—再利用—循环再生—焚烧—填埋"。欧盟《包装和包装废弃物指令》对包装废弃物的回收利用做了规定：包装废弃物可通过重复再利用、材料回收再生、能源回收再生、堆肥化再生等几种形式进行循环再生。2000 年，英国政府颁布了《英格兰和威尔士废物管理战略》，充分运用市场激励手段促进包装废弃物的合理处置：优先考虑废弃物的减量化，其次是包装废弃物的再利用和再恢复，最后才是填埋处置。我国也颁布了一系列相关的法律法规倡导包装废弃物的回收再利用。1997年 5 月 1 日，GB/T 16716—1996《包装废弃物的处理与利用 通则》开始实施，对包装废弃物的分类、回收方法、储运过程等做了详细的说明和规范。2020 年9 月 1 日正式实施的《固体废物污染环境防治法》中，第六十八、六十九、七十条明确对过度包装、一次性包装以及快递、外卖等包装进行了规定，并规定生产、销售、进口依法被列入强制回收目录的产品和包装物的企业，应当按照国家有关规定对该产品和包装物进行回收。根据《固体废物污染环境防治法》，我国又颁布了《包装资源回收利用暂行管理办法》。该办法阐明了纸、塑料、金属、玻璃等包装废弃物的回收利用管理原则，并详细阐述了包装废弃物的回收渠道、回收办法、处理与奖惩原则等。此外，我国的《循环经济促进法》《生产者责任延伸制度推行方案》《生活垃圾分类制度实施方案》等法律法规的颁布和实施，都在一定程度上促进了包装废弃物的回收再利用。但目前我国包装废弃物的回收再利用依旧存在回收主体不明确、回收体系不健全等问题。因此，成功实施包装废弃物回收再利用，还需要继续完善国家立法，明确回收主体，建立健全包装废弃物的回收再利用网络。

▶ 1. 完善国家立法

按照谁生产谁负责的原则，回收利用包装废弃物的责任主体应是生产者。我国现行法律法规虽然要求污染者承担污染防治责任，但条文不够明确、细化，缺乏普遍的刚性约束，导致生产者责任延伸制度不能有效贯彻落实。为此，有必要进一步完善包装废弃物回收利用管理办法，允许生产者将包装废弃物的回收利用委托社会组织或回收利用企业管理。细化废弃物回收利用的实体资格、程序、流程和费用机制，建立政府、消费者、生产者分工协作机制。这既能体现生产者的责任，又能减轻生产者的负担。

▶ 2. 健全回收体系

为了有效回收包装及其废弃物，欧盟成员国中的不少国家建立了完善的系统回收网络，对包装及其废弃物进行回收再利用，为包装废弃物的减量化、再利用、循环再生做出了很大的贡献。现阶段，我国城市垃圾不断增长、资源环境不断恶化，必须对作为城市垃圾来源之一的包装废弃物进行合理的回收再利用。因此，有必要以市场为依托建立科学合理的包装废弃物回收体系，结合我国国情，并在学习发达国家的经验基础上，继续健全包装废弃物回收网络。例如，德国成立的双向回收网络系统，主要由生产者联合组织作为回收实体，负责城市固体废弃物的回收、分类、处理和循环利用。生产者作为联合组织成员缴纳一定的费用，消费者配合生产者联合组织承担废弃物收集等政策法规所规定的责任。此外，合同能源管理办法同样也适用于包装废弃物的回收再利用，可以让有能力有技术的专业回收处理公司与生产者签订城市固体废弃物管理合同，代表生产者履行责任，并从生产者那里收取服务费用。

2.3　绿色物流包装的现状与研究

2.3.1　绿色物流包装的现状

近些年来，随着工业化与信息化进程的不断推进，我国已成为仅次于美国的世界第二大经济体，进一步推进了电子商务的快速发展以及物流技术的不断创新。如今方便快捷的网络购物方式已经成为广大消费群体的首选，但随之产生的大量快递包装废弃物对经济、资源和环境造成了巨大损失，有悖于绿色物流的发展理念。2017年9月5日，在北京举行的快递"最后一公里"峰会上，国家邮政局发布了《2017年中国快递领域绿色包装发展现状及趋势报告》。该报告显示，2016年全国共消耗快递运单312.8亿张，编织袋32亿条，塑料袋约147亿个，封套86亿个，包装箱86亿个，胶带3.3亿卷。然而，与之相对应的中国包装垃圾的总体回收率却小于20%，其中纸盒只有不到一半被回收；快递包装中的填充物、胶带等塑料成分，其回收率几乎为0。包装盒每用掉1t纸，就需要砍伐20株树龄为20～40年的树木，而每回收1t废纸能生产0.8t的再生好纸，比等量生产减少74%的污染。而目前使用的塑料袋，在自然条件下需200年才能实现降解，而生物降解塑料快递包装袋，采用堆肥方式半年可实现90%以上降解，若温度湿度合适，1年内可全部降解为二氧化碳和水。因此，必须尽快围绕绿色物流包装展开可持续发展的变革。事实上，在物流行业推行绿色包装是一项系统工程，从绿色物流包装的设计、绿色循环产品的使用，到包装回收体系的建立，以及快递包装耗材的减量化，不仅需要政府、企业的共同努力，也需要人们在日常生活中深植绿色理念。

1. 政策推动

随着经济与环境发展的严重失衡，资源短缺、能源危机、环境污染等问题已成为当今世界面临的主要问题。严峻的环保形势引起了我国相关部门的高度重视，一系列相关的法律法规陆续颁布来引导、鼓励并约束企业积极投身于这场绿色变革之中。十九大报告提出要推进绿色发展，加快建立绿色生产和消费的法律制度和政策导向，建立健全绿色低碳循环发展。此外，国务院颁布的《关于推进电子商务与快递物流协同发展的意见》、商务部和工业和信息化部联合发布的《关于加快我国包装产业转型发展的指导意见》、商务部发布的《电子商务绿色包装材料技术和管理规范》、国家邮政局发布的《推进快递业绿色包装工作实施方案》等，都对当前物流、快递业绿色包装的发展进行了引导与约束。为了适应循环经济以及可持续发展的需要，减少包装对资源、环境带来的负面影响，实现物流包装材料的资源化、无害化、减量化已成为当前物流包装发展的主要目标。

2017 年 10 月 26 日，国家科技部、国家邮政局等十部门联合发布了《关于协同推进快递业绿色包装工作的指导意见》（简称《意见》），分别从资源、能源和环境方面对快递业绿色包装发展做了相关要求。首先，绿色物流包装的使用方面，要求企业增加绿色快递服务产品的供给，提高快递业包装领域资源利用效率，降低包装耗材用量，减少环境污染。其次，绿色物流包装的选材方面，要求到 2020 年，可降解的绿色包装材料应用比例要提高到 50%，基本淘汰重金属等特殊物质超标的包装物料。最后，该《意见》指出，到 2020 年要基本建成专门的快递包装物回收体系。此外，《意见》还要求主要快递品牌协议客户电子运单使用率达到 90% 以上，平均每件快递包装耗材减少 10% 以上，并积极推广使用中转箱、笼车等设备，进一步减少编织袋和胶带使用量，基本建立快递业包装治理体系。

2018 年 2 月 7 日，国家质检总局、国家标准委根据减量化、绿色化、可循环的要求，对旧版《快递封装用品》进行了五个方面的修改，并发布了新版的《快递封装用品》系列国家标准，对旧版国标进行了补充完善，并进一步强化了减量化和再利用的要求。在减量化方面，对快递包装箱单双瓦楞材料的选择不再做出规定，只要材料符合耐破、边压和戳穿强度等指标即可，同时降低了快递封套用纸的定量要求、塑料薄膜类快递包装袋的厚度要求等。此外，为方便材料的回收再利用，同时减少废弃快递包装对环境的污染，要求快递封装用品的印刷宜保持材料原色，降低油墨使用量。新版国标增加了二次使用快递封套的相关要求，提出在符合标准的前提下，快递包装箱可重复使用。针对不同的快递封装用品，应分别印有可回收标志、重复使用标志或塑料产品标志，便于回收处理。

政策与法规在一定程度上能指导并促进物流包装的绿色化变革，但真正实现物流包装的绿色化、可持续，还需要企业的不断探索与努力。

▶▶ 2. 企业行动

随着新修订的《快递封装用品》系列国家标准对外发布，阿里巴巴网络技术有限公司（简称阿里巴巴）、京东集团（简称京东）、苏宁易购集团股份有限公司（简称苏宁）等电商巨头为顺应绿色环保、可持续发展的大趋势，纷纷推出绿色物流计划，并开始积极推广新型的绿色包装产品。

（1）阿里巴巴环保行动

2016年6月，菜鸟联合30多家物流合作伙伴发起了业内最大规模的联合环保行动，通过绿色包裹、绿色回收、绿色智能、绿色配送四大具体措施推动绿色物流发展。此外，天猫于2016年开始积极建设绿色包装联盟。而盒马从创办之初就建立起一套智慧、绿色的供应链体系以减少分装，已经初步实现了物流全流程零耗材的目标。到2020年，菜鸟要让我国所有包裹用上环保面单，一年覆盖400亿个包裹，并且要在所有菜鸟驿站小区实现快递回收箱覆盖。

（2）京东"青流计划"

2018年5月25日，京东主办了"青流万向——全球可持续发展升级发布会"。京东物流CEO王振辉在会上表示，未来"青流计划"将从聚焦绿色物流领域上升为整个京东集团可持续发展战略。"青流计划"是京东物流于2017年6月联合九大品牌商共同发起的一项绿色供应链联合行动，从减量包装、绿色物流技术创新和应用、节能减排等多个方面入手推动物流行业绿色化发展。其中，在包装方面，京东物流包装科研检测中心研发的新型两层物流标签每年可减少700t纸张使用，生物降解快递袋的大规模使用每年可替代近百亿个传统塑料袋，同时已投放近百万个青流循环箱并在部分城市为用户提供自选循环包装服务。此外，京东物流与宝洁、雀巢、联合利华等知名公司通过"协同仓"项目、带板运输方式等，在推进绿色物流的同时，大幅提升供应链运营效率。

（3）苏宁智慧物流与"零胶纸箱"产品

早在2016年年初，苏宁就联合其他商家推出过以积分奖励促进快递包裹回收的行动；于2017年4月首次推出被称为"漂流箱"的共享快递盒1.0产品。2017年12月，苏宁又推出了"零胶纸箱"产品，该纸箱两端设置了易打开的封箱扣，而封箱扣由环保材料制作，可以实现自然降解。商品取出后，快递盒交由快递员折叠带回快递点，再循环入仓。整个过程中，零胶纸箱能真正实现对自然环境的零污染、零破坏。苏宁通过互联网转型，构建自有物流以及苏宁云仓、仓储机器人，构建更具柔性的仓储模式，进而成立苏宁物流包装实验室，对包装大数据、托盘循环共用、共享快递盒、冷链循环箱、零胶纸箱等一系列绿色包装产品进行研究推进，打造智慧物流下的绿色包装业态。到2020年，由苏宁打造的绿色包装实验室将联合合作伙伴，最低投放20亿个绿色包装产品。

▶ 3. 发展态势

新形势下，发展"绿色包装"已不仅仅是企业口号，更是行业态势。对于提供包装服务的企业而言，绿色包装改造不仅要求企业使用环保包装材料，提高材质利用率，更要在物流包装设计和包装的循环利用机制上下功夫。在确保产品安全的基础上，包装生产环节要尽量简化包装，并使用可降解材料；流通环节应采取各种措施以实现包装设计合理化；回收环节应建立相应的包装回收机制，促进包装循环利用，通过环环相扣来实现包装的绿色化发展。

然而，绿色包装的推广应用并非易事。正如苏宁控股集团董事长张近东在2018年的全国两会期间所言，在物流行业推行绿色包装是一项系统工程，从绿色循环产品的使用，到包装回收体系的建立，以及快递包装耗材的减量化，不仅需要政府、企业的共同努力，而且需要人们在日常生活中深植绿色理念。看似不起眼的物流包装，实际存在于物流活动的每一环节中，装卸、搬运、存储、配送和运输等活动实现的效率和质量都与包装有直接关系，而包装采用何种材料、容器、技术、结构和共用模式都会影响到物流活动的质量和效率。从某种程度而言，物流包装的绿色化与物流自动化、智能化处于同等重要的地位，都可能左右着物流行业未来发展的方向。因此，这场围绕绿色包装而展开的变革，仍需要密切关注。

（1）加快绿色材料的研发与应用

传统的包装材料主要有纸张、塑料、玻璃、铁制品等，而绿色包装材料则主要是指具有良好的使用性能或功能、对生态环境污染小、易降解、易回收、再生利用率高或能进行环境有效循环利用、不对人体造成危害的材料。包装是否为"绿色"的，其关键点就是包装材料是否具有可重复利用性和可降解性。

近年来，许多企业致力于包装材料的研发，争取从包装生产源头实现材料的绿色化。例如，2018年5月30日，一撕得召开夏季新品发布会，推出一款主打绿色环保和性价比的塑料袋Nbag。与传统塑料袋的最大区别是，该包装使用了生物原料，用30%的植物淀粉替代部分PE塑料，因此包装有着淡淡的玉米香味和润滑触感；在质量方面，其热封强度、直角撕裂强度、穿刺强度、抗拉强度等性能均大幅优于国标和有毒黑袋；在破损率方面，它更是以6%的破损率明显低于普通快递袋的11%的破损率。

此外，在各方的努力下，一些复合材料开始得到越来越多的应用。例如，在生产制造托盘或包装箱的过程中使用的木塑复合材料，就是将废旧塑料和废旧木材，包括锯末、树木枝杈、糠壳、花生壳等以一定的比例，添加特制的黏合剂，经高温高压处理后制成的，不仅性能好、经济合算，而且还能保护环境。又如，常被用作衬垫的蜂窝纸板，也是一种由高强度蜂窝纸芯和各种高强度的牛皮纸复合而成的新型夹层结构的环保节能材料，具有成本低、用料少、吸声隔热、强度高、抗冲击性好等优点。蜂窝纸板全部由可循环再生的纸材制作，可替代木材，使用后可全部回收再利用。

（2）创新包装技术和循环共用模式

包装技术的改变以及循环共用体系的建设在推进包装绿色化进程中发挥了十分重要的作用。苏宁物流研究院副院长孟雷平表示，通过包装结构、包装形式、包裹方式的创新研究，可减少或降低纸箱、缓冲材料、纸质面单的使用量，从而实现降本增效；同时，通过使用可循环、可回收利用的新型包装容器，以及对这些包装材料的反复利用，减少对纸箱、胶带等材料的使用和浪费，从而实现绿色环保。

在包装循环共用体系的建设方面，许多企业都在积极尝试。例如，京东推出了循环包装袋，用抽拉绳完成包装袋密封，无须使用胶带。而且消费者到京东自提点带走商品后，包装袋会由配送员回收并送回仓储，供再次打包时使用。菜鸟则是使用无胶带纸箱替换传统包装，并在菜鸟驿站建立绿色回收专区，让更多纸箱加入循环行列。苏宁则从 2017 年开始在全国范围内推出共享快递盒，用于3C⊖、母婴、快消易碎品在上门签收、自提配送的投递。这款长约 0.3m、宽 0.2m的可循环塑料箱，可以代替纸箱装载消费者购买的商品，由快递员在"最后一公里"投递，直接节省纸箱、胶带。2018 年 4 月，苏宁又发布了共享快递盒生鲜版，作为国内第一款冷链循环箱产品，在苏宁冷链网络中首发，进行应用场景测试。

除了电商和快递企业自发推行的循环共用系统外，一些物流装备商和服务商也在积极构建更大范围的循环共用平台。例如，招商路凯公司作为一家托盘循环共用系统服务商，一直在努力推动带板运输和托盘循环共用，现已在全国推广近百个项目，与业内知名企业，如华润万家、沃尔玛、益海嘉里、招商物流、宝洁等，建立了长期合作关系，通过平台资源整合，不仅有效减少了一次性托盘的使用，而且大大降低了运输能耗和运输成本，从而节约了整体社会资源。

2.3.2 绿色物流与绿色包装的研究

1. 绿色物流的研究

国外对绿色物流的研究兴起于 20 世纪 90 年代，在此期间，许多学者也进行了逆向物流的研究，其中主要是关于制造商如何回收自己的产品和包装物的研究，后来逐渐发展成为对闭环供应链的研究。综合国外的研究现状可以发现，一方面，发达国家通过立法限制物流对环境的影响。例如，欧盟、美国、日本等国家和地区都制定了严格的法规限制机动车尾气排放；日本在《新综合物流

⊖ 3C 为 Computer、Communication、Consumer Electronic 的简称，3C 产品即计算机类、通信类和消费类电子产品的统称。

施策大纲》中明确提出"解决环境问题"的对策。另一方面，发达国家提出发展循环经济的目标，积极扶持逆向物流的方案。许多跨国公司都积极响应这一行动，如施乐、柯达、惠普等大型跨国公司都实施了逆向物流的项目，并且收益显著。

国内近几年才开始对绿色物流进行相关研究。目前对绿色物流的研究主要集中在两个方面：一是从供应链的角度出发，对物流造成的环境污染进行定性研究，提出构建绿色物流以减少环境排放的设想，即宏观层次的研究；二是从各物流要素对环境造成的污染入手，提出通过控制物流要素的污染来实现绿色物流，即微观层次的研究。

▶ 2. 绿色包装的研究

我国绿色包装产业起步较晚，发展速度也比较慢，与发达国家相比较为落后，直到 20 世纪 80 年代，我国才加快了包装工业的发展速度。1992 年 6 月，联合国环境与发展大会上通过的《里约环境与发展宣言》《21 世纪议程》，在全世界范围内掀起了一波以保护生态环境为核心的绿色浪潮，我国逐渐意识到发展绿色包装的必要性。随着我国城市化进程的不断推进，环境污染、资源短缺问题日益严重，发展循环经济与实现可持续的目标是我国政府长期以来的工作重点。政策的引导及绿色包装的发展推动了学者对绿色包装的研究。目前，国内外对绿色包装的研究基本从包装选材的绿色化、包装的可重复使用以及包装废弃物的易于回收等方面着手，探索实现降低资源消耗、减轻对环境负面影响的目标。

2.4 延伸阅读——宜家物流驱动的包装设计

▶ 1. 宜家背景

宜家家居集团（IKEA，简称宜家）成立于 1943 年，是世界最大的家居产品零售企业。宜家品牌始终与提高人们的生活质量联系在一起，并秉承"为尽可能多的顾客提供他们能够负担、设计精良、功能齐全、价格低廉的家居用品"的经营理念。

从价值链的角度看，宜家将重点放在两端，即产品的研发和终端销售，并通过一个高效的物流网络连接遍布全球的供应商与家居商场。宜家主要采取自营的方式在全球开设终端销售网点，现在已经在全球近 40 个国家拥有超过 300 家家居商场。但宜家几乎没有自己的制造工厂，为了最大限度地降低制造成本，宜家在全球范围内进行制造外包。如今，宜家在 50 多个国家拥有上千家供应商。宜家打造了一个高效的全球物流网络，将其上千家供应商及数百家商场纳入其中。物流成本本来在家居类产品的成本中占很大比例，但是宜家通过不断开发高效的包装方案，大大提高了运输效率，进而降低了物流成本，其中最典型的就是"平板包装"的开发和应用。

▶▶ 2. 宜家的包装设计组织结构

宜家的包装设计组织结构经历了一个漫长的演进过程，从 20 世纪 60 年代前的混乱状态，调整为 20 世纪 60 年代中期至 20 世纪 80 年代中期的集权模式，再调整为 80 年代后期至 90 年代后期的分权模式，最后形成了宜家现行的集分权综合模式。

（1）集权的包装设计组织结构（1964 年—1985 年）

在 1964 年之前，包装设计职能尚未受到足够重视，包装对宜家来说只是一项简单的物流作业。然而随着业务增长，包装的缺陷导致运输过程中出现了大量的产品损坏。因此，宜家对包装设计职能越来越重视，逐渐形成集权的包装设计组织结构。在这种集权模式下，独立的包装设计部门负责宜家全部的包装设计工作，为各事业部提供公共的包装设计服务。包装设计与产品研发之间为串行工程，包装设计人员在综合各事业部的产品研发信息后，进行通用的包装方案设计。包装的优化使得物流效率大幅提高，运输过程中的产品损坏率从 20 世纪 60 年代的 15% ~ 20% 降低到 70 年代的 1% 左右。

（2）分权的包装设计组织结构（1985 年—1999 年）

1985 年，为了更有针对性地设计适合各事业部产品独特性的包装方案，并且解决产品研发与包装设计串行导致的研发周期过长等问题，宜家将其包装设计组织结构调整为分权模式。在这种分权模式下，专门的包装设计部门被撤销，包装设计职能被分散到各事业部。原来的包装设计人员被分派到各事业部，其主要工作是为本事业部经营的产品设计包装方案。不同于集权模式，在分权模式下，包装设计与产品研发为并行工程。在这一时期，分权模式发挥了一定的作用。包装设计人员深入产品研发过程，与产品研发人员充分接触，提高了包装设计的针对性。同时，包装设计与产品研发的并行成功地缩短了研发周期，降低了研发成本。

（3）集分权综合的包装设计组织结构（1999 年至今）

20 世纪 90 年代末，为了适应物流系统的变化，宜家决定把包装和物流功能结合起来，因此，一个为包装设计提供支持的功能化中心包装理念中心产生了。为了便于与其他物流部门之间进行沟通、协调，包装理念中心被设置为配送服务部的一个下属机构。这样，集分权综合的包装设计组织结构便形成了。

这种集分权综合模式相较于原来的分权模式，增加了一个专门的包装设计部门——包装理念中心。包装理念中心的设置使得包装设计人员在参与产品研发过程的同时，又与配送服务部保持着紧密的联系。包装理念中心不同于集权模式下的包装设计部门，其主要作用是提供统一的包装理念，对各事业部内的包装设计活动进行协调。在这种模式下，包装设计人员既分别隶属于各自的事业部，又受统一的包装理念中心影响。这实际上是一种矩阵式的管理结构。

这种集分权综合模式兼具集权和分权两种模式的优势，为宜家提高物流效率做出了很大贡献。举例来说，宜家原来使用的欧洲托盘并不适用于亚洲集装箱的装卸货作业，所有的货物只能用手工进行装卸，装卸效率大大降低。包装理念中心研发了一种瓦楞板包装，使得原本需要两个工人工作 8 小时才能完成的一项集装箱卸货作业，现在只需要一个工人工作 3 小时就能完成。

▶▶ 3. 严格的成本控制

宜家吸取了沃尔玛的成本领先经验，在其"为大多数人生产他们买得起、实用、美观的日常用品"的经营理念下，实行严格的成本控制。宜家的产品包装成本包括包装的设计、制造、运输、储存、集装和分装费用。

宜家在降低产品包装成本方面，首先是对包装的设计、运输、储存费用进行有效控制，宜家的平板包装设计和产品模块化设计一样，都是位于阿姆霍特的宜家总部大楼 "IKEA of Sweden" 开发的，因为每一种设计都是可制造的，减少了不必要的浪费，同时也可以实现大规模生产和大规模物流，从而将包装设计、运输、储存成本降至最低。其次是在包装制造费上，宜家为了最大限度地降低产品包装的制造成本，在全球范围内进行外包制造。最后是在包装的集装、分装费上，宜家喊出"我们为您省一点，您为自己多做点"的口号，由消费者自行装运产品回家、自行组装，这不仅提高了运输效率，而且在装配环节上节省了大笔费用。

▶▶ 4. 宜家包装承载的功能语言

我国市场上宜家包装的成功，吸引人们去思考其包装的特殊性，并探究它是怎样重塑人们的生活。宜家包装承载的功能语言主要有以下四种：

第一种是"易于识别"。宜家产品包装以其平面、线块、简洁的外形提供了足够的产品信息。宜家包装使用多种形态来表现这种易于识别的设计：首先是明示产品的结构及部件，通过放大某个部分、使用对比颜色及分隔界线等方法可以达到这一目的；其次是包装上的标识，它除了传达品牌信息外，还为消费者在运输、开启包装过程中提示产品的功能识别，这样的包装很容易被消费者接受。

第二种是"易于陈列展示"。宜家推行自助购物，以平板包装的形式放置货物，消费者选中哪个商品后就根据提示自行取货。在卖场区内，产品以各自的分类、专题、特写等形式排列在货架上。这样做的好处是可以更突出、更有目的地宣传和介绍宜家的产品，更鲜明地展示其特点、用途、价格和设计理念。宜家有上万种产品，平板包装可以节省空间、区隔产品，既有利于陈列，又能带动其他商品的销售。

第三种是"自助式 DIY"。DIY 是一种购买配件自己组装的方式。自助的方式既省钱又省空间，还可以让消费者体验生活乐趣，是当今的一种流行趋势。宜家将 DIY 发扬光大，上至产品下到包装，都以自助的特点给消费者带来便利。

第四种是"品位的体现"。宜家一直在追求低价的同时严把质量关，它的平板包装并不代表粗制滥造。宜家的每款包装都会根据内容物的不同进行相应的结构调整。以巴西斯克壁式射灯为例，平板包装内另有保护灯头的方盒，将灯头牢牢地固定于包装中，不必担心轻微碰撞导致灯头破碎。

⯈⯈ 5. 宜家整体的风格构建

人们一般通过包装来区分、界定品牌，宜家产品的包装风格是包装内在气质与外在质量的协调统一，形成了宜家包装特有的精神内涵。从 1956 年开始宜家便使用平板包装，并沿用至今。平板包装契合了品牌传播中识别的高度一致性，60 多年的包装形象积淀了宜家的辉煌。

1）文字是包装风格的信息载体。2010 年，宜家包装上的文字由 Verdana 字体取代了原有的 Futura 字体。Verdana 是一套无衬线字体，辨识度高、字母差异大，很好地解决了宜家产品宣传上字母"I"、数字"1"和"7"等的显示问题，使信息的可识别性进一步加强了。Verdana 字体无论作为正文还是标题，相对于 Futura 字体都更标准，将其应用于宜家的《家具指南》上，体现出很强的专业性。

2）材质是包装风格的标识载体。宜家包装多使用价格低、抗压性强、可降解、易加工成形的瓦楞纸板，手感平滑，令人感觉朴实温馨，如芬华附盖罐包装。宜家对材质的使用遵循北欧自然风貌的原则，让人感受到来自北欧的宜家特色与现代工业大批量生产的机械和高技术产品不同，更加亲近、舒适、富有人情味。

3）色彩是包装风格的格调载体。瑞典的北方地区气候寒冷，光线呈淡蓝色且十分柔和，这样的自然环境也影响着宜家产品设计的格调。如格兰代不锈钢调味品架包装，包装色彩就选用最接近自然的原色，格调柔和，增加了消费者对产品的注意时间，降低了印刷成本，突出了宜家的自身特色。

⯈⯈ 6. 宜家的纸托盘

纸托盘的加工材料来源广泛，易于制造，成本低，灵活性高，重量只有木托盘的 10%，一次性使用。纸托盘取代木托盘和塑料托盘已经在包装领域有所应用，纸托盘生产线也趋于成熟。宜家在 2012 年启动全纸托盘项目，涉及全球宜家店以及全世界分布在 50 多个国家超过 1000 个供应商，目标为在产品运输、仓库、配送中心用纸托盘替换所有木托盘。这看似简单的改革彻底改变了宜家的供应链，使宜家实现了更快更便宜的运输，更好地保护了商品，提高了员工操作的安全性。由于不需要空车运托盘回原地，宜家每年能减少 50 000 ~ 100 000 次不必要的搬运，大大节省了费用。

纸托盘由一个托盘台面和若干托盘脚用胶粘为一体，为四向叉入式，如图 2-2 所示。

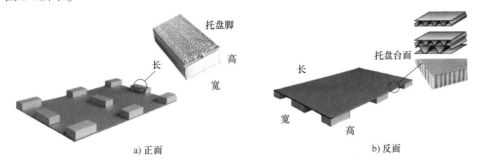

a) 正面   b) 反面

图 2-2　纸托盘示意图

托盘台面材料为瓦楞纸板或蜂窝纸板，设计时由具体产品的重量和总包装方案来选择不同楞形、层数和组合。托盘脚由一片片瓦楞纸板重叠粘在一起，四周包裹一层瓦楞。瓦楞形状与数量没有设置具体要求，但需要符合整体尺寸要求，并通过后期压缩与剪切力测试。所有纸材料也必须达到宜家标准。

尺寸方面，根据产品与包装总方案定制，纸托盘无标准尺寸，但是所有尺寸参照三个标准托盘尺寸（长×宽×高）进行设计：120cm×80cm×5cm；60cm×80cm×5cm；200cm×80cm×5cm。托盘台面厚度不超过3cm。托盘脚的尺寸（长×宽×高）有三组：9cm×9cm×5cm；14cm×9cm×5cm；18cm×9cm×5cm。宜家纸托盘与传统木托盘的尺寸对比如表 2-2 所示。由表可见，宜家纸托盘参考欧洲木托盘尺寸，但高度只有木托盘的1/3。

表 2-2　宜家纸托盘与传统木托盘的尺寸对比   （单位：cm）

类　　型	宜家纸托盘尺寸	木托盘尺寸		
		欧洲标准	美国标准	中国标准
全托	120×80×5	120×80×15	122×102×15	100×120×15
半托	60×80×5	60×80×15	122×122×15	110×110×15
长托	200×80×5	200×80×15	107×107×15	—

▶▶ 7. 宜家常用的三种单元包装

由于木托盘是标准尺寸，不同尺寸的商品的运输包装与托盘尺寸不一定匹配，木托盘装载经常出现表面利用率低而造成集装箱运输空间浪费的情况。纸托盘可根据包装方案定制尺寸从而保证最佳表面利用率，以纸托盘创建的单元包装目的是进一步提高集装箱装载率。

宜家共有九种不同规格的单元包装，此处介绍常用的三种，分别称为全托

（AL），半托（BL）和长托（DL）。其结构、尺寸与最大载荷如图2-3所示。

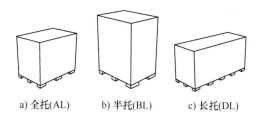

a) 全托(AL)　　b) 半托(BL)　　c) 长托(DL)

	长/宽/高	最大载荷
全托(AL)	120～160cm/76～100cm/≤100cm	677kgf
半托(BL)	70～100cm/60～80cm/≤100cm	338kgf
长托(DL)	200～250cm/76～100cm/≤100cm	713kgf

d) 尺寸

图2-3　三类单元包装

与纸托盘的规格相匹配，所有单元包装所容纳的初级包装数量应达到最小订货量。单元包装有时还需要上、下面和四角的保护，如图2-4所示。边角面的保护需要符合宜家规范。

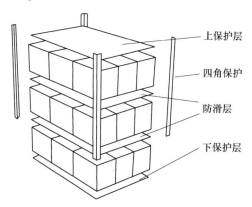

上保护层

四角保护

防滑层

下保护层

图2-4　单元包装的保护示意图

如果最小订货量不足以形成一个单元包装，就使用更小尺寸的模块包装，多个模块可拼成一个单元包装。模块包装的长与宽尺寸由单元包装的规格决定，高度可自行设计，但组合高度要符合单元包装的高度要求，即小于等于100cm。

▶▶ 8. 宜家的易售包装

研究显示，卖场46%的物流费用花在将货品从托盘搬运到货架上。易售包装（RTS）是指去除运输包装后，无须对包装进行任何操作产品即可用于销售。RTS只允许生产厂家与消费者接触到初级包装，省去了中间搬运环节，如将初级包装从二级包装或运输包装中取出放于货架，从而极大提高补货效率，减少劳动力成本。宜家在 2008 年启动 RTS 项目，此处介绍宜家的四种易售包装：整体托盘式（PT）、撕开式（TA）、托盘叠托盘式（TT）、货架托盘式（ST）。

1）整体托盘式。当到达卖场后，叉车直接运送到位，去除外层保护材料，消费者便能直接购买商品了。整体托盘式适用于不需要额外保护材料也可以稳定码垛的商品。

2）撕开式。整体也为一个大托盘，但去除四面的中间纸板而保留四角材料，这种易售包装应用于内装的商品陈列销售时还需要一定外保护的情况。

3）托盘叠托盘式。初级包装置于二级包装纸托盘并层层重叠。此结构可应用于多种不同产品，二级包装纸托盘设计可灵活多样。

4）货架托盘式。采用运输纸箱内装托盘包装方案，在卖场去除外纸箱后托盘移到货架进行销售。此类包装适用于小批量货架销售商品，尺寸由具体货架大小来设计。

除了货架托盘式，其他三种易售包装使用全托（AL）或半托（BL）单元包装尺寸。

提高集装箱装载率是宜家物流运输的一项关键创新。宜家采用木托盘、纸托盘、加载架进行顶部填充、侧隙填充等混合技术手段来达到集装箱最大装载率。

▶▶ **9. 宜家的创新式装载壁架**

装载壁架是创新单元式装载机的一个组件，几个装载壁架被用来构造一个单位装载壁架。根据单位负载的形状，将装载壁架放置在产品下方的不同位置，然后将装载壁架捆扎到产品上，并将拉伸膜施加到单位负载上，以保持并稳定它。装载壁架是可堆叠的，由可回收的聚丙烯塑料制成，使用注塑成型生产，每个重约 370g。装载壁架可承受高达 5 000kg 的静压。

装载壁架和传统货盘之间的主要区别在于，装载壁架允许改变尺寸和设计。传统的单位负载载体具有固定的尺寸，因此产品和包装的设计和制造是相应的；装载壁架的使用为根据特定需要和要求调整单位装载尺寸提供了机会，不是修改产品尺寸以适合负载载体，而是调整负载载体以适合产品。

宜家已经将创新的单位装载壁架应用于全球供应链中。自从 2001 年宜家首次引入以来，2006 年，装载壁架约占流入总流量的 10%，到 2010 年，装载壁架的使用率高达 30%，2012 年为 40%。

对于制造商而言，从传统的单位装载机到装载壁架的转变使它们可以替换现有的码垛设备。某些制造车间的生产线中已实现了自动码垛机的安装。在自动化生产线中使用装载壁架代替木质货盘，可以大大减少生产停顿。

对于运输单元而言，使用装卸壁架可以增加运输单元（铁路货车、集装箱和拖车）的空间利用率。传统的单位装载机由于并不总是与产品尺寸兼容，因此空间利用率并不高；装载壁架允许工人根据产品自行调整单位装载尺寸，从而更有效地利用空间。

对于配送中心而言，装载壁架的引入弊大于利。因为已有的仓库和物料搬运系统（如存储架配置、叉车和输送机）是基于标准化木托盘设计的，无法承受由装载壁架引起的单位负载尺寸变化，而且目前无法立即将配送中心的基础设施（如自动化仓库系统）调整为装载壁架。因此，宜家只能将这些装载壁架系在木托盘上，反而耗时耗力。不过，随着宜家逐渐引入自动捆扎设备，这种不利局面正在逐渐改变。

对于环境而言，使用装载壁架代替木质托盘并不会显著减少运输对环境的负面影响。一项调查比较了使用装载壁架和欧洲标准托盘的环境影响，最终结果是两者对环境的影响几乎不变，即单位负载运输工具的改变并不会对环境产生很大的影响。

本章小结

本章首先从物流包装的发展入手，阐述了包装的不良发展带来的环境恶化、资源紧缺等问题，提出绿色物流包装发展的必要性；然后介绍了随着国际物流环境的形成和发展，现代物流和包装的紧密结合。随着包装工业的发展，包装材料从单一的天然植物、陶瓷等材料演变为以纸、塑料、金属、玻璃四大类材料为主的格局，包装形式也日趋丰富。然而，包装物作为消耗性产品，在其整个生命周期中，各利益相关方往往仅追求各自经济利益，忽视了企业应承担的社会责任，对环境产生了诸多负面影响。随着世界经济发展日益繁荣，自然资源不断减少，环境不断恶化，人类赖以生存的家园受到了威胁。世界各国逐渐意识到单纯发展经济不是一项长久举措，必须同时考虑环境的发展，绿色物流包装由此兴起。

在此基础上，进一步阐述了绿色物流包装的定义，并从产品全生命周期角度论述了绿色物流包装的内涵。本章指出，绿色物流包装的整个生命过程主要由三个阶段组成：绿色包装原材料经绿色生产形成绿色产品，经使用与循环使用阶段后，进入绿色回收与再生阶段，最终形成一个闭环的生态循环圈。此外，根据绿色物流包装遵循的产品"生命周期评价"（LCA）方法，并结合 4R1D 原则，深入分析了绿色物流包装的技术要求。

最后详述了绿色物流包装的现状与研究，提出在物流行业推行绿色包装是一项系统工程，从绿色物流包装的设计、绿色循环产品的使用，到包装回收体系的建立，以及快递包装耗材的减量化，不仅需要政府、企业的共同努力，也需要人们在日常生活中深植绿色理念。

第 3 章

——

绿色物流包装的设计

案例导读

1. 我国快递包装"绿色化"发展的制约因素

（1）法律问题

虽然政府及行业主管部门及时出台了相应的法律规范，保障了快递行业的健康稳定发展，但也由于多种原因导致快递包装的法律规范尚不健全。其原因主要有以下几点：

1）快递行业发展时间较短，法律规范还不成体系。自1980年我国最早的快递服务供应商——中国邮政开办全球邮政特快专递（EMS）业务，我国快递业才走过了40余年。最早成立的民营快递企业在1993年成立之初，因无法获得营业牌照而被称为"黑快递"。

2）行业发展之初，快递业务量较少，产生的快递包装废弃物数量不多，没有引起政府及行业主管部门的高度重视。同时，产生包装废弃物占比较大的电商行业，近年发展势头迅猛，一些主管部门还沉浸在电商带来的便利及经济发展红利的喜悦之中，对包装废弃物的问题还来不及反应，甚至是不愿意过早反应。

3）过早制定专门法律规范介入行业管理，可能会使快递行业从业者产生错觉，认为政府打压行业发展，让快递行业从业者看不到行业的未来从而退出快递行业，导致整个行业发展停滞不前。

4）行业主管部门采取了粗放发展、集中管理、精细提优的管理思路。

（2）污染问题

随着我国快递业务量的日益剧增，快递包装污染引起了社会各方的广泛关注，也成为全国两会期间代表委员关注的焦点之一。首先需要解决的问题是包装标准不一。2011年出台的《快递业务操作指导规范》作为涉及快递包装的国家规范，并没有关于快递包装物的技术及标准规范。由于法律规范的不健全，快递包装缺乏统一标准。快递包装产业集约化程度低，没有区分市场上的电商快递、普通快递等类别，快递包装材料多样，包装规格繁杂，无法批量生产。快递企业自行设计并使用不同型号的包装来满足客户的需求，种类繁多、大小不一、尺寸混乱，二次使用相当困难。

快递行业过度包装或重复包装现象时有发生。对于消费者来说，快递"包厚实一点"是必要的，这样能保障快递安全。大部分消费者认为，评价购物体验的重要标准之一就是快递包装，关系到网购的"安全感"。对于电商企业来说，为了迎合消费者体验的需要，要使包装确保"安全"。同时，目前许多网购商品都实行"包邮模式"，商品安全是第一位的，否则损失要由商家承担。此外，电商企业担心快递在分拣和运输过程中遭遇"暴力分拣"，而不得不进行"安全"包装。对于快递企业来说，普遍"身不由己"，存在"多一层包装、多一层保障"的安全心理。快递计费是按照重量标准进行的，快递越重，运费越高，快递行业的利润越大。因此，为了满足消费者和电商企业的需要，担心快递在分拣、处理、运输及投递过程中因操作不当或物品之间相互挤压造成快递损毁，为了避免物品损坏导致赔偿，而对包装实行"五花大绑"。同时，快递企业为了品牌宣传和安全的需要，对一些原本有包装的物品，在寄递时，还会对物品外面再次进行包装。这是重复包装产生的重要途径。

（3）技术研发不够

总量庞大、种类繁多的快递包装废弃物大多不可降解，且焚烧会产生致病的气体。因此，从源头上通过技术研发减少有害包装材料的使用量就变得尤为重要。欧美发达国家在快递包装材料的技术攻关方面取得了显著成效：意大利从2011年1月1日起全国禁塑，使用生物降解塑料袋替代普通塑料袋；英国全国推行使用生物降解袋；法国从2016年开始全面禁用厚度50μm以下的塑料袋，推广使用生物降解塑料袋；美国非常重视包装设计技术，从而为企业节省大量的耗材费及运输成本，减少快递垃圾的产生。由于立法的缺失，我国快递包装的技术研发、技术创新在相当长的一段时间内处于停滞不前的状态，没有取得突破性的技术进展，导致我国快递包装市场上存在较多的质量低劣、无法降解，甚至是有毒有害的包装材料。因此，通过技术研发、技术创新推出新型绿色包装材料刻不容缓。

（4）利润空间不足

快递市场竞争激烈，由于快递包装产业利润低下、快递包装检验检测机制不健全等原因，包装市场上产生了许多价格便宜、质量低劣、无法降解、无法再次循环利用的快递包装，甚至还有一些有毒有害的快递包装。同时，快递企业之间存在"价格战"等低层次竞争，企业的利润空间有限，导致在快递包装材料质量和环保方面的选择上存在"将就""凑合"等心理，因价格原因而选用质量低劣、无法降解和无法二次循环利用的包装材料。

（5）行业各方责任不清晰

林德奎斯特（Lindqvist，2002）提出了生产者责任延伸原则。按照生产者责任延伸原则，生产者和消费者共同造成了产品对资源的消耗与对环境的影响，是污染者，都应该承担产品环境责任。生产者应承担主要责任，消费者承担次要责任；同时，政府是产品环境责任体系中的重要参与者，在产品环境责任体系中具有不可替代的作用，理应通过制定相关法律法规、发挥回收利用方面的优势等承担相应责任。但由于法规制度不完善，参与快递行业的各方责任不清晰，政府、生产者、消费者等没有履行相应职能义务。例如，2014年1号店推出的"1起环保纸箱回收"计划、2016年菜鸟网络提出的"绿动计划"及国内不少大学专门开辟的快递包装回收"生态小屋",就是由于责任不清晰,快递企业等尝试的快递包装物回收活动效果并不理想。

(6) 逆向物流体系不健全

1) 快递包装废弃物残值率较低。与手机、家电等高残值率回收品相比,快递包装的回收价值几乎可以忽略不计,因此,很多企业把目光转向高价值的项目。

2) 快递包装标准不统一、形式多样,回收困难。快递企业为了吸引消费者和顾客,自行设计并使用不同型号的包装,快递包装种类繁多、大小不一、尺寸混乱,且快递包装上多有胶带缠绕,无法轻松分离,循环利用比较困难。

3) 消费者和快递员的积极性不高。虽然大多数消费者都有绿色环保的意识,但是普通家庭没有多余空间存放快递包装废弃物等原因,导致对快递包装废弃物的回收很大程度还停留在口号上,与落实到行动上仍有一段差距,消费者尚未养成分类回收的习惯。此外,快递包装的回收会增加快递员的工作量,特别是在快递员激励和绩效制度不到位的情况下,导致快递员回收快递包装的积极性不高。

2. 应对方式

针对上述多种制约因素,社会各界也积极出台了不同的应对方式。

1) 加强顶层设计,政府各部门相互协同配合,打快递包装绿色化"组合拳"。完善立法工作,政府及相关主管部门要继续完善快递包装质量、循环再利用等方面的法律法规和标准。推进快递包装回收,形成快递回收包装再利用的闭环管理模式,建立包括快递包装生产企业、快递企业、消费者等在内的多方回收循环利用体系,对快递包装生产者责任进行科学有效监督。促进技术创新研发,落实国家鼓励节能减排、循环利用资源的优惠政策,开展快递包装绿色化研究,研发生产标准化、绿色化、减量化和可循环利用降解的包装材料,基本淘汰有毒有害物质超标的包装材料,推广环保箱、环保袋等的使用。

2) 完善立法工作。快递绿色包装是一项复杂的、多变量的系统工程,建立健全相关法律法规和标准是首要的紧迫任务。现行的国家标准、国家规范、行业标准等,或多或少存在技术和标准等立法的漏洞,而国家相关部门为了快递行业的整体快速发展,在执法过程中存在宽松执法心态,加上快递包装废弃物回收处于起步阶段,全社会的积极性不高、环保意识不强,导致快递包装废弃物污染严重、泛滥成灾。因此,政府各相关部门应同心协力,认真梳理,针对问题专门立法,尽快出台《快递包装废弃回收处置管理条例》《快递包装强制回收目录》等,并加快完善快递包装等相关法律法规的制定工作,制定具体可行的快递包装物的国家强制性标准和行业规范,并不断细化、完善《快递封装用品》国家标准、《邮政业封装用胶带》行业标准等，将绿色包装等环保指标纳入行业信用体系建设内容和企业常态化考核，划定包装不能超过的底线，明确绿色包装的法定标准，从源头上予以规范，加强流通环节的管理力度，要有法可依、有法必依。加大奖惩执行力，一旦违反标准，政府将严惩不贷；如果快递企业"绿色化"包装率达到规定标准，政府部门也将立即兑现奖励，以提高快递企业的积极性。

3）加大技术创新。加大产学研协同创新，密切关注新业态、新模式对快递包装产业带来的历史性的颠覆和变革，创新设计快递包装，以循环利用为目标，加快技术研发，研发可降解材料，采用简洁的减量化设计，节省大量的耗材费和运输成本，减少快递垃圾的产生，扩大快递产业规模。政府应牵头成立技术研发部门，通过技术攻关、技术创新进行环保包装材料的开发，强化快递包装检验检测技术；统一包装模式，研究包装物标准化、结构化设计，开发适合绝大多数寄递物尺寸的包装模式，以降低循环包装使用的成本，提高循环包装的残值率，采用轻量化、高强度的包装材料。

4）提高环保意识，加大宣传力度，提高全社会的环保意识，推行快递垃圾分类制度，鼓励企业、机构、社会团体及消费者积极投身到快递包装回收活动中。牢牢牵住快递包装问题的"牛鼻子"——电商平台，制定规则引导商家选用绿色环保包装。出台绿色信用体系激励措施，使消费者从具有绿色环保意识向采取绿色环保行动进一步转变。借鉴发达国家的先进经验，出台税收、贷款、土地使用等方面的激励机制，鼓励企业从源头上把关。国家可借助税收杠杆调节快递包装的市场行为，通过发放补贴、建立保护环境名录、公开表彰等方式，表彰快递包装"绿色化"的身体力行者，激励企业主动使用环保材料和回收利用，提高不可降解材料的使用成本。例如，日本政府对废品回收者、分拣者给予信用贷款，对资源回收再利用企业、垃圾焚烧厂等环保企业，采用税收减免等方式促进其发展；意大利、英国、法国全面禁止塑料袋，使用生物降解塑料袋替代普通塑料袋；德国对传统塑料袋征收绿点税，而对生物降解塑料袋免税；比利时对生物降解塑料袋实行减税；荷兰对生物降解塑料减税3/4以上；美国政府根据企业包装回收利用率的高低进行税收的适当免除。联合包裹（UPS）推行"环保包装"项目，要求包装供应商提供的材料必须环保可回收；联邦快递要求所有包装都是可循环利用的。

5）构建回收体系。快递包装回收体系的构建，不仅是政府部门的工作，而且是需要供应链环境下多方参与的系统工程，需要政府、快递行业及企业、回收利用行业及企业、电商企业与消费者等多方共同努力，切实履行快递包装生产者的责任延伸。在生产者责任延伸理念下构建逆向物流回收体系时，要考虑利益相关方之间的博弈。阿塔苏（Atasu）等（2009）分析回收对环境和经济影响时，充分考虑了政府、生产企业和消费者之间的相关博弈对回收体系的影响。政府部门应制定快递包装废弃物回收利用促进政策，将快递包装回收归入公益事业领域，扶植从事快递包装生产、回收、循环利用的企业，充分运用大数据等现代技术手段，在供应链上下游建立起快递包装信息共享系统，基于包装生产企业、电商平台、快递企业等销售配送网络，通过自主回收、联合回收或委托回收等方式，共建公共回收平台，建立"线上线下"相融合的快递包装逆向物流回收与再利用体系，将循环共用包装物有效分类，提高快递包装循环利用率。

3.1 物流包装的绿色设计理念

3.1.1 绿色设计的概念

在漫长的人类设计史中，工业设计在为人类创造了现代生活方式和生活环境的同时，也加速了资源、能源的消耗，并对地球的生态平衡造成了极大的破坏。20 世纪 60 年代，维克多·帕帕奈克（Victor Papanek）在《为真实的世界设计》一书中提出：设计的最大作用并不是创造商业价值，也不是包装和风格方面的竞争，而是一种适当的社会变革过程中的元素。他同时强调设计，应该认真考虑有限的地球资源的使用问题，并为保护地球的环境服务。到了 20 世纪 70 年代，"能源危机"爆发，维克多·帕帕奈克提出的"有限资源论"逐渐得到了人们的普遍认可，绿色设计也得到了越来越多的人的关注和认同。20 世纪 80 年代末，绿色设计成为国际设计的潮流。绿色设计反映了人们对现代科技文化所引起的环境及生态破坏的反思，同时体现了设计师道德和社会责任心的回归。

绿色设计，又称生态设计、面向环境的设计等，是指借助产品生命周期中与产品相关的各类信息（技术信息、环境协调性信息、经济信息等），利用并行设计等各种先进的设计理论，使设计出的产品具有先进的技术性、良好的环境协调性以及合理的经济性的一种系统设计方法。绿色设计着眼于人与自然的生态平衡关系，在设计过程中的每一个决策都充分考虑环境效益，尽量减少对环境的破坏。对物流包装设计而言，绿色设计的核心是 4R1D。物流包装的绿色设计不仅要尽量减少物质和能源的消耗，减少有害物质的排放，而且要求废旧包装能够方便地回收，并且可以再生循环或重新利用。因此，绿色设计是旨在保护自然资源、防止工业污染破坏生态平衡的一场运动。

3.1.2 物流包装的绿色设计需求

绿色包装设计表达的是可持续发展的理念，从产品的设计到报废的过程中都体现了"绿色"发展理念，展现了技术理念、绿色设计以及资源环境协调等信息。绿色包装产品需要先进的技术来支持，设计理念要与环境等方面相协调，实现可持续发展。绿色物流包装的设计理念为：在保证物流包装的基本功能与性能的条件下，尽量减少包装对资源的消耗与对环境的污染，同时最大化物流包装的经济效益。因此，物流包装在设计过程中，需要统筹考虑包装在全生命周期中对环境的负面影响，并在包装生产的每个阶段控制好成本，实现经济价值与环保价值相结合，才是真正的绿色设计。

▶▶ 1. 绿色设计的环境需求——材料环保

绿色包装设计的第一步是保证包装材料的环保性。确保包装在回收以及报废处理等各个环节都可以再利用，有效地保护环境、节约资源，从而实现环境保护和经济效益的完美结合。具体而言，包装材料的选择主要包括以下几个方面：

（1）绿色材料的选择

随着人们生活水平的不断提高，绿色包装材料的环境可持续性成为绿色包装发展的趋势，并且受到了全世界各国学者的关注。随着学者对绿色材料的研究不断深入，绿色包装材料不断获得新的发展和突破，离真正实现包装绿色化的目标更近一步。

（2）包装设计的材料种类选择

在产品的绿色包装设计理念中，应该尽可能少地使用各种原材料，这样可以有效地缓解后期循环再利用的工作负担。惠而浦德国伙伴的包装工程师曾把包装材料从20种减少到4种，极大限度地节约了成本，包装性能也得到了大幅提升，而且减轻了后续的回收和报废再利用工作。目前，很多国家都在致力于简化包装的开发研究，这种简单方便的绿色包装理念正引领整个包装设计产业走向一个新的时代。

（3）可自然分解材料的引用

包装对环境最大的污染来源于包装废弃物的分解，可自然分解材料的使用能有效解决这一难题。早在20世纪，很多发达国家就开始研制利用光合作用分解包装材料的废弃物。近年来，随着生产力的发展，我国也开始关注这一领域的研究，相信不久的将来，包装材料的可循环利用将迎来一场新的革命。

▶▶ 2. 绿色设计的时代需求——包装简洁

绿色包装设计强调减少无谓的材料消耗。具体来讲，就是在保证其功能性能的前提下，做到结构简单，易操作，减少不必要的资源消耗和能源浪费，设计出既简约又美观、既精致又耐用的产品，向着"精""简""新"的目标发展，在功能性与精简性之间获得平衡。20世纪80年代初，追求极端简单的设计流派逐渐兴起，该流派将产品的造型简化到极致，也就是所谓的"简约主义"（Minimalism）。简约化包装结构是针对现在市场上繁复的包装造型和过分包装的现象提出的。简约设计不仅在功能上达到了包装的目的，而且实现了材料的节约与加工的便利。

因此，在最大限度保证商品安全的前提下，通过采用运输包装简化或无包装方式来减少包装材料的使用体积和使用量，既能节省材料，又便于拆卸。其中，推行较为成功的是宜家所售产品的平板包装，不仅能够最大限度地节省运输空间、降低运输包装所占重量，而且包装的使用非常简单易懂。

▶ 3. 绿色设计的未来需求——包装绿色化

由于我国人口基数大，相应的资源消耗和垃圾生产数量庞大。据统计，目前我国城市生活垃圾的年产量在 1.5 亿 t 以上，并以每年 8% ~ 10% 的速度增长，而其中 60% 都是包装物。因此，为了解决资源短缺和垃圾日增问题，发展绿色包装是我国实现可持续发展、建设"两型社会"（资源节约型社会、环境友好型社会）的重要途径。绿色包装的推进与应用，无论是在节约资源还是在保护环境方面，抑或是在应对国际贸易方面，都发挥着非常重要的作用。此外，推进包装绿色化不仅需要政府的引导和约束，更需要改变企业的发展观念和人们的消费理念，多管齐下实现包装绿色化的落地执行。

3.2　物流包装的生命周期影响

包装的全生命周期管理是指通过建立起涵盖包装生命周期各个环节的低碳化体系，包括材料选择、生产、运输、仓储、使用以及回收再利用等，实现包装在整个生命周期中的综合碳排放最低。通过全生命周期低碳化体系的建立，实现包装服务全流程的优化，即生产加工过程中要规范包装产品的选材及结构，在运输、仓储、装卸过程中要采用简约化的低碳包装策略，落实绿色化回收原则，以实现包装在整个生命周期过程中的综合碳排放最低化。其中，低碳包装的宗旨是在包装的整个生命周期过程中遵循 5R 理念（Reduce——节约能源、减少污染；Reevaluate——绿色价值、环保选购；Reuse——重复使用；Recycle——分类回收再利用；Rescue——保证自然、万物共存），以期实现全生命周期碳排放最低。接下来从包装的生命周期评价（LCA）出发，详述包装的选材与制造阶段（包装原材料获取阶段和包装制造阶段）、使用阶段、回收处置阶段（见图 3-1）对环境的影响。

▶ 1. 包装原材料获取阶段

企业在评价产品的环境影响时，一般不考虑此阶段。但是，为了实现全生

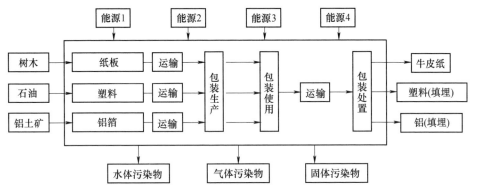

图 3-1　包装的生命周期阶段

命周期的低碳化，包装产品的生产商在进行原材料采购时，不仅要注重采购成本，也要注重材料后续回收再利用的可能和废弃处理时对环境的影响。

2. 包装制造阶段

企业对产品进行全生命周期管理时，主要考察和关注此阶段，如实施清洁生产和进行环境管理。该阶段涵盖了从原材料进入工厂门到产成品运出工厂门，也称为"门到门阶段"。在进行包装的全生命周期管理时，该阶段也是重点考察和关注的阶段。

3. 包装使用阶段

本阶段往往是产品环境污染和资源消耗较为严重的阶段，如运输阶段涉及的石油消耗和废气及光化学烟雾的产生等，但是对包装材料进行评价时视情况而定。

4. 包装回收处置阶段

无论是包装的回收利用还是最终处置，均要消耗能源和排出废物，因此在包装的全生命周期评价时需要充分考虑该阶段。

3.2.1　选材与制造的环境影响

对于制造企业而言，物流包装工作是产品生产的最后一步。随着制造业技术的进步以及高效大规模流水线生产体系的建立，包装工作也必须依靠先进的机械设备才能与高效的生产体系相匹配。包装的合理化、现代化、绿色化、低成本是现代物流合理化、有序化、现代化、绿色化、低成本的物质基础和保证。了解熟悉包装的物流环境因素及其影响，对包装防护设计、包装物流技术的研究具有重要意义。包装的选材与制造对环境的影响主要表现在以下两个方面：

1. 包装材料生产过程造成的污染

包装材料产生的污染是包装的固有污染种类，而包装作业产生的噪声、扬尘则属于非固有污染。包装在生产过程中产生大量的废气、废水，若这些废气、废水未经处理或处理不当，将对空气及水资源造成极大的污染；此外，包装工业产生的废渣等固体废弃物直接排放会严重污染周围环境及土壤。目前，我国大多数包装生产企业都实行粗放型生产模式，包装工业在生产过程中排出大量"三废"，尤以纸包装的制浆造纸生产、金属包装的涂料及打磨工艺、玻璃包装的熔融成型和塑料包装的原材料采掘最为严重。例如，造纸业产生的废弃物未经正确处理直接排放，从而对环境造成污染；某些金属桶在涂装前进行表面涂油、除锈、磷化等工艺时产生的废水、废气、废渣未经处理，会严重影响人身健康及环境。

2. 包装材料本身的非绿色性造成的污染

包装原/辅材料因自身化学性能变化会导致对产品或环境的污染。例如，聚氯乙烯热稳定性较差，在一定的温度下会分解出氯化氢气体。聚氯乙烯燃烧时也会产生氯化氢，导致产生酸雨。显然，包装材料选择不当不仅会污染产品，而且会污染环境。因此，在我国构筑循环经济社会、强调可持续发展理念的今天，推进包装材料的绿色化、使用可降解材料，已成为包装行业关注的热点。

3.2.2 使用阶段的环境影响

物流包装大体是指商品生产完成后、交付客户前，在仓储、运输、流通中使用的包装产品和服务。从流通的角度来看，物流包装是保护商品状态完好无损的工具和条件，旨在实现商品流通过程中的损失最小化。通常包装件的流通过程如图 3-2 所示。现阶段，我国很多行业物流的运作惯例是：上游企业在发货时常常使用一次性纸箱、木箱进行货物包装，即使采用带板运输方式，也由于托盘标准不统一或者没有实现整个供应链上的托盘循环共用，货物在送达目的地后需要人工卸车、重新码盘再入库存放，大大增加了货物运输、搬运、堆垛、存储等流通环节的作业量，既增加了货物损坏的风险，又耗费了时间和人力，

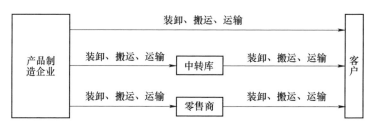

图 3-2 某包装件的流通过程

导致物流运作效率降低、物流成本升高。

如今，制造业加快自动化、智能化转型升级，特别是电子商务快速发展，促进了企业经营模式的变化，订单碎片化导致物流快递化，使物流包装这个细分领域既面临新的挑战，同时也迎来了难得的发展机会：一些新的技术设备得到应用，一些新的运营模式开始被尝试。物流包装技术水平的不断提升，将为物流行业的整体进步提供巨大的推动力。标准化、系统化是物流运作的本质特征，它强调各环节、各组成部分的协调和配合。在实际应用中，各种包装材料、包装尺寸、包装容器规格、包装机械、包装检验等方面的技术要求并不是孤立的，需要从供应链角度考虑和设计。目前，因我国物流包装的规范化和标准化程度较低，难以实现有效的衔接和重复回收再利用，这必然导致企业无效作业增多、包装成本增加、效益下降，对整个社会来说，也可能造成环境污染和资源浪费。

我国著名物流专家吴清一教授一直积极推进托盘标准化与循环共用体系建设，近年来提出了单元化物流理论并大力推动其实践应用，对于促进我国物流包装标准化具有重大意义。托盘和包装箱的共享租赁、循环使用模式正是这种趋势的体现。在这种模式下，包装企业不再只是包装物的供应商，更是为包装产品在供应链的运作中提供物流服务的物流商。包装企业通过包装产品流通中心，在制造企业与其下游客户之间实现包装物的持续快速周转和同步生产配合。新的运营模式使得一次性购置成本较高的新型材料的包装产品可以替代一次性包装产品，并可以被反复使用。在长时间循环往复的物流运营中，最初较高的包装投入被分摊到整个包装的使用寿命中，单次成本就可以降低很多，因此可大大降低整条供应链的包装成本；同时，通过替代一次性包装产品减少对环境的污染，在创造经济效益的同时保障社会效益。

▶▶ 3.2.3 回收处置的环境影响

我国人口众多，制造企业数量庞大，商品流通数量巨大，这些都造成我国包装资源消耗数量惊人，在促进包装工业迅速发展的同时，也带来了包装废弃物的持续增加。这些包装废弃物大量混杂于生活垃圾之中，若填埋或焚烧，包装中的胶带、气泡膜、塑料袋等都会对土壤、地下水、空气造成难以逆转的污染。此外，很多企业使用纸箱或木箱包装产品，但是包装材料回收利用的比例却非常低。而且，我国属于林木资源匮乏的国家，很多原材料需要进口。原材料供需关系波动、汇率波动等诸多不可测因素，都会导致原材料成本的变化。而且，造纸行业属于污染较严重的行业，随着全社会环保意识加强、国家环保监管水平提高，包装生产的成本也会随之增加。因此，对于企业而言，采用绿色化的包装材料是切实可行的措施。

此外，我国企业和消费者的循环利用观念尚未形成，包装废弃物的回收利用率较低。一方面，大量原本可以继续回收利用的包装被当作废物直接抛弃，造成了资源浪费；另一方面，大量的废弃物增加了处理成本，给自然环境带来了巨大的负担。一些发达国家对包装废弃物的回收利用十分重视，如德国瓦楞纸的回收率高达90%以上，美国每年有40亿美元的收入来自废弃包装物的回收。而我国快递行业中，纸板和塑料的实际回收率不到10%，包装物总体回收率不到20%。显然，我国在推进包装循环共用的道路上还需继续努力。

由于在推进包装循环回收利用的初始阶段，企业对包装物的回收需要大量的资金支持，而且一般包装物的生产成本远远低于回收成本，因此，建立回收体系对于中小企业而言并非合适的选择，而大型企业在包装物的回收利用方面也缺少优秀典范。因此，如何通过采用新技术或新模式降低整个供应链上的物流包装成本及包装回收成本，已成为物流企业面临的重要问题。

3.3　最小化环境影响的物流包装设计

工业化进程推进了社会文明及物质文明的空前发展，但同时也带来了负面影响，如资源匮乏、能源短缺、环境恶化等问题，严重危及生态环境和可持续发展。人们对包装、物流和环境的关系不断探索，提出了绿色包装和绿色物流理念。绿色物流将可持续发展思想融入物流战略规划和管理活动中，将生态环境和经济发展联结为一个互为因果的有机整体，强调物流系统效率、企业经济利益与生态环境利益的协调与平衡。为了使包装物流系统在社会经济大系统中实现可持续发展，需要降低包装物流系统的资源和能源消耗、减少环境污染、研发设计能最小化环境影响的绿色物流包装。因此，在物流包装的设计阶段，要充分考虑产品包装对生态和环境的影响，使设计结果在整个生命周期内的资源浪费、能源消耗和环境污染均达到最小化。

▷3.3.1　设计依据

由于绿色包装设计要在设计阶段集中考虑包装生命周期内各阶段对环境的影响，因此必须采用并行工程技术，综合考虑产品特性、市场信息、概念设计、生产工艺、运输销售、废弃物回收再用等因素。产品特性直接影响到绿色包装的整体设计。有关产品的这些属性和参数主要包括以下几个方面的内容：

1）产品特征参数，如产品的脆值、重量、形状、结构尺寸等。

2）产品包装特性，如是否需要耐寒、耐高温、耐腐蚀、耐压、缓冲、防振、防潮、防水、防晒、防盗、防虫害等。这些特性与产品自身的物理性质、化学性质、力学性质等有关，也与产品仓储、运输、使用的环境密切相关。

3）产品运输方式，如采用单一的公路（汽车）、铁路（火车）、航空（飞机）、航运（船舶）运输方式，或联运方式。

4）装卸搬运方式，如采用人工、吊车、叉车或传送带作业。

3.3.2 设计流程

传统包装设计采用串行工程技术进行设计，主要考虑包装的基本属性，即保护功能、方便储运、促进销售等，而忽略了包装的环境属性，即包装生命周期各阶段的环境影响。在绿色包装设计中，从包装的整个生命周期出发，采用并行工程技术进行设计，考虑生命周期各个阶段对环境的影响，特别是在产品生命周期终止后，还必须考虑包装废弃物的回收、再生和再利用。

绿色包装设计的流程包括包装设计、包装容器制造、包装使用和废弃物处理四个主要阶段。产品的包装被废弃回收以后，通常有四种处理方法，包括重复利用、再生利用、填埋和焚烧，其中优先考虑包装废弃物的回收再利用，以便实现多次重复利用资源；当包装废弃物无法重复利用时，只能考虑再生利用；当包装废弃物不能循环利用，又不能作为二次材料使用时，需要视具体情况处理，可以通过焚烧回收热能，也可以通过填埋方式来处理。

3.3.3 设计内容和步骤

绿色包装设计需要全面考虑在整个生命周期内产品、包装与环境的相互影响，其主要绿色因素包括产品特性、环境保护、工作条件、资源优化、产品成本等。产品成本包括设计成本、制造成本、销售成本，以及使用、废弃与回收过程中客户和社会承担的成本等。绿色包装设计的内容包括包装材料选择、包装容器设计、防护包装设计、仓储运输选择以及包装成本核算等。

1. 包装材料选择

绿色包装设计的第一步是选择绿色材料。绿色材料是指在满足一般功能要求的前提下，具有良好环境兼容性的材料。一般情况下，优先选用可再生、易回收、低能耗、少污染、易降解的材料，避免使用有毒、有害和有辐射的材料。同时，为了减少回收时拆卸分类的工作量，应尽量减少包装产品中的材料种类，考虑材料的相容性。

按照环境保护要求及材料使用后的处理方法，绿色包装材料大致可分为以下三大类：

1）可回收处理再利用材料，如纸浆、纸浆模塑制品、植物秸秆包装材料、金属、玻璃、可降解的高分子材料等。

2）可自然风化分解回归自然的材料，如纸质品（纸浆、纸浆模塑）、可降解（光降解、生物降解、热氧降解、光－氧降解、水降解、光－生物降解等）

材料，以及生物合成材料（如草、麦秆、木片、天然纤维填充材料，可食性材料，生物及仿生材料等）。

3）可焚烧回收能量且不污染大气的材料，如部分不能回收处理再造的线型高分子、网状高分子材料，部分复合（如塑－金属、塑－塑、塑－纸）包装材料等。

2. 包装容器设计

合理的包装容器设计不仅能够保证产品在流通过程中的安全性，而且可以减少物流工作量，降低物流费用。如标准化托盘的推进不仅适用于机械化搬运操作，而且便于进行现代化仓储管理。作为一种重要的集装器具，托盘的使用范围和使用数量在各种集装器具中居于首位。

3. 防护包装设计

包装防护技术是保证产品在物流环境中安全流通的关键技术条件，直接影响着现代物流的合理化、有序化、低成本等目标的实现。包装物流活动是在一定的空间和时间范围内进行的，与环境条件既相互作用，又相互制约。一方面，从产品防护的角度分析，任何包装件在流通过程中都易受周围环境温度、湿度、空气等物理环境因素的影响而发生性质或功能的变化。例如，膨化食品因受潮而变软、变质，果品因包装箱内温度较高而腐烂，化工品因温度与氧气的综合作用而产生危险等。另一方面，产品由于其自身特性，如冷冻食品、新鲜果蔬、精密仪器、电子产品等，对外部环境及包装有着苛刻的要求。

因此，在进行包装物流活动的过程中，应根据货物特性及具体的物流环境条件，采取合适的包装物流防护技术，提高对货物的安全运输。防护包装设计主要包括物理防护包装（防潮包装、气调包装、危险品包装）、力学防护包装、生化防护包装（除锈包装、防霉包装、无菌包装、防虫害包装）等。

4. 仓储运输选择

装卸、搬运、运输是伴随着包装产品（包装件或货物）的流通过程而发生的，被称为包装物流活动的节点。它们是联系其他物流环节的桥梁，不附属于其他环节，而是作为独立作业而存在。据统计，在整个包装物流活动中，装卸搬运作业所占时间约为50%，频率最高。因此，必须重视装卸搬运作业过程，提高包装物流效益。在这一过程中，货物包装的改进与提高装载量密切相关。改进产品包装设计，使其与现代物流运输工具相适应，实行包装设计模数化、单元化、集装化，是提高车船技术装载量的重要前提之一。

5. 包装成本核算

绿色物流系统的总目标是在保证最小化环境负面效应的情况下，最大化企业的宏观和微观经济效益。但是，由于系统功能要素之间存在"效益背反"现象，子系统的效益最佳并不代表系统的整体效益最佳。包装物流成本管理的目的就在于通过物流管理寻求包装物流服务与物流成本、各功能要素之间的最佳平衡点。当前，物流成本已成为企业应对市场竞争和维护客户关系的重要战略决策资源，能够直观体现物流的经济效益。从物流成本角度分析包装物流系统，对改善企业物流具有重要的经济意义。降低物流成本被称为企业的"第三个利润源"。但是，在物流实践中，"物流冰山"现象非常严重，如何正确划分物流成本的范围、如何准确计算物流成本，已成为企业实施包装物流成本控制的"瓶颈"。包装成本核算可以真实反映生产经营过程中的实际耗费，加强对各种物流活动费用的控制。

3.4 延伸阅读——国内外不同的绿色包装实践

▶ 1. 国内绿色包装的现状

收到一件快递，撕开胶带，打开纸箱，扔掉里面的填充物……这样的操作，想必是很多人都已经非常熟悉的。但隐藏在这件人们习以为常的小事背后的，却是目前难以解决的海量快递包装垃圾。2018 年，我国快递业务量突破 500 亿件，由此产生的包装垃圾成为生活垃圾最大的增量之一。如何在快递业推行"绿色包装"，使之实现减量化、可循环，成为城市生态文明的"关键小事"。

在上海财经大学的一家菜鸟驿站里，除了五组智能快递柜，还放置了三个绿色回收台。学生们拿到快递后，可以选择现场拆包，把包装盒、包装袋、塑料填充物扔到回收箱内。来站点寄件的学生，可以对这些包装物进行二次利用。据站点负责人介绍，这家驿站的日均包裹量在 3 000 件左右。通过设置回收系统，如今站点包装物的二次利用率达到了 40% 左右。菜鸟网络方面表示，目前已在全国 200 个城市的驿站设立了约 5 000 个绿色回收箱，为快递包装循环利用提供了良好的支撑。菜鸟驿站只是一个缩影，快递物流行业的"绿色化"，遍布于包装、配送、回收等各环节。以快递包裹上的电子面单为例，中国快递协会副秘书长杨骏表示："原本的四联手写快递单变成了现在的两联电子单，单子的面积、数量都降低了，用纸比原来节省至少 40% 。目前国内快递业的电子面单普及率超过 90% 。"

快递物流行业"绿色化"的背后是不得不去面对的快递包装垃圾"围城"。2018 年，我国快递业务量突破 500 亿件，同比增长 26.6% ，2019 年快递业务量突破 600 亿件。相应地，过度包装和海量的快递包装垃圾接踵而至。根据国家邮政局公布的数据，在我国特大城市中，快递包装垃圾在生活垃圾中所占比重不断提升，前者增量已占到后者增量的 93% ，部分大型城市为 85% ~ 90% 。

令人欣慰的是，在市场各方的努力下，如今快递业的"绿色行动"蔚然成风：中国邮政推行胶带"瘦身计划"，在不影响快件包装效果的前提下，将胶带的宽度进行缩减；苏宁等电商平台推进生鲜领域冷链保温箱的循环使用，现场签收，即时回收；不少快递公司对包装填充物进行减量化设计，用大颗粒气体填充物代替小颗粒填充物。

尽管市场各方已经行动起来，但"绿色快递"仍然任重道远。有专家估计，目前我国快递包装的总体回收率还不到20%。推行"绿色包装"，目前还存在以下难点：

1）嫌麻烦。一些电商平台在配送方式上为用户提供了"绿色包装"选项，然而，使用可循环包装箱、即时回收的送货方式并不受打包和配送人员待见。有业内人士介绍：一方面，"个性化"的绿色包装会增加打包人员的时间，影响配送效率；另一方面，因为要即时回收，开箱取货会耗时更久。而打包员和配送员的工资皆与单量挂钩，因此缺乏"绿色"动力。

2）价格贵。无胶带纸箱和环保快递袋的市场价格为普通纸箱和快递袋价格的1.5～2倍，可降解胶带价格是普通胶带的5倍。有估算显示，如果国内500亿件快递全部采用绿色包装，增加的成本可能达到百亿元级别。

3）合力难。除了成本问题，快递绿色包装的难点还在于，这是一个系统工程，需要多方合力才能发挥效果。一些快递公司的人士表示："70%的包裹都是商家或消费者自己打包。"快递公司只是转运寄递系统，并不能约束消费者或商家使用何种快递包装。

▶▶ 2. 德国的包装物回收模式

德国政府于1991年6月12日颁布《包装法》，并于1998年8月21日重新修订该法。《包装法》明确了包装物不属于垃圾，而是有价值的材料。更为重要的是，该法在世界范围内首次明确规定了生产者和销售者回收包装物的法律责任，即生产者和销售者必须对他们引入流通领域的包装物承担回收和再利用的责任。

德国的《包装法》不仅为包装物回收提供了法律依据、明确了责任主体，还为回收包装物提供了回收模式。《包装法》让生产者和销售者在两种回收模式中进行选择：或者自行回收自己带入流通领域的包装物，或者加入一个覆盖面广泛的包装物回收组织，由该组织有偿代替自己回收包装物。该法创造性地将第三方包装物回收组织作为回收包装物的多方主体之一，并将其纳入包装物回收模式中，极大地促进了包装物回收的实现。

德国回收利用系统股份公司是德国覆盖面广泛的第三方包装物回收组织之一。它主要负责对加入该组织的生产者、销售者引入流通领域的包装物进行收集、分类处理和再利用，让险些沦为生活垃圾的包装物资源重新带回流通领域。

该公司无疑使德国包装物回收模式中多了一个高效的实施主体，并且让回收模式中的各环节变得十分清晰。值得一提的是，德国回收利用系统股份公司并没有直接向生产者和销售者收取服务费，也没有向政府申请补贴，其主要收入来源是生产者和销售者加入该组织后获得的"绿点"商标的许可证费。更值得一提的是，该公司的股东包括商业、消费品工业、包装工业和原材料供应商等数百家企业。这种收费模式和股权结构有利于构建一种互利共赢的包装物回收模式，极大地减少了实施包装物回收的阻力。根据德国回收利用系统股份公司的有关数据及资料，德国从1991年到1995年，仅家庭和小企业就减少了约90万t销售包装，1997年德国每个居民平均收集废旧包装达75.8kg，1998年总包装量670万t中有560万t废塑料包装被回收利用系统回收，其中550万t被回收利用。

从宏观管理的角度，德国包装物回收模式的成功经验总结起来主要有以下七个方面：

1）立法强制回收。

2）明确责任主体。

3）鼓励多方参与。

4）发展实施主体。

5）明晰回收环节。

6）进行有效激励。

7）坚持互利共赢。

▶▶**3. 英国塑料公约**

英国塑料公约（UK Plastics Pact）是一项由非营利组织废物与资源行动计划（Waste & Resources Action Programme，WRAP）和艾伦·麦克阿瑟基金会（Ellen MacArthur Foundation）于2018年领导发起的合作项目，旨在将整个价值链中的企业与英国政府和非政府组织联合起来，为塑料创造循环经济。它发布的报告提供了英国在推进塑料循环经济系统目标进展方面的全面概览。

报告显示，2018年年底英国塑料公约成员在实现所有包装可回收的目标进度方面都达到了过半的程度，英国在实现将70%的塑料包装进行回收的目标工作进度也已过半；此外，公约成员实现塑料包装中含有30%再生成分的目标也达到了1/3的进度。但是，报告也强调，目前仍然存在高度复杂的挑战，如开发薄膜和软包装回收系统。

（1）目标一：消除有问题或不必要的一次性塑料包装

到2020年年底，公约成员将清除总共11亿个有问题和不必要的一次性塑料制品，目前大多数成员已经淘汰了饮管和棉签等几类物品。超市已经移除了3 400t不必要的新鲜农产品塑料包装，重量相当于272辆伦敦公交车，并移除了

1.375 亿个塑料果蔬标签。

（2）目标二：制造 100% 可重复使用、可回收或堆肥塑料包装

2018 年，公约成员销售的塑料包装中有 65% 是可回收的。最近的举措包括超市清除了超过 19 000t 不可回收的黑色塑料，相当于 15 亿个即食餐盘。到 2020 年年底，所有公约成员均计划从其包装中清除 21 000t 不可回收的 PVC 和聚苯乙烯。另外，可重复使用的包装也有所增加。例如，Waitrose 超市的"无包装"试用店设置了干货、葡萄酒、啤酒和洗涤剂的再填充站。目前面临的一大挑战是开发塑料薄膜（如面包袋和薯片包装）的回收系统，该系统占消费者塑料包装的 25%，但只有 4% 被回收。这就需要对先进的回收工艺进行创新和加大投入。

（3）目标三：70% 的塑料包装能够有效地回收或堆肥

英国目前有 44% 的塑料包装被回收。这有赖于英国在塑料后处理方面的重要新投资，其中包括废物管理巨头 Viridor 和 Biffa 宣布的新回收设施工厂。同时，确保为市民提供正确的信息和鼓励他们参与回收利用仍然是一个挑战。在这方面，所有的超市都签署了"包装回收标签"（On‑Pack Recycling Labelling）系统，百事可乐、依云和 innocent 饮料品牌等都加强了包装回收标签识别，以使市民更加清楚回收细节。另外，所有大型超级市场都通过在商店内提供可拉伸薄膜塑料（如通常不能在家中进行回收的冷冻食品袋、运输袋和面包袋等）的塑料回收点，来帮助客户提高回收率。

（4）目标四：所有塑料包装平均含有 30% 的再生成分

2018 年，公约成员的塑料包装中平均含有 10% 的可再生成分，这样就可以节省超过 100 万桶（超过 90 000t）用于生产初生塑料的石油，相当于超过 100 万头海豚的重量。公约成员采取的行动包括生产 100% 可再生成分的水瓶，例如，可口可乐的 Glaceau Smartwater 和 Highland Spring 的生态瓶。个人护理和洗衣产品中含有的可再生成分也在持续增加。要达到含有 30% 再生成分的塑料包装，主要面临的挑战是确保有足够的优质再生塑料可供使用。这就是为什么在设计可循环利用的包装方面进行升级非常重要，例如，雪碧（Sprite）从绿色瓶改用透明瓶。

到 2025 年实现这四个目标，不仅将实现塑料循环经济，还将减少初生塑料的生产。这不仅可以通过提高包装和产品中的再生成分占比来实现，而且可以通过再填充解决方案，以及摆脱有问题或不必要的塑料来实现。

▶▶ 4. 欧洲包装回收强势增长

欧洲塑料协会（Plastics Europe）发布的《塑料 2019 年事实与数据》报告统计，2018 年全球塑料产量达 3.6 亿 t；其中，欧洲的塑料产量为 6 180 万 t，与 2017 年的 6 440 万 t 相比有所下降。据欧洲塑料协会统计，2018 年欧洲从事塑料

工业的企业共有 6 万家，提供了 160 万个就业岗位，年营业收入超 3 600 亿欧元。其中，塑料原材料生产商及塑料加工商的贸易顺差为 150 亿欧元。整个欧洲塑料工业为欧洲公共财政及社会福利体系贡献了 288 亿欧元。

欧洲的塑料工业也一直在持续创新，提升工业附加值。据欧洲塑料协会分析，欧洲塑料产业的工业附加值在欧洲排名第七位，与欧洲医药行业处于同一水平，接近化工行业。

欧洲本土的塑料加工商对塑料需求量为 5120 万 t。按地域分布划分，德国塑料加工商的需求量最大，为 24.6%，其次分别为意大利（13.9%）、法国（9.4%）、西班牙（7.6%）、英国（7.3%）、波兰（6.8%）、比利时和卢森堡（4.6%）、荷兰（4.3%），其他欧洲国家地区共占 21.5%。

按终端应用领域划分，欧洲包装行业对塑料的需求量最大，占 39.9%，其次为建筑行业，占 19.8%。

欧洲塑料协会指出，自 2006 年以来，欧洲用于回收的塑料垃圾数量翻了一番。欧洲塑料工业正在加速推进向更加循环和资源高效的塑料经济转型。2018年，欧洲共收集了 2910 万 t 废塑料，对其中 32.5% 的废塑料进行了回收再生，42.6% 的废塑料进行了能源转换，24.9% 的废塑料进行了填埋处理。

⫸ 5. 减少包装对环境影响的方法

为了减少包装对环境的负面影响，企业和立法机关历来都将重点放在与包装的生命周期相关的包装对环境的直接影响上。但是，在最近几十年中，学术界和实务界的研究表明，包装会影响物流的效率，而物流效率又决定了环境影响的大小。因此，包装通过物流对环境也存在间接的影响。从包装设计的角度强调的是减少产品浪费、减少物流能耗，以及最小化包装材料对环境的影响。

（1）减少产品浪费

从包装方面可以最大限度地减少产品损坏以减少供应链的环境影响。在食品供应链中，供应链的不同部分（消费者、零售、运输、分销和存储）会因各种原因而造成损失，因此，公司应收集这些特定的数据，以设计有助于最大限度减少这些损失的包装。在包装开发过程中，一般采用以下几种方法来减少产品浪费：

1）开发保护性包装。密封和保护是包装的主要功能。更好地实现这些功能的包装，可减少供应链上的产品浪费和损坏。密封意味着防止产品与环境相互作用，这对于危险产品尤为重要。保护则是要保护产品免受各种外界因素（如物理损坏、湿气、温度和气体）的影响，以使产品浪费降至最低。威廉姆斯（Williams）和维克斯特伦（Wikström）证明，虽然使用附加包装材料会相应地增加对环境的影响，但使用附加包装材料可通过减少食物损失来获得更高的环境收益。

2）开发用户友好的包装。包装应使用户的生活更方便，并且用户友好的包装应将产品浪费保持在较低水平。用户不喜欢"难于倒空"的包装，而"容易倒空""易于重新密封"和"良好的可管理性"是包装的重要属性。从工作人员的角度考虑，包装系统的用户友好性也很重要，以减少整个供应链中操作不当所造成的浪费和损坏。

3）开发内容丰富的包装。从环境的角度来看，包装的基本功能与市场营销无关，而与确保包装系统向沿供应链的所有用户提供有关产品的必要信息以防止产品浪费和/或损坏有关。包装系统的不同级别必须提供不同类型的信息，具体包括以下内容：有关产品特性和生产日期（如印刷/标签形式）的信息，以便将正确类型和数量的产品从生产商转移到正确的销售点；产品重量、易碎性和最佳存储条件的信息，以确保在运输和存储过程中足够小心地处理产品；有关产品保质期的信息、正确的产品使用和存储方式的信息，以便用户正确存储和使用产品。

(2) 减少物流能耗

从包装方面最大限度地减少物流能耗。包装会影响每项物流活动，因此包装对标准物流中物流流程的环境影响具有巨大影响。从环境角度来看，包装对物流效率的影响主要与物流过程的能源使用有关。从碳排放量来看，货运通常占与物流相关的碳排放量的80%～90%。以下两种方法可用于包装开发来减少物流对环境的影响：

1）最大化填充率。包装有助于最大限度地减少沿供应链的运输，因为许多产品的运输对环境的影响与包装对环境的直接影响相同或更高。包装应在运输过程中为产品增加尽可能少的额外重量和体积，但同时要提供足够的保护。耐用消费品包装的体积优化潜力很大。由于减少了存储空间和处理量，高填充率还减少了固定物流设施（如仓库、配送中心、港口）的能耗。包装产品在运输过程中的总填充率受以下因素影响：产品体积和重量、包装系统体积和重量、运输车辆的尺寸以及运输计划（如运输频率和尺寸）。另外，以下包装方法可能有助于提高供应链的产品和包装系统的填充率：①推迟包装过程/散装运输；②最大化包装系统各个层面的填充率；③使包装系统适应运输车辆的尺寸；④开发模块化包装，将多种不同的产品组合在一个装载架上；⑤开发可堆叠包装；⑥减少空包装的体积；⑦最小化包装材料的重量。

2）最小化冷却/加热需求。包装会影响产品对温度变化的敏感性，因为它充当了对周围环境的隔热屏障。对温度敏感的产品（如新鲜食品）必须在特定的温度条件下存储和运输。维持这些条件所需的能量可以加大这些产品对环境的影响。食品供应链的制冷约占英国温室气体排放量的2.4%。无须冷藏或加热的包装形式可减少供应链中的能耗。

（3）最小化包装材料对环境的影响

在包装开发过程中通常采用以下四种方法来减少包装材料生命周期对环境的直接影响：

1）优化材料使用。该方法涉及如通过优化包装尺寸或减小材料的厚度来使用尽可能少的包装材料。欧盟PPWD的附件II要求"包装的制造方式应使包装的体积和重量限制在最小的适当量，以维持包装产品和消费者所需的安全、卫生和接受程度"。包装的生命周期评价（LCA）显示，包装材料的提取和生产是大多数环境影响类别中最重要的生命周期步骤，因此，将材料最小化是一种有效的方法，但是，应以实现包装的保护功能为前提。

2）避免有害物质。包装材料不应对使用者构成健康风险，也不应通过废物管理过程将有毒物质排放到生态系统中。这对于与食品接触的包装尤其重要。某些物质，如双酚A和邻苯二甲酸酯，可以从包装中少量迁移到食品中。尽管仍然存在科学的不确定性，即定期摄入这些物质对健康的确切影响尚未明确，但越来越多的研究结果表明，这些物质可能对人体有害。欧盟PPWD规定了包装材料中重金属的含量限制，并要求将其他有毒有害物质减至最少。

3）对包装材料的环保采购。包装行业的生产过程对环境有一系列影响，如化石能源的使用、印刷过程中挥发性有机化合物的排放以及纸张氯漂白带来的废水排放。包装材料对环境的影响取决于生产过程以及过程中使用的能源。因此，公司不仅应比较不同包装材料的平均环境指标（如碳足迹），而且应了解其包装材料供应商的特定环境绩效。

4）开发包装以便有效地重复使用或回收。包装废弃物对家庭生活固体废弃物的贡献已引起全世界的广泛关注，从而促进了旨在减少包装废弃物的政策框架的发展。欧盟PPWD的基本要求着重于采用减少包装报废物对环境影响的包装方法。其中规定："包装应以这种方式设计、生产和商业化，以允许其再利用或回收，并在处理包装废弃物或来自包装废弃物管理业务的残留物时，将其对环境的影响降至最低。"瑞典已通过了关于生产者包装责任的条例，以达到欧盟的目标。

▶▶ **6. 我国的政策及展望**

为了推进快递包装的绿色化、减量化，我国中央和地方已经出台了多种政策文件。2017年，国家邮政局等十个部门联合印发《关于协同推进快递业绿色包装工作的指导意见》；2018年，新修订的《快递封装用品》系列国家标准发布，绿色化是其中的重要内容；2019年年初，《上海市生活垃圾管理条例》明确："制定本市快递业绿色包装标准，促进快递包装物的减量化和循环使用。"目前看来，绿色快递的有关标准主要仍是推荐性标准，而非强制性标准。这与绿色包装的成熟程度低、相关企业的成本承受能力弱、管理难度大都有关。

本章小结

本章首先从物流包装的绿色设计理念入手，详述了产品的绿色设计的概念，并提出绿色物流包装的设计理念，即在保证物流包装的基本功能与性能的条件下，尽量减少包装对资源的消耗与对环境的污染，同时最大化物流包装的经济效益。因此，物流包装在设计过程中，需要统筹考虑包装在全生命周期中对环境的负面影响，并在包装生产的每个阶段控制好成本，实现经济价值与环保价值相结合，才是真正的绿色设计。

在此基础上，进一步阐述了物流包装的生命周期影响，从包装的选材与制造、使用以及包装的回收处置阶段详细分析了传统包装对环境带来的负面影响，并提出了有益于环境的绿色包装设计。

最后详述了最小化环境影响的物流包装设计，包括绿色物流包装的设计依据、设计流程以及设计内容和步骤等。

第 4 章

——

绿色物流包装的选材与制造

案例导读

作为全球知名的快递公司，顺丰一直致力于可持续包装产品的研发和应用，建立具有行业影响力的包装研发、检测中心和参数化设计系统。同时，从包装产品的循环使用、减量化和回收再利用三个研发渠道，搭建了减量化包装方案及可持续包装循环体系。此外，顺丰积极与上下游产业链合作，从包材制造商到物流企业，从消费者到回收企业，通过打通各个环节，推动绿色包装在全社会的发展。绿色包装减排的目标是：2020 年，绿色包装材料减少温室气体排放约 5 万 t；以 2020 年为基准，到 2025 年，绿色包装材料计划预计共减少温室气体排放 40 万 t。

顺丰于 2013 年成立了"包装实验室"，开始探索快递物流包装的标准化、定制化。2018 年 12 月，国家邮政局制定发布了《快递业绿色包装指南（试行）》；2020 年 1 月 19 日，国家发改委和生态环境部发布《关于进一步加强塑料污染治理的意见》。为有效推动绿色包装计划的落地执行，"包装实验室"于 2018 年升级为"可持续包装解决方案服务中心"（SPS），以可持续、智能化为方向，在快递、冷链、重货、特种等物流领域积极推动行业变革，促进行业绿色化、循环化。

顺丰坚持用科技创新赋能快递行业，为快递业探索绿色发展方向。2019 年，顺丰的包装类专利申报近 200 项，其中环保直接相关的专利 20 余项，涉及重复使用、塑料减量、绿色印刷等领域。同时，顺丰获得 8 项国家级绿色产品大奖。顺丰不仅关注企业自身的绿色环保包装政策，同时积极与政府部门及高校合作，利用自身的企业优势，举办多场绿色包装大赛，参与国家相关标准的制定，助力快递及物流行业可持续发展。

顺丰的绿色包装工作主要从三个方面展开，包括减量化包装、循环包装和环保包装材料选取。在减量化包装方面，顺丰于 2018 年启动"丰景计划"，采用各类环保材料和技术，对快递网络使用量最大的纸箱、胶带、文件封及填充物和编织袋等进行优化升级。"丰景计划"以绿色包装物料为基础，开发并制定绿色包装整体解决方案和碳排放评价标准，以智慧化、系统化、数据化、可视化的物料应用与管理模式，提升资源使用效率。2019 年，"丰景计划"共节约了 30 000 余 t 的碳排放，相当于减少 27 万棵树的砍伐，电子运单使用率达 99.7%。

在循环化包装方面，顺丰研发了包含丰 BOX、集装容器、笼车、循环文件封四大类循环快递容器，搭建了顺丰循环运营平台进行数据管理，并积极联合各利益相关方打造快递包装循环生态圈，将快递运营所造成的环境影响降到最低。其中，丰 BOX 是一种共享循环箱，顾客在收到用"丰 BOX"包装的快递后，快递收派员随即可以将丰 BOX 回收。与一次性包装相比，丰 BOX 有效解决了成本高、破损多、操作效率低、资源浪费等问题。丰 BOX 拥有多达数十次乃至上百次的使用寿命，1000 万个丰 BOX 将可替代 5 亿个纸箱、14 亿 m 胶带以及 225 m^3 内填充物的投入使用。丰 BOX 共获得 15 项国家专利，目前已在北京、上海、广州、深圳、天津、苏州 6 个城市进行试点运营。

在环保包材方面，顺丰启动"新封计划"，以"新技术、新材料、新模式"为实施途径。2019 年，"新封计划"在快递行业首创无墨印刷纸箱（即激光纸箱），采用激光雕刻技术替代传统油墨印刷，可以 100% 节省印刷油墨的消耗，同时具有字迹不易磨损、加工精度高及印刷速度快等优点，实现绿色环保的同时具有较高的经济价值。目前，激光纸箱已在 5 个地区投放 3.6 万个进行试点，在未来将会逐步替代传统纸箱，帮助顺丰实现绿色化包装目标。

4.1 物流包装的主要材料

▶ 4.1.1 包装的传统材料

随着商品经济的飞速发展，商品包装形式不仅日益多样，而且得到持续创新。最初仅是简单的包裹，而现在已经出现了一系列诸如真空包装、软包装、复合型包装等多样化包装形式。这些包装形式的出现，给人们的生活带来了极大的便捷。以下为常用的包装材料：

1）纸包装材料，如包装纸、纸袋、蜂窝纸板、牛皮纸、工业纸板、蜂窝纸芯等。

2）塑料包装材料，如封口膜、收缩膜、缠绕膜、热收缩膜、中空板等。

3）复合类软包装材料，如镀铝膜、铝箔复合膜、真空镀铝纸、复合纸等。

4）金属包装材料，如马口铁、铝箔、桶箍、钢带打包扣、泡罩铝、铝板、钢扣等。

5）陶瓷材料。

6）玻璃材料。

7）木材。

8）其他包装材料/辅料：①烫金材料，如激光膜、电化铝、烫金纸、烫金膜、烫印膜、烫印箔、色箔；②胶黏剂、涂料，如黏合剂、复合胶、增强剂、淀粉黏合剂、封口胶、乳胶、树脂、不干胶；③包装辅助材料，如瓶盖、模具、垫片、提手、衬垫、喷头、封口盖、包装膜等。

在挑选这些传统材料进行包装设计时，商家主要考虑以下因素：①从物理性质出发，判断材料能否适用于包装该产品；②从化学性质出发，判断材料的药性、腐蚀性以及特殊环境中的稳定性；③从力学性能和机械加工性能出发，判断材料是否有足够的抗拉强度、抗压强度、硬度等；④从功能性出发，判断材料是否与产品匹配、是否符合最初的设计理念；⑤从材质本身的情感表达出发，判断材料能否满足人的精神需求、是否符合设计要求。

但是，近年来，一些商家为能从中得到更大的经济效益，尽可能地应用多种包装形式以促使商品附加价值的大幅度提高。实践表明，这种为提高利润而尽可能使包装形式多样化的行为，已对人们赖以生存的环境带来了极大的伤害。因为这种过于注重多样形式的包装，不仅会极大地浪费环境资源，而且会造成能源的无休止消耗。

此外，在人们使用商品过程中所产生的包装废弃物，不仅没有被系统地回收，而且也无法进行自行降解、腐化，这不仅极大地威胁着人们的身体健康，而且对环境所造成的危害也日益严重。相关资料显示，这些商品包装材料在其生产过程以及废弃过程中，都会对人们赖以生存的环境带来不同程度的破坏和污染。但是，一直以来，在进行商品包装设计过程中，为使商品附加价值尽可能地提高，人们总是过于注重包装的装饰性、结构性及功能性等方面的研究，而对如何选择包装材料、在其废弃后尽可能地实现自行降解和腐化等方面的问题却研究甚少，以致造成了如今较为严重的环境污染和资源浪费。

正是基于此，本书在对绿色包装材料的特点及类型进行分析的基础上，就包装设计中绿色材料的应用与发展这一课题进行分析和探讨。

4.1.2 包装的绿色材料

包装的绿色材料是指在全生命周期内对自然环境和人类健康不造成危害，并且后期能实现回收再使用或可自行降解不污染环境，能有效地减少不可再生资源消耗的包装材料。

1. 绿色材料选择原则

关于包装的绿色材料选择，主要要求包装材料生产商坚持以下原则：

（1）使用环保材料的原则

选择合适的材料是绿色设计中不可缺少的一个步骤。环保型材料的选择可以有效减少污染物的排放量，并且能够节约废弃物回收的成本。在进行绿色设计时，材料的选择要注重减少环境破坏与节约资源的原则，尽可能地使用环保材料。如此，在延长产品生命周期的同时，还可以省去废物处理环节。

（2）方便废弃材料回收原则

工业设计中，可按照产品的材料性质、可回收价值、回收处理降解方式等对产品进行分类，不同类型产品有相应的处理方式，使废弃材料的回收更彻底，使污染物对环境的破坏减到最小。

（3）最大限度利用资源的原则

最大限度地利用资源是绿色设计中一个极为重要的理念，即避免过多地浪费材料，在产品功能满足消费者需求的前提之下，尽可能地优化产品构架，将材料的使用量降到最低。

因此，在选择包装材料时，要结合产品综合考虑，发挥材料特性，产生具有多功能性质的包装。

▶▶ 2. 纸质绿色包装材料

纸质材料包装具有优良的适应性，易折叠，易加工，而且可循环使用、再生利用或降解腐化。因此，发展绿色纸包装，提倡绿色纸质包装的设计是未来设计的主流。根据纸质材料的特性，可以将纸通过技术改造形成硬度不同、强度不同的各类纸制品，不同物理性质的纸材料可以创造出各种各样的结构。例如，瓦楞纸的出现对包装产业具有重大意义，现如今市场上的纸质包装多数为瓦楞纸材质。从保护功能的角度来看，瓦楞纸具有足够的强度，三层瓦楞纸的承重可以达到767kgf，且具有良好的防震缓冲性能。从便利性的角度来看，瓦楞纸板可以使用机械装载：质量轻，可以随意堆卸还可以折叠；体积能大能小，便于空箱存储等。从经济节约的角度来看，纸箱的原材料成本和空间占用小于木箱，可以节省运费；加工产出的木屑以及使用废弃后的材料可回收来做纸质材料，达到了资源的充分利用。经计算，纸箱取代木箱后，包装加工费用可以下降30%以上，搬运装卸效率可以提高40%以上，运输成本可以节省25%以上，另外还可以降低仓储费用。而且，在资源耗费上，纸箱原材料的使用远远低于木材的使用。

▶▶ 3. 木质绿色包装材料及其代替品

抗撞击能力强、成本低、加工费用低的木材是绿色材料的代表，然而，大量的木材使用使得我国森林面积急剧下降。为了减少木质材料的使用，我国在产品包装节材代木方面进行了积极探索。其中，以竹胶板代替木包装材料取得了较大进展。首先，我国的竹林资源充沛，占地面积在世界排名第一，为了有限资源的合理利用而将竹材作为木材的代替品是合适的选择。其次，竹包装具有浓郁的传统文化气息，它也是一种无毒、无污染的绿色包装，而且使用过后也可以回收再利用，因此在国外深受青睐。

▶▶ 4. 新型绿色包装材料

在包装时还可采用以下新型绿色包装材料：

（1）可降解塑料

可降解塑料是一种包装性能和环境性能俱佳的包装材料，已广泛应用于食品包装、周转箱、杂货箱、工具包装及部分机电产品的外包装。可降解塑料的分类如图 4-1 所示。

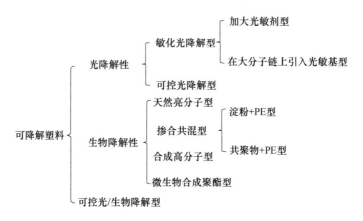

图 4-1　可降解塑料的分类

（2）天然生物分子材料

天然生物分子材料是指以天然生物分子为主要原料，再加以必要的辅料，通过一定的生产工艺而生产出来的包装材料。天然生物分子如纤维素、淀粉、甲壳质、蛋白质等在自然界中资源丰富，用过的天然生物分子材料废弃后，在自然界中能完全自然分解且完全无毒，因此日益受到重视。

绿色包装材料的研制和开发，大大减少了不可降解包装材料的使用量，在一定程度上缓解了生态环境的压力，降低了日益枯竭的石油资源消耗，减少了环境污染，也解决了国际上禁止使用不可降解包装材料而对我国出口商品的限制。绿色包装材料的广泛应用，无论是从环境保护的实际角度，还是从国民经济持续健康发展的全局角度，抑或是从高新包装材料技术的学术角度来说，都具有重要的意义，前景广阔。虽然目前绿色包装材料还存在着一些问题，如材料热塑性差、成本高、生产工艺复杂、产品不稳定、应用范围狭窄等，但有理由相信，随着环境科学、生物化学、高分子化学等学科的交叉渗透，以及高新技术的发展和应用，这些问题将会逐步得到解决。

4.2　物流包装生产的优化

▶▶ 4.2.1　集合包装系统优化方法研究

集合包装系统是指以集装方式进行全物流过程的各项活动并对此进行全面管理的物流形式，是许多物流活动的总称。集装单元化系统的基本要素包括工具要素、管理要素和社会环境支撑要素。集合包装系统优化就是对系统的要素进行优化，即优化工具要素，提高管理水平，营造良好的集装系统社会环境。

▶▶ 1. 集合包装系统优化简介

集合包装系统优化是一个多目标、多变量的组合优化问题。在很多情况下，产品在进行瓦楞或木质包装后，都要进行集合包装（如托盘包装、集装箱包装等）。通常情况下集合包装涉及很多物流方面的问题。例如，在不同的仓储条件、运输工具和不同的集装规格下，包装件在集合包装容器上的堆码方式不同，集合包装堆码方案也是多种多样的。当然，在这些堆码方案中，集装指标也各不相同。集合包装一般适用于规模较大、距离较远的运输。因此，优选出既保证产品安全，又能使产品的包装、运输和仓储成本最小的集合包装设计方案尤为重要，即优选出包装件在外包装箱（如瓦楞纸箱）内的排列顺序、外包装箱的尺寸、外包装箱在集合包装容器上的堆码以及集合包装在空间上的堆码方案，以满足以下包装目标和要求：

1）包装成本最低。

2）集合包装容器（如托盘）的底面表面积和运输容器空间利用率最大。

3）包装容器有足够的强度。

4）包装箱的结构尺寸满足形状、尺寸方面约束条件。

对于空间装箱的优化，一般要用到三维装箱理论。三维装箱理论主要是对多种规格物品装箱的一种优化算法，对充分利用运输设备空间有很大的指导作用，但三维装箱理论属于 NP 完全问题，操作起来比较复杂；另外，三维装箱理论对于小批量、无重复性的运输包装比较适用，但对于规模化、大批量同时又重复的包装运输却不太合适；再者，三维装箱理论得出的堆码方式也比较复杂，有时还不规则，不利于机械化操作。基于上述原因，对集合包装进行优化时做以下假设：

1）待装物品为同种规则的长方体（或抽象为规则长方体），且尺寸大小适当。

2）最小集装尺寸已经确定，且集装单元在运输设备上的堆码为简单的块状码。

3）优化的目标是运输设备的空间利用率最高。

4）物流运输包装规模较大。

基于上述假设，可以采用分步优化的方法，在满足瓦楞纸箱的强度要求以及其他堆码要求的情况下，分别对集装容器的底平面以及瓦楞纸箱堆码和集装容器的堆码高度进行优化。因此，可以分两步进行优化：第一，根据集装尺寸和物品尺寸制定瓦楞纸箱的规格，完成运输设备底平面方向上的优化；第二，制定合理的包装尺寸和瓦楞纸箱的堆码层数，完成运输设备高度方向的优化。

通过上述两步优化，使运输设备的整体空间利用率最高，节约运输成本。

▶ 2. 集合包装系统优化的数学模型

为研究方便，本章主要研究外包装为瓦楞纸箱、产品为类直方体的集合包装优化设计问题。该问题涉及瓦楞纸箱、集装容器和运输仓储等诸多方面的因素。从降低产品集合包装费用的角度来讲，优化目标包括改进瓦楞纸箱结构来降低瓦楞纸箱的包装费用，提高集装容器表面利用率来降低集合包装费用以及提高运输工具的装载能力来降低单位产品的费用等，而这些优化目标之间又有密切的关联性，因此集合包装优化问题就成了一个多目标、多变量的系统优化问题，可以描述为

$$\mathrm{Min} f_k \{V_\mathrm{m}, V_\mathrm{p}, V_\mathrm{s}\} \quad k = 1, 2, \cdots$$

$$\mathrm{s. t.} \begin{cases} g_\mathrm{m}(V_\mathrm{m}, V_\mathrm{p}, V_\mathrm{s}) \leqslant 0 \\ g_\mathrm{p}(V_\mathrm{m}, V_\mathrm{p}, V_\mathrm{s}) \leqslant 0 \\ g_\mathrm{s}(V_\mathrm{m}, V_\mathrm{p}, V_\mathrm{s}) \leqslant 0 \end{cases}$$

式中，m、p 和 s 分别表示瓦楞纸箱、集合包装装载和运输仓储；V_m、V_p 和 V_s 分别是瓦楞纸箱结构、集合包装装载结构和运输仓储变量；f_k 是集合包装成本目标函数；g_m、g_p 和 g_s 分别为瓦楞纸箱结构约束条件、集合包装装载约束条件和运输仓储约束条件。

本系统以最小化包装成本为目标函数，以产品外包装（主要考虑瓦楞纸箱）强度为约束条件，通过优化选择，得到产品在外包装容器内的排列、瓦楞纸箱在集合包装容器上的堆码和集合包装容器在运输仓储空间堆码的优化方案。模型所描述的多目标、多变量的组合优化问题的建立及求解都非常复杂，目前常用方法是将该问题简化为多个单目标函数问题进行优化。

▶ 3. 集合包装系统优化的内容

对于集合包装系统，着重从以下方面来优化：瓦楞纸箱的规格、抗压强度和堆码高度（包括瓦楞纸箱和集合包装容器两种堆码高度）。

（1）瓦楞纸箱规格优化

瓦楞纸箱外部尺寸的确定需考虑下述影响因素：

1）排列数目。在现代大规模物流集合包装中，往往是将同种产品集中到一个瓦楞纸箱里。因此，内装物在瓦楞纸箱内的排列数目可表示为 $n' = n_l n_w n_h$。式中，n' 表示单个瓦楞纸箱的内装物总数；n_l、n_w 和 n_h 分别是瓦楞纸箱长度方向、宽度方向和高度方向上排列的内装物数目。总的来说，瓦楞纸箱内装物的数目应尽可能多，箱体的空间利用率应尽可能高；再者，即使内装物数目不变、内装物排列方向不变，仅仅改变内装物在箱内某方向上的排列数目，就可以改变瓦楞纸箱的结构尺寸，进而改变纸箱的抗压程度。

2）排列方向。按产品的长度、宽度和高度（l、w、h）及瓦楞纸箱的长度、宽度和高度（L、W、H）的相对方向，同一排列数目可以有六种排列方向，即两种平放、两种侧放和两种立放，如图4-2所示。

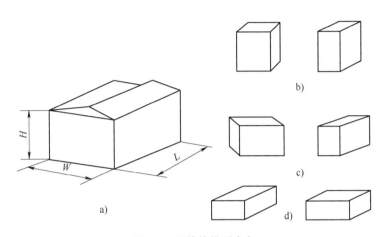

图 4-2 纸箱的排列方向

a）外包装纸箱 b）立放 c）侧放 d）平放

在实际运作中，由于内装物的特有属性，某些排列方向是不能使用的。例如，陶瓷酒瓶在箱体内不能将瓶口朝下放置，因为倒放有可能会损坏瓶口，平放和侧放则没有问题；又如，盒装洗衣粉在箱内不允许采用平放，因为平放会导致盒盖受压开启。

瓦楞纸箱的内装物数目决定内装物的可能排列数目种类很多，而每一种排列数目又有六种可能的排列方式，所以构成一个瓦楞纸箱可以有多种排列方法。因此，集合包装优化应通过改变物品在瓦楞纸箱内的排列数目和排列方式来改变瓦楞纸箱的尺寸。

3）集装单元尺寸。集装单元尺寸即集装基础模数尺寸，它可以根据物流模数尺寸倍数关系推导出来，也可以从货车、大型集装箱等物流运输设备的尺寸中分割出来。按照"由外到内"设计法的思想，瓦楞纸箱的尺寸应该从集装单元尺寸分割中得出。因此，瓦楞纸箱的规格应该以集装单元尺寸为依据，在进行瓦楞纸箱规格优化时，首先要考虑集装单元的尺寸，以集装单元的分割尺寸系列作为瓦楞纸箱规格选取的依据。

瓦楞纸箱规格的优化充分保证了集装单元底面的利用率，从而使物流运输设备在底平面方向的利用率最大化。

（2）瓦楞纸箱的抗压强度优化

抗压强度主要是表征材料受压后至压溃时所能承受的最大压力。现行国家标准 GB/T 6543—2008《运输包装用单瓦楞纸箱和双瓦楞纸箱》规定，瓦楞纸箱抗压强度值不小于下式所得的计算值：

$$P = KG\frac{H - h}{h} \times 9.8$$

式中，P 为抗压强度值，单位为 N；K 为强度安全系数；G 为瓦楞纸箱包装件的质量，单位为 kg；H 为堆码高度（一般不高于 3 000mm），单位为 mm；h 为箱高，单位为 mm。其中，强度安全系数 K 应根据实际储运流通环境条件确定，包括气候环境条件、机械物理环境条件及储运时间等，内装物能起到支撑作用的一般取 1.65 以上，不能起到支撑作用的一般取 2 以上。

假设瓦楞纸箱的长、宽、高分别为 L、W、H，如图 4-3a 所示，对空纸箱进行抗压试验时，可以观察到载荷分布并不均匀，纸箱压溃后四个立面变形的情况如图 4-3b 所示。箱面中央变形最大，为鼓出状，箱面上出现压溃后的折痕（似抛物线）。实验证明，瓦楞纸箱受压时，平面荷载分布如图 4-3c 所示，直棱处强度最好，横边中间处强度最差。由此可见，瓦楞纸箱的负载主要由四个角承担，它们是纸箱抗压强度的四个支柱。

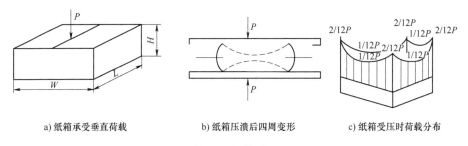

a）纸箱承受垂直荷载　　　　b）纸箱压溃后四周变形　　　　c）纸箱受压时荷载分布

图 4-3　纸箱受压

计算瓦楞纸箱强度的方法有很多，根据每种方法的出发点或依据的不同，可将这些方法分为两类：一类是根据瓦楞原纸和芯纸的强度，如凯利卡特（K. Q. Kellicutt）公式等；另一类是根据瓦楞纸板的强度和结构进行计算，如马基（Makee）公式等。当以纸箱周长来反映箱结构对抗压强度的影响时，通常采用凯利卡特公式，计算简便、实用；当主要考虑各个垂直箱面所承担的抗压强度的组合时，采用马基公式比较实际。

1）凯利卡特公式：

$$P = P_x \left(\frac{4a\,X_z}{Z}\right)^{\frac{2}{3}} ZJ$$

式中，P 表示瓦楞纸箱抗压强度，单位为 N；P_x 表示瓦楞纸板原纸的综合环压强度，单位为 N/cm；$a\,X_z$ 表示楞常数；Z 表示瓦楞纸箱的周长，单位为 cm；J 表示纸箱常数相应的瓦楞纸箱常数。

2) 马基公式：

$$P = a P_m b \left(\sqrt{D_x D_y} \right)^{(1-b)} Z^{(2b-1)}$$

式中，a 和 b 为实验常数，在美国、澳大利亚标准中 $a = 2.843$，$b = 0.75$，我国目前尚未规定统一值；P_m 表示瓦楞纸箱纵向抗压强度；D_x 表示瓦楞纸箱纵向挺度；D_y 表示瓦楞纸箱横向挺度；Z 表示瓦楞纸箱的周长，单位为 cm。

产品装入箱体后形成包装件，包装件又称货物。货物在集合包装容器中向上堆码时最底层纸箱承受的堆码载荷 P_d 为

$$P_d = W \left(\frac{h}{H} - 1 \right)$$

式中，W 为每个包装件（或货物）的重力，单位为 kgf；H 为纸箱高度，单位为 mm；h 为堆码高度，单位为 mm。

为了保护箱内产品，纸箱的抗压强度必须大于堆码载荷，而且要有合理的安全系数，该要求称为堆码强度要求，即 $P \geqslant K P_d$。式中，K 为强度安全系数。安全系数是由货物的储存期和储存条件决定的。一般情况下，当储存期小于 30 天时，$K = 1.6$；当储存期为 $30 \sim 100$ 天时，$K = 1.65$；当储存期大于 100 天时，$K = 2$。

此外，集合包装还必须考虑集合包装容器自身的性能和产品自身的需求。集合包装的尺寸和质量应与集合包装容器的尺寸和载重物质量相适应。例如，托盘的载物质量一般应小于或等于 2 000kg。集合包装容器上堆码的货物，应满足其特殊的要求，如最大堆码高度、堆码层数等。

强度的优化主要是为集合包装堆码高度的优化提供约束条件，因为由凯利卡特公式可知，不同形状的瓦楞纸箱的抗压强度是不一样的，那么最大堆码高度也会相应地发生改变。因此，要根据各个瓦楞纸箱的形状确定各自的抗压强度，从而确定堆码高度的限定条件。

（3）集合包装堆码高度的优化

上述两个步骤主要是优化了集合包装在底面的堆码，但运输容器是立体的，因此还要在高度方向进行优化。优化的目的是使运输容器在高度方向上的利用率最高，因此，这个高度还要与集装单元在高度方向上的堆码个数相联系。如果堆码太高，就会影响集装单元的堆码高度，不能充分提高运输设备的利用率；如果过小，集合包装容器的上下底厚就会占用空间资源，也不利于提高运输设备的空间利用率。因此，需要在瓦楞纸箱堆码高度与集合包装容器高度的组合中选择最优组合，使运输设备的高度方向的利用率为最高。集合包装容器在高度方向上的优化函数如下：

$$\max Z = \frac{h n N_s \times N_p}{L}$$

$$\text{s. t.} \begin{cases} N_s \leq \dfrac{P}{wnqK} + 1 \\[2mm] N_s \leq \dfrac{L - \Delta l - T_p}{H} \\[2mm] N_p = \left[\dfrac{L - \Delta l}{hnN_s + T_p} \right] \end{cases}$$

式中，h 为物品高度；n 为箱内物品层数；q 为瓦楞纸箱内单层堆放产品的个数；N_s 为集装容器上瓦楞纸箱的堆码层数；N_p 为集合包装容器在运输设备上的堆码层数；w 为产品重力；P 为瓦楞纸箱的抗压强度；H 为瓦楞纸箱的高度；L 为运输设备的高度；Δl 为运输设备高度预留量；T_p 为集合包装容器上下底厚；K 为强度安全系数。

▶▶ 4.2.2 基于物流包装尺寸标准化的瓦楞纸箱规格优化方法

瓦楞纸箱的外部尺寸（x, y）应根据运输包装尺寸系列和物品的规格属性因素来确定，设运输包装尺寸系列为集合 R，$R = \left[(x_1, y_1), (x_2, y_2), \cdots\cdots, (x_n, y_n) \right]$，物品的尺寸为 $m \times n$，接下来需要从尺寸系列集 R 中选择使物品装入瓦楞纸箱后，瓦楞纸箱利用率最高的尺寸作为瓦楞纸箱外部尺寸。因此，可以构造如下函数：

$$\min Z = \frac{(x - n_1 m - \delta)(y - n_w n - \delta)}{xy}$$

$$\text{s. t.} \begin{cases} x \geq m + \delta \\ y \geq n + \delta \\ x, y, m, n, \delta \text{ 均大于 } 0; n_1, n_w \text{ 为大于或等于 1 的整数} \end{cases}$$

式中，n_1 和 n_w 分别是瓦楞纸箱长度方向和宽度方向上排列的内装物数目；δ 为瓦楞纸箱的壁厚。

上述公式是在规定了摆放方向和摆放方式后得出的优化计算公式，利用上述公式会得出两个计算结果，分别是两种摆放顺序的空间利用率。在确定以该分割尺寸作为瓦楞纸箱外部尺寸的空间利用率时，要选其中最大的那个作为瓦楞纸箱的利用率，从而也确定了内装物的摆放方向。Z 值的大小说明了瓦楞纸箱底平面的利用率大小的问题；Z 值越小，说明利用率越高，反之越低；Z 值最小时的对应（x, y）值即为最优解，也即瓦楞纸箱的外部尺寸。

需要说明的是，计算的前提是物品在瓦楞纸箱底面的投影为 $m \times n$，由于物品摆放方式分为平放、侧放和立放，因此，$m \times n$ 的值有三种可能，即长×宽、长×高、高×宽。再者，每种组合又有两种排列方式。因此，在计算每个包装尺寸系列的利用率时，就要进行六次计算，得出利用率最高时对应的包装尺寸及相应的排列方式。并且，每种摆放方式要分开计算，即分别计算平放、侧放和立放时对应最优的包装尺寸。这是因为有时物品的摆放可能有某种方式的限制，最大利用率函数对应的摆放形式可能在实际中无法操作，因此要分别选出每种摆放方式的最大函数值，便于企业灵活选择。

由外部尺寸可以确定瓦楞纸箱的内部尺寸和制造尺寸。其中，制造尺寸是制箱时的下料尺寸，为方便起见，用 X 表示瓦楞纸箱的外部轮廓尺寸，X' 表示瓦楞纸箱的制造轮廓尺寸，X'' 为瓦楞纸箱的内部尺寸，$X'' = X' - \Delta X'$。

ΔX 在长度和宽度方向上取一个瓦楞纸箱的厚度，即 $\Delta X = \delta$，在高度方向上取两个瓦楞纸箱的厚度，即 $\Delta X = 2\delta$；$\Delta X'$ 为内部尺寸的伸放量，其取值有标准可查；另外，瓦楞纸箱的内部尺寸在长度和宽度方向上允许有 3~7mm 的误差，在高度方向上允许小型箱有 1~3mm 的误差，中型箱有 3~5mm 的误差，大型箱有 5~7mm 的误差。

根据运输包装尺寸系列确定的瓦楞纸箱规格具有以下特点：

1) 瓦楞纸箱的规格数目种类大大减少，这样可以使同种规格瓦楞纸箱的生产规模化，降低了生产成本。

2) 运输包装尺寸是由集合包装模数分割或组合得出，因此，由运输包装尺寸系列制定的瓦楞纸箱的规格，很容易实现在集合包装容器的堆码，避免烦琐的装箱计算。

3) 由运输包装尺寸系列制定的瓦楞纸箱的规格，便于与其他物流设备尺寸相协调，这样有助于提高物流标准化，同时可以提高运输设备的空间利用率，从而降低物流成本。

4) 使物流包装更加科学化、标准化。从费用的角度来看，瓦楞纸箱的容量越大越好，这样可以减少瓦楞纸箱的数目。但由于瓦楞纸箱的承载能力有限，因此，内装物的重量不能超过瓦楞纸箱的安全承载能力。就我国而言，单瓦楞纸箱内装物质量不大于 40kg，最大综合尺寸 2m；双瓦楞纸箱内装物质量不大于 55kg，最大综合尺寸 2.5m。

4.2.3 基于遗传算法的集合包装堆码高度的优化方法

对优化函数进行分解即可得到：

$$\max F_{ps} = \frac{lwq}{S_p} \frac{hn\, N_s\, N_p}{L} \times 100\%$$

式中，$\dfrac{lwq}{S_p}$ 为集合包装容器底面利用率，已经通过制定瓦楞纸箱规格得出了瓦楞纸箱在集合包装容器上单层堆码较优的方案，所以该值已确定；hn 为瓦楞纸箱的高，设为 D_1，也为定值，所以在此项优化中只需求解

$$\max F_{ps} = \frac{D_1\, N_s\, N_p}{L} \times 100\%$$

上式表示运输设备高度方向上的空间利用率，并且该利用率为运输设备在高度方向上的有效利用率，不包含集合包装容器所占的空间资源。同时，为了减少计算量和充分利用运输空间，规定在运输空间高度方向上的最大限度堆积集装单元（如托盘等），直到不能再放置一个集装单元为止。这样，就可以找出 N_s 与 N_p 之间的关系，即

$$N_p = \left[\frac{L - \Delta l}{HN_s + T_p} \right]$$

式中，L 为运输空间的高度；Δl 为装箱空间的预留量。其他参数与前两节意义相同。

该式表示了 N_s 与 N_p 之间的对应关系，在该式中，出现了 T_p（集合包装容器上下底厚）变量，这是因为在考虑集合包装容器的堆码个数时，必须把底厚考虑在内，这样才是集合包装容器实际占用高度；同时，由该式确定的 N_p 是某个 N_s 所对应的最大集合包装容器在高度方向的堆码个数。因此，遗传算法的优化模型可简化为

$$\max F_{ps} = \frac{D_1 N_s \left[\frac{L - \Delta l}{HN_s + T_p} \right]}{L}$$

$$N_s \in [1, D_2]$$

式中，D_2 为 N_s 的上限，具体计算见下文。

如此，目标函数 F_{ps} 的自变量个数只有一个，这样便于确定自变量的取值范围，以便于遗传算法中的编码操作。

根据遗传算法的步骤，其具体优化算法实现如下：

步骤一：编码

编码首先要确定自变量的取值范围，再根据染色体的长度进行编码。在本例中，就是要确定 N_s 的取值范围。由于 N_s 为瓦楞纸箱的堆码层数，所以 N_s 为大于 1 的正整数，N_s 的最大值受抗压强度和运输空间高度的约束，即

$$\begin{cases} N_s \leqslant \left[\dfrac{P}{1.6W} + 1 \right] \\ N_s \leqslant \left[\dfrac{L - \Delta l - T_p}{H} \right] \end{cases}$$

式中，$N_s \leqslant \left[\dfrac{P}{1.6W} + 1 \right]$ 为强度约束（假设储存天数小于 30 天）；$N_s \leqslant \left[\dfrac{L - \Delta l - T_p}{H} \right]$ 为运输设备高度方向的约束。所以，$D_2 = \min \left\{ \left[\dfrac{P}{1.6W} + 1 \right], \left[\dfrac{L - \Delta l - T_p}{H} \right] \right\}$。

设编码长度为 e，则编码后自变量为 $s_i = g_e \cdots g_2 g_1$，g_i 为 0 或 1。对应的解码公式为

$$x = 1 + (D_2 - 1)\frac{\sum_{k=1}^{e} g_k \times 2^{k-1}}{2^{e-1}}$$

上式表示每一个染色体 s_i 对应的自变量 N_s 的值。这样就成功地实现了编码操作，经过编码的自变量变成了遗传算法中的一个染色体，接下来就能对自变量进行选择、交叉、变异等操作。

这种方法完全依赖于以抗压强度和运输空间高度作为约束条件确定的 N_s 的取值范围，如果企业自身由于包装器械或包装水平的限制，对 N_s 有特殊限制，那么这种限制也应成为约束条件之一。

步骤二：控制参数的确定和初始群体的产生

控制参数包括群体规模、交叉概率、变异概率等。控制参数是人为决定的，可以在算法实施前向算法中输入控制参数，也可以将这些参数设为固定值，每次都用同一批控制参数。在确定控制参数时，不仅要考虑进化速度，又要考虑能有效地保存一些较好的个体。种群的大小一般取 20～100，终止进化代数一般取 100～500，交叉率一般为 0.4～0.99，变异率一般取 0.0001～0.1。初始群体可以随机产生，任意在染色体编码范围内产生一组二进制数字，也可以以某个概率在各个染色体位产生数字 0 和 1。这样就产生了初始种群，也即第一次迭代的父体。

步骤三：父代个体概率选择、交叉、变异

新群体产生过程为：①选择操作，如适应度比例策略，即根据每个个体的相对适应度确定个体被选择的机会和被选择的个数；②交叉操作，将选择的个体随机配对，根据交叉概率进行单点或多点交叉操作；③变异操作，根据变异概率对个体的每一个编码位进行变异操作，再计算新一代个体的适应度，并保存最优个体。

步骤四：迭代、判断终止条件

一般来说，遗传算法以进化代数作为终止条件，也就是说，不到迭代的最后一步，就不能确定函数的最优值。若满足，则计算结束，输出最优基因染色体和对应的最佳适应度；否则，转入步骤三，进行下一次的迭代。

4.3 延伸阅读——科技公司的绿色包装进程

随着电商物流的迅速发展以及人们环保意识的提高，电商物流包装引发的问题成为全民关注的焦点。电商物流包装作为包装产业的重要组成部分，推行绿色包装、打造绿色物流已经成为企业发展的共识。

▶ 1. 菜鸟网络：考虑行业相关方的整体普及性与接受度

菜鸟网络作为一个平台，由于企业定位关系，在开展绿色工作时更侧重考虑行业相关方的整体普及性与接受度。菜鸟网络遵循减量化、再利用、再循环、可降解原则，推进绿色包装。

菜鸟网络在绿色包装及绿色物流方面的主要举措有：联合32家物流合作伙伴成立菜鸟绿色联盟，发起菜鸟绿色行动计划，成立菜鸟绿色联盟公益基金，推进绿色物流相关的工作。

在减量化方面，主要在考虑提升物流运作效率的前提下，通过智能打包算法，根据消费者订单包含的产品，推荐包装解决方案，进而实现减量包装，提升整个纸箱的空间利用率，减少塑料填充物的使用。目前该算法平均可以减少5%的包装，2017年"双十一"发货量超过10亿件，可节省4500多万个箱子。推行菜鸟电子面单替代传统三联面单，阿里巴巴电商平台上商家的使用率已经达到80%，每年节约纸张费用达12亿元。

此外，还推出全生物降解袋、无胶带纸箱，联合天猫企业购共同开设绿色包裹的采购专区。与蚂蚁森林开展深度合作，消费者收到绿色包裹快递之后，在蚂蚁森林上自动获得绿色能量，达到条件之后，公益组织会在敦煌种下绿色包裹森林；设计标准化绿色回收专区，在10个城市开启纸箱回收，并在厦门打造第一个绿色物流城市。

此外，天猫于2016年开始积极建设绿色包装联盟，而盒马从创办之初就建立起了一套智慧、绿色的供应链体系，减少分装，已经初步实现了物流全流程零耗材的目标。

传统的泡沫盒因为属于体积大的"抛货"，经常被航空公司拒收，引发大量纠纷和赔偿，手机膜商家因此损失惨重。为了寻找最优替代方案，菜鸟联手速卖通手机膜商家测试了两个多月，最终锁定新型包装：这种新型纸箱轻巧、结实，体积比泡沫盒小一半，不仅比传统纸箱更节省耗材，让一趟货车、一架飞机运载的商品量翻倍，也使得单件包裹运输中的燃油等损耗大幅降低。

菜鸟推动速卖通商家用新型包装替换泡沫盒，无疑是包装的"绿色革新"。新包装也让手机膜在速卖通上需求大增。

▶ 2. 京东：青流计划

"青流计划"是京东物流于2017年6月联合九大品牌商共同发起的一项绿色供应链联合行动，从减量包装、绿色物流技术创新和应用、节能减排等多个方面入手推动物流行业绿色化发展。

主要措施包括：推行400g的三层纸箱，通过完善物流体系，规范操作，减少包装使用；在自营物流上100%推广电子面单；缩短胶带宽度，启动纸箱回收，对包装缓冲物进行减量化；推行电子签收，并在部分业务上使用免胶带纸箱；举办电商物流包装大赛，启动绿色供应链行动，推行青流计划，携手上下游企业来推动整个供应链的 B2B2C 绿色环保。

其中，在包装方面，京东物流包装科研检测中心先后研发了新型两层物流标签、生物降解快递袋等新材料，使用两层物流标签每年可减少 700t 纸张使用；目前京东已经大规模使用可降解包装袋，每年淘汰近百亿个传统塑料袋，同时已投放 10 万个青流循环箱。京东物流与宝洁、雀巢、联合利华等知名公司还通过"协同仓"项目、带板运输方式等，大幅提升供应链运营效率。

从供应链角度，京东与品牌商合作推行简约包装、直发包装。通过消费大数据和物流大数据来告诉品牌商，包装哪里有问题，应该怎么解决，推行直发包装；推行带板运输，减少商品搬运次数，降低商品破损率；重复利用，要求包装产品能够用初始的包装形式被反复利用。现在很多电商包材在做回收再利用，在打包环节使用二次纸箱。

⟫⟫ 3. 苏宁：智慧物流计划

苏宁在绿色包装的应用方式和方法上，主要遵循目前国际上的 3R 标准，即包装轻量化、重复利用以及回收。

苏宁在 2016 年推出胶带和面单"瘦身"计划，极大地降低了相关包材的使用量，减少了对环境的污染。推出纸箱回收系统，由快递员向客户现场讲解回收办法，在现场处理面单信息，带回包装箱进行筛选，选出合格者返回仓库贴上专有环保标签，进行再次利用。2016 年，苏宁共回收了 200 万个包装箱。

针对天天快递，苏宁将原来网点之间交接的编织袋更换成现在的射频识别（RFID）环保袋。环保袋有内置芯片，具有定位、追踪功能，可以识别目的地，达到自动分解的目的，可实时扫描芯片，在线查询各种信息。这种环保袋不仅可以循环利用，还可以节省员工作业时间。

在回收方面，苏宁要求生产出来的包装物品就是可利用的资源，以减少不可回收垃圾。例如，苏宁采用牛皮纸胶带，可大大提高纸箱回收再利用的价值。在智能化方面，推出包装推荐系统，可以对商品的各类信息，如尺寸、重量等进行精准评估，通过大数据计算，可以将商品与纸箱尺寸进行匹配，并且计算出商品在纸箱里面如何摆放最节省耗材，减少耗材使用量，提升员工的作业效率。

针对不同产品类别和客户对二次回收纸箱的接受度情况，制定不同的包装方案。比如，对手机以及一些高价值商品，客户接受度较低，则少使用二次回收纸箱；对日常用品，以及大米、粮油等食品，客户接受度较高，则可以推广使用回收纸箱。

2017 年 12 月 27 日，苏宁经过大半年的研发，推出了"零胶纸箱"产品。

该纸箱两端设置了易打开的封箱扣，而封箱扣由环保材料制成，可以实现自然降解。商品被取出后，快递盒交由快递员折叠带回快递点，再循环入仓。整个过程中，零胶纸箱能真正实现对自然环境的零污染、零破坏。

苏宁的绿色包装之路从循环运输周转箱、循环共用托盘再到零胶纸箱。苏宁物流研究院孟雷平表示，循环模式的痛点在于包装尺寸种类过多、包装标准不统一；共享平台规划需要从信息管理平台、环保公益联盟、政策扶持、会员机制、数据库监管、整合回收行业等方面做好统筹。现阶段面临的风险和挑战在于：平台的公立性，尤其是在数据监控、处理和结算领域；行业标准的统一；回收网络的基础搭建、回收资源的整合能力等。

▶▶ 4. 顺丰：注重包装标准化

顺丰的冷链物流业务非常具有针对性。《中国冷链物流发展报告》显示，我国冷冻产品损耗率高达20%～30%，而发达国家的损耗率约为5%。生鲜产品从田间地头到餐桌，需要经过采收、分解、预冷、包装、运输中转、派送到客户的手中，哪一个环节做不好都会影响产品品质，导致损耗增加。

顺丰的包装解决方案，不仅是把生鲜产品放到箱子里面这样一个单体的包装，而是包括全流程中对所有环节的控制。预冷环节是水果保鲜的第一步。实验证明，预冷越及时，货品保鲜效果越好。传统的冷库造价成本高，也很难走进田间地头，顺丰在2016年做了移动预冷库，既可以灵活运用，又可以达到资源利用最大化。

包装是水果保鲜最关键的一个步骤。生鲜包装不同于传统包装，多加了一项保鲜技术。保鲜技术起到温控的作用，就需要保温箱和冷媒。发泡聚丙烯（EPP）循环保温箱是顺丰在冷链方面使用的循环保温箱，有独立的冰盒卡槽设计，避免货物挤压，还可以循环使用，避免了白色泡沫箱EPS的浪费。顺丰使用的冷媒主要有可循环使用的冰盒以及一次性冰袋，不同颜色代表不同的冷媒。派送员可以针对不同的产品放置不同颜色的冷媒，从而提高了工作效率。

▶▶ 5. 小米：精细化管理

由于小米既有上游的生产物流，也有2B、2C的物流，需要从供应链的源头和生产到末端的2B、2C运输全程参与，通过工艺改进和精细化管理，在保护好商品的前提下，尽可能做到减量化、轻量化、标准化和可循环化。

小米绿色包装的主要举措有：不同的产品使用不同的包装和电子面单，根据客户订单的长度以及内容的多少，使购物清单纸张大小打印实现最佳合理化，推行电子发票。用水溶性胶带代替透明胶带推行可循环包装和简约包装。利用前端生产供应商的原箱包装发货，使用循环纸箱二次发货时，告知客户是二次利用，让产品设计人员参与到物流包装设计中，利用大数据以及数据模型算出订单组合，推荐最优产品箱型。

▶ 6. 九曳供应链："疆果东送"

新疆阿克苏地区自从 2017 年起，启动"疆果东送"项目，助力果业升级，让东部人民也能吃到来自新疆的新鲜水果。"依靠优良品质，抵御价格波动"，已成为广大果农的共识。阿克苏全地区已基本实现了农产品由"生产导向"向"消费导向"转变，产量优势向质量优势转变。"疆果东送"连接了市场两端，减少了中间环节，使果农增收有了一定保障，有助于将阿克苏特色林果的规模优势、品质优势转化为市场优势。

"十二五"期间，"疆果东送"总量超过 700 万 t，占总产量的 70% 以上。在这种形势下，九曳作为冷链物流行业的代表，为新疆特色瓜果的外销提供了大量的冷链物流支持，帮助电商、果农采用最先进的包材、包装，有效降低生产风险和生产成本。从中外农产品流通率的对比可以看出，我国冷链物流的发展尚落后于欧美发达国家，要解决这个问题，必须从生产和流通两个环节入手，双管齐下。

九曳供应链曾先后为新疆无核白葡萄、海南杧果、阳山水蜜桃、仙居杨梅、丹东草莓、烟台樱桃、潜江小龙虾、阳澄湖大闸蟹等原产地生鲜提供冷链物流一体化解决方案，其绿色、安全、便捷的高品质服务和包装广受客户欢迎和好评。在产地环节上，果蔬采摘后，保鲜技术的应用是关键；从分级、预冷、包装、储藏保鲜再到运输，环环相扣，全程保鲜，从而改变传统的"冷冻冷藏"，逐步向"低温物流"转型；包装上，天然果蔬保鲜剂、保鲜膜技术、真空技术结合使用。

在流通环节中，要解决生鲜农产品的高损耗、高成本。需从供应链角度出发，建立一个完整的农产品冷链物流链条，紧密联系上下游企业，并进行标准化管理，降低损耗。九曳作为国内第一家专业服务于农产品、生鲜电商的冷链物流公司，同时也是国内第一家第四方冷链物流公司，已经开始承担新疆维吉达尼公司的全部水果、肉类生鲜项目。其中，为维吉达尼公司无核白葡萄提供的物流解决方案——挤塑板箱 + 九曳"航先达"，最终使损耗率低于 3%。这在国内生鲜领域是一个非常惊人的数字，体现了服务水平高效、专业。

▶ 7. 箱箱共用：数字化物流包装

2019 年 10 月 23 日，箱箱共用首先推出了智能物流包装的"数智 +"服务，并展示了自主研发的针对散装液体、蔬果生鲜、冷链、鲜花、汽配五大行业的专属物流循环包装解决方案。

随着环保意识的逐步加强，各个地方先后出台相关政策，引导和支持各类企业加大对快递绿色包装产品研发、设计和生产投入，加强新技术、新产品推广应用。为此，新技术可循环物流包装（RTP）技术开始步入眼帘。但在包装流转过程中，用户无法实时掌握包装物状态、循环箱的使用程度等数据信息，导致每年包装物高达20%的丢失率，限制周转率处于5次/年的低位，间接成本居高不下也严重制约着RTP的推广和发展。

箱箱共用在数字化驱动下提高包装箱的运营效率，为用户提供智能物流包装服务。据了解，智能物流包装"数智＋"服务是以智能物流包装微粒化数据为基础、以"箱货共管"为理念的社会化物流包装循环共用服务体系，它将推动供应链的智能化、柔性化变革，并让用户低成本地获取到实时智能、辅助决策等智能供应链服务。这将为各行各业的企业用户带来革命性的体验。

箱箱共用创始人兼CEO廖清新表示，"数智＋"服务能够为企业用户带来数字＋服务，提供无纸化交割、透明化管理、高周转率、共享共用等，降本增效。

箱箱共用利用智能化物流包装循环共用平台，适用于液体包装、生鲜零售、汽配包装等领域的可循环物流包装箱实现独立资产出租，进行循环利用，达到箱货共管，为企业用户提供辅助决策，让用户不再孤岛作战，跨部门、跨企业的利益相关者开展实时数据和共享。

箱箱共用的1.0平台能够对箱子进行资产管理，实时化监测箱子的使用时间及使用程度、上游客户到下游客户的往返过程等，还能够进行预警，如对闲置箱体和使用时间超长等进行预警，从而有效地保证了用户对箱体货物的情况了解和上下游之间的信息畅通。提升智能包装嵌入用户供应链全过程的黏性，从而推动用户从包装中挖掘供应链大数据的意识，让平台成为用户获得供应链实时人工智能（AI）决策意见的重要途径，推动企业用户朝着AI化组织发展的进程。

▶▶ 8. 各企业后续的投入方向

在新的形势下，"绿色包装"在物流行业得到了越来越普遍的应用。这要求提供包装服务的物流企业必须进行绿色包装改造，包括：使用环保材料、提高材质利用率、设计折叠式包装以减少空载率、建立包装回用制度等；促进生产部门采用尽量简化的以及由可降解材料制成的包装；在流通过程中，应采取各种措施实现包装的合理化与现代化。

然而，绿色包装的推广应用并非易事。正如苏宁控股集团董事长张近东所言，在物流行业推行绿色包装是一项系统工程，从绿色循环产品的使用，到包装回收体系的建立，以及快递包装耗材的减量化，不仅需要政府、企业的共同努力，也需要人们在日常生活中深植绿色理念。看似不起眼的物流包装，实际时刻存在于物流活动的每一环节中，如装卸、搬运、存储、配送和运输等活动实现的效率和质量都与包装有直接关系。而包装采用何种材料、容器、技术、结构和共用模式都会影响到物流活动的质量和效率。在某种程度上而言，物流包装的绿色化，与物流自动化、智能化处于同等重要的地位，都可能左右着未来发展的方向。因此，这场围绕绿色包装而展开的变革，我们仍需要密切关注。

后续，各物流巨头首先会将重心放在绿色材料的研发与应用上。传统的包装材料主要有纸张、塑料、玻璃、铁制品等，而绿色包装材料则主要是指具有良好的使用性能或功能、对生态环境污染小、易降解、易回收、再生利用率高或能进行环境有效循环利用、对人体不造成危害的材料。包装是否为"绿色"的，其关键点就是包装材料是否具有可重复利用性以及可降解性。

其次，创新包装技术和循环共用模式是第二个重点发展方向。关于物流包装的绿色化，包装技术的改变，以及循环共用体系的建设都很重要。

本章小结

本章首先介绍了传统的包装材料，以及商家在进行材料选择时需考虑的重要因素，然后介绍了选用绿色包装材料的三大原则和各种绿色包装材料。通过绿色包装材料的研制和应用，不仅能够在一定程度上减少环境污染，缓解生态压力，也能促进国民经济持续健康发展，无论是在科学研究层面还是应用层面上都具有重要意义。

基于绿色包装材料的介绍，接下来介绍了集合包装系统优化的目标以及相关的约束，并基于相关假设采用分步优化的方法构建了数学模型。在集合包装系统的优化上，着重于优化瓦楞纸箱的规格、抗压强度和堆码高度（包括瓦楞纸箱和集合包装容器两种堆码高度），并详细介绍了基于物流包装尺寸标准化的瓦楞纸箱规格优化方法以及基于遗传算法的集合包装堆码高度的优化方法。

第 5 章

——

物流包装的租赁与共享

汽车行业的包装器具租赁在我国尚属新兴行业，包装器具租赁共享价值初步彰显，在汽车产销量双双下滑的环境下，越来越多的零部件供应商、主机厂开始权衡自购包装器具与共享包装器具的区别，部分行业企业开始尝试由购转租，汽车行业包装器具租赁市场正在迎来新发展。

受全球经济下行，以及国内市场消费需求不足、国六标准带来的技术升级压力、新能源补贴大幅下降等多重因素影响，我国汽车产销量连续下降，整车售价降幅极大。行业寒冬已至，竞争日趋激烈，"降本增效"成为汽车供应链上下游各环节主体的关注重点。汽车零部件包装器具是保护零件质量的重要载体，从零部件生产下线、出库、运输、入库、存储到上线，贯穿了整个汽车供应链。包装器具的投入与管理直接影响物流成本，更影响零部件周转效率，是在汽车供应链降本增效中需要重点优化的部分。

从一次性包装器具、可循环包装器具、可循环包装器具租赁，到可循环包装共享，汽车行业对包装器具应用与管理的探索从未停下脚步。汽车行业包装器具的租赁在国内属于新兴行业，从理念层面来看，其价值已经在行业内得到广泛认可，但真正应用租赁模式进行包装器具投入与管理的企业并不普遍，在包装器具租赁共享的推广过程中更是困难重重。

1. 自购及管理之"痛"

汽车零部件包装器具分为一次性包装和可循环包装。其中常用的可循环包装器具包括金属箱、标准塑料箱、围板箱、钙塑箱、专用器具类等。汽车零部件包装器具的投入及管理包括包装器具的规划、设计、采购、周转管理、维护保养等。在汽车供应链中，零部件供应商是包装器具应用的源头，是包装器具的直接需求者；主机厂是包装器具流转的终端，是空包装器具收集、返回的起点。根据主体不同，自购包装器具可以分为零部件供应商自购和主机厂自购两种类型。

零部件供应商自购是指零部件供应商根据主机厂对包装的要求，自行设计、采购零部件包装器具，并对包装器具的周转、维护保养等相关工作进行管理。在这种形式下，供应商需要按照主机厂提供的最大产量计划来购置包装器具，需要专门的场地及管理人员进行包装器具的存储、清洗、维修、保养。在包装器具的流转终端主机厂处，没有专业的包装器具管理队伍统一管理，经常会造成器具丢失；维修、保养不专业，包装器具的品质难以保障。在主机厂产量波动的情况下，包装器具需求量进一步增长，即产量增长，包装器具需求上升，产量下降，短期内零部件供应商库存上升，包装器具的需求也会短期增长。总体来说，供应商自购形式下，供应商包装器具购置成本、管理成本将会持续不断攀升。

主机厂自购是指主机厂根据自身需求规划、设计、采购包装器具，将包装器具分发给供应商、物流商使用，并由主机厂负责包装器具的周转管理、维护、保养等所有相关工作。

一方面，主机厂自购模式有利于主机厂对包装器具的集中采买和集约化管理，具有一定成本优势；当主机厂产量较小时，包装器具整体规模较小，管理起来也并不难。但另一方面，主机厂缺乏专业的包装器具管理团队，一旦产销量上升，包装器具也会规模化上升，包装器具丢失、管理场地不足、人员不专业、人员不足等问题随之显现；车型更新迭代或者产量下滑的情况下，还会造成包装器具冗余或者闲置，需要更多的场地和人员进行管理，包装器具的管理难度增大，管理成本上升。

2. 租赁模式及发展

包装器具租赁包含两种模式，分别为静态租赁和动态租赁（租赁共享）。其中，静态租赁是指由包装器具租赁服务商根据主机厂/零部件供应商的需求，规划、设计并提供包装器具，每月按固定数量向客户收取租金，但不负责管理共享产品，主机厂/零部件供应商自负责管理共享产品。相较于自购模式，静态租赁的优势并不十分明显，仅有极少部分资金短缺的零部件供应商会选择这种模式。动态租赁（租赁共享）是指包装器具租赁服务商根据主机厂/零部件供应商的需求，规划、设计并提供包装器具，同时负责包装器具的周转管理、维护、保养等相关工作。动态租赁（租赁共享）下，包装器具租赁服务商按照主机厂/零部件供应商的需求，按时、按量将高品质包装器具送到供应商处，包装器具随零部件经流转到主机厂，再由包装器具租赁服务商进行回收、维修、保养等管理工作，部分包装器具租赁服务商甚至可以提供"运包一体化服务"。包装器具租赁服务商根据不同车厂、零部件供应商包装器具的特点，真正实现集约化生产、采买管理，跨区域、跨主机厂甚至跨行业地流转使用，以提升包装器具的使用率；当主机厂/零部件供应商不再需要原包装器具时，包装器具租赁服务商还可以进行回收，再将其分给有需求的主机厂。主机厂/零部件供应商可真正降低包装器具的使用成本，降低投入风险，也可以集中更多的精力发展主业。

3. 动态租赁的主要服务形式

在汽车包装器具租赁共享服务领域，优乐赛是一个典型代表。其服务形式主要包括以下三种：

1）点到点，即包装器具租赁服务商将包装器具提供给位于 A 区域的零部件供应商，包装器具随零部件到达 B 区域后，零部件供应商可以选择将空箱运回 A 区域再次使用，也可以选择在 B 区域实现异地还箱。

2）三角对流，即包装器具租赁服务商将包装器具提供给位于 A 区域的零部件供应商 a，包装器具随零部件到达 B 区域后，零部件供应商可以选择将空箱运回 A 区域再次使用，也可以选择由包装器具租赁服务商将空箱回收到 B 区域的管理中心，并进行维护保养；在 B 区域，包装器具租赁服务商将空箱再次提供给零部件供应商 b，包装器具随零部件到达 C 区域；在 C 区域包装器具租赁服务商将空箱再次提供给零部件供应商 c，包装器具随零部件再返回 A 区域。这种模式下形成了三个客户共享包装器具的局面，包装器具的循环使用效率高、成本降低，可以说是一定程度的共享租赁。

3）共享租赁，有更多区域、更多客户租赁使用相同标准的包装器具。包装器具租赁服务商可以随时随地返回空箱，并随时随地将空箱给其他客户使用，包装器具能够得到更为充分的利用。目前优乐赛在部分区域已经实现了共享租赁。从租赁到共享，实际上是汽车行业包装器具管理模式的飞跃。

值得一提的是，在共享租赁模式下，"一体化运包解决方案"成为趋势，即包装器具租赁服务商为主机厂提供包装器具，主机厂将包装器具给供应商使用，并由包装器具租赁服务商负责包装器具的管理，并提供上门取货、仓储一体化等物流服务。

4. 自购/租赁的选择

即便行业内普遍认为包装器具租赁能够解决自购包装器具面临的诸多痛点，有利于降本增效，但不可否认的是，如果能够保障长期且稳定的包装器具使用率，自购模式与租赁模式相比也具有一定的成本优势，尤其是在当前汽车行业包装器具的共享体系尚未形成、单纯的点到点租赁对于部分主机厂企业来说并没有明显优势的现状下。目前国内汽车市场依旧是以自购为主，日系主机厂及供应商、德系豪华品主机厂、零部件供应商巨头基本全部采用自购模式。动态租赁模式的应用者主要为零部件供应商、自主品牌主机厂。究竟是选择租赁还是自购包装器具，不同的主体需要从不同方面进行考虑。

对于日系品牌主机厂及零部件供应商来说，日系车的产销量稳定。同一主机厂不同车型的同类零部件都由同一零部件供应商提供，零部件供应商因主机厂车型而造成产量波动的影响较小。与此同时，日系主机厂需要管理的供应商数量较少，加上日系车厂的精益化管理思维深入骨髓，包装器具管理也相对专业，普遍采用自购模式。汽车零部件供应商巨头也普遍选择自购，如采埃孚，包装器具整体需求规模较大，零部件产销量相对稳定，它同时为多个车厂、多个车型提供零部件，可以在不同车厂、不同车型之间权衡使用。

宝马、奔驰，德系豪华车品牌主机厂，车辆附加值较高、产销量稳定、车型更迭周期长、定制化包装器具占比大、包装器具需求量较大，也是以自购模式为主，但不排除个别采用通用化包装器具的零部件在长途干线运输环节选择了点对点的租赁模式。

长安、长城、吉利等大多数自主品牌主机厂正在积极尝试包装器具租赁。当前阶段，多数自主品牌车辆附加值不高、产销量波动大、车型更迭周期短、通用化包装器具占比较大。

不管是德系还是国产品牌，对于大多数零部件供应商来说，包装器具租赁模式更有优势。主要有以下几个因素：除日系品牌的供应商以外，其他零部件供应商大多都只服务于单一车型，单个车型的生产周期一般是在 5~7 年，部分自主品牌车型甚至只有 2 年左右，为了无法预测的产量而按照主机厂要求峰值自购包装器具，需要大量的采购成本以及后期管理成本，一旦车型变更或停产，很容易造成亏损；这类零部件供应商包装器具的需求规模较小，单个包装器具的采购成本会更高。

5. 租赁共享道阻且长

包装器具租赁共享的价值已经得到了很多事实印证。例如，自 2010 年起，法雷奥与优乐赛一直保持着长期的包装租赁合作关系，从前期包装器具的设计及租赁业务，到现在优乐赛包装容器已经覆盖到法雷奥车灯项目的 95%，并采用了动态的包装租赁模式，避免前期的大量投资，减少了固定成本的支出，同时也避免了季节性用箱波动带来的资产浪费，降低了资产风险。如此长期而不断深入的合作足以证明租赁的价值。又如，优乐赛为一汽大众发动机工厂提供动态租赁服务项目，2018 年该项目获得一汽大众最佳改善案例，优乐赛被评为一汽大众发动机工厂优秀服务商。

当前汽车包装器具租赁共享的市场空间仅打开了 30%~40%，在汽车行业产销量下滑的大环境下，越来越多的零部件供应商、主机厂意识到包装器具租赁共享的价值，很多主机厂在新工厂的产线规划时就将标准化包装器具作为上线包装，包装器具租赁共享市场正在迎来新的发展机遇。

不过，社会化汽车行业包装器具共享体系的建立仍困难重重。主要原因在于：汽车行业本身比较封闭，不同的主机厂隶属于不同的集团，不同的集团有不同的物流公司。部分物流公司已经开始打造各自集团内部的包装器具租赁共享体系，但集团之间相互封闭，在一定程度上限制了包装器具的社会化共享，共享区域及规模难以扩大，规模化效益难以体现。另外，包装器具标准不统一，品牌之间、相同品牌的主机厂甚至相同主机厂的车型对零部件包装器具所制定的标准都不同，尺寸、工艺相差较大，行业内标准化通用型包装器具较少，导致包装器具在租赁过程中实现互换、共享使用的比率大幅降低。

5.1 物流包装的传统运营模式

物流包装的传统运营模式是与现代租赁与共享相对的运营模式，即企业自营包装模式。在这种模式下，企业购买和管理其各类包装和容器作为企业资产，并不与其他企业共享。这种模式具有管理简单、产权清晰等优点。然而，该模式往往意味着较低的利用率和较高的空载率，尤其是可循环包装在物流领域开始大量应用的场景中。空容器的"返空"运输往往意味着运输成本的提升。此外，由于单个企业往往采购规模较小，难以获得采购上的规模经济。

以汽车行业为例，物流包装多采用可循环的塑料、金属材料制成的容器，如托盘、周转箱、铁架等，物流包装在主机厂和零部件供应商之间周转，服务于主机厂生产的需要。当前存在着传统的自营物流包装的模式，即零部件供应商负责采购和管理自己的容器，如东风日产等。

东风日产的汽车物流要求所有零部件提前20h进入库存，其花都工厂的库存水平为1.1天，月周转资金量为30亿~50亿元；东风日产约有300家零部件供应商，每天700~800车运输量（2011年数据）。东风日产实行取货制，但由于现实原因，目前零部件供应商供货有以下三种方式：

1）供应商直送。对于一些需求量大、适时供货程度要求比较高的零部件，供应商将货物直接送至日产线边，供应商返程时带回之前遗留的容器。

2）本地供应商循环取货。对于其他距离日产较近的供应商，第三方调达物流通过循环取货的方式将零部件送至日产线边，容器先返至第三方物流，再通过第三方物流返回给供应商。

3）外地供应商循环取货。对于外地的供应商，第三方调达物流通过循环取货的方式将货物取至其在当地的集配库，再统一运至日产线边。同样，容器先返至第三方的集配库，最后由原路返回，如图5-1和图5-2所示。

汽车行业自营模式容器管理的内容具体如下：

▶ **1. 物流包装（容器）的采购流程**

主机厂在建时制定好标准，根据标准来要求零配件商订购容器。如日产零配件的容器选取原则是容器尽量可以折叠且内装零部件的数量符合生产节拍。一般容器制造商的选择有两种方式：①主机厂先进行招标，选定一家容器制造商，零配件商从主机厂指定的制造商处购入容器，主机厂付款，零配件商使用；②主机厂先进行招标，选定几家供应商，零配件商根据主机厂推荐的这几家容器制造商选购容器，主机厂根据折旧逐年付款给零配件商，容器属于零配件商。

▶ **2. 物流包装（容器）的维护流程**

零配件商负责容器的清洗与维护。容器的损坏一般有以下几种原因：零配

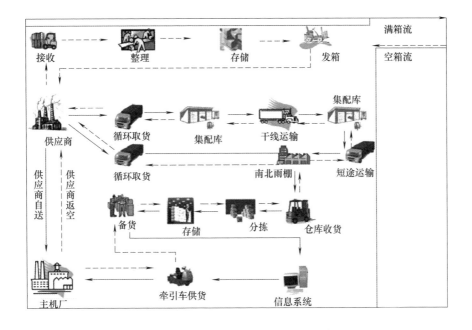

图 5-1 东风日产零部件物流与包装流程

图 5-2 空容器的堆码与返空

件商厂内容器损坏、物流调达过程中因叉车操作不当导致损坏、空容器打包过程中因包装人员操作不当导致损坏、容器自然耗损等。如果在第三方物流操作过程中发现容器损坏，现场工作人员应立即拍照并上报上级容器数量，同时将损坏的容器放置在坏损区，通知零配件商定期取回损坏的容器。在容器保修期内的，容器制造商负责维修；容器保修期外的，零配件商也要负责维修或者更换、淘汰、处理等。

▶ 3. 物流包装的计费方式

零配件商购入容器，主机厂根据容器的周转速度与折旧将使用费用折算至零配件单价中，包含在零配件采购费用中，不单独结算。

5.2 物流包装的租赁模式

在物流包装的租赁模式中，企业不购买物流包装，而是通过租赁的方式获得包装的使用权，并按照一定的结算标准支付给专业的租赁方相关费用。该模式比较适用于可重复使用的非一次性物流包装，如托盘、周转箱等。该模式能够发挥第三方租赁公司的专业优势，降低物流包装的使用量和空容器的运输操作，减小承租人的资金压力。

▷ 5.2.1 汽车行业物流包装租赁案例

在汽车行业，长安福特曾采用租赁模式，此时主机厂与专业的容器租赁公司进行业务合作，并将某些车型所用的容器报给容器租赁公司，由租赁公司负责容器的租赁管理。第三方物流公司可作为受托方负责委托方（租赁公司）在主机厂仓库的管理工作。

▷ 1. 容器管理模式

物流容器有通用网箱、带内衬的标准箱、车顶盖专用料架、不带内衬的标准箱。除进口零部件的料箱料架外，长安福特马自达委托设计方设计出国内循环使用的料箱，指定料箱制造商，由集保出钱购入，料箱为集保所有并作为包装的管理方，在实际运作过程中，一部分委托南京长安民生住久物流（CMSCL）管理。在使用过程中，一般塑料箱有3‰左右的损坏率；料架丢失少，托盘丢失多。如图5-3所示，与零部件入厂物流相对应，空料箱的管理也有三种运转模式：

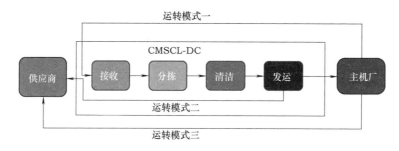

图5-3 租赁模式下的空料箱管理模式

运转模式一：在主机厂线边与长安民生住久仓库内循环；运转模式二：由长安民生住久清洁维护后发放给供应商；运转模式三：由主机厂直接返回给供应商。

▷ 2. CMSCL-DC 业务流程

在长安福特的160多家供应商中，有90多家采用一次性纸包装，长安民生住久在收货后还需要进行转换包装的操作，并将拆下的纸箱处理掉。CMSCL-DC业务流程如图5-4所示。

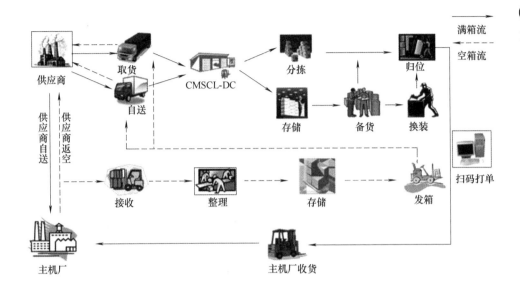

图 5-4　CMSCL-DC 业务流程

5.2.2　物流包装租赁市场分析

　　租赁是世界上最有活力和最有生气的行业之一。容器租赁作为租赁行业的一个分支，为设备（容器）的融资提供了极大的便利。它既具有租赁本身的发展特性，又具有自身的发展轨迹和发展趋势。通过对大洋洲、美洲、欧洲和亚洲等地区众多容器租赁企业的分析，可以将其发展轨迹和发展趋势做如下分析：

1. 第一阶段：　区域性业务发展

　　在市场和政府的双重推动下，供应链管理、托盘标准化等观念逐渐渗透市场，容器租赁行业的生存环境正在区域性地慢慢成长。越来越多的企业看到了在一定区域内开展容器租赁业务的可能和商机。虽然法律保障、税收的相关政策等公益性政府工作还在萌芽阶段，但是一些企业通过学习国外优秀的容器租赁公司的理念和经验，开始在这一行业试水。这一阶段具有以下特点：

　　1）基于现有资源凸显核心竞争力。容器租赁业务的初期投入较大，业务的性质等价于将原有客户的风险转移到容器租赁公司。为了尽量减少风险，许多容器租赁公司的业务发展是基于公司的原有资源和竞争力的。例如，欧洲的UKCM是一家容器租赁公司，但是主要专注于容器的翻新和维修，并为翻新业务设立专门的工厂。同样，在汽车零部件领域，主机厂可利用现有供应商资源开展零部件的容器租赁业务，第三方物流公司可利用物流资源和管理经验开展零部件的容器租赁业务。

2）容器种类单一，以实现规模经济产生利润。许多公司将容器约束在托盘这个领域，主要是因为托盘的标准化规格使得容器在不同行业的流转和使用成为可能，从而增加了容器的通用性和共用度，间接减少了公司的资金投入和风险。与此同时，容器租赁公司将更多精力投入到容器技术中以提升客户体验，从较大的规模和较短的周转天数中获得收益。例如，美国 iGPS 公司仅提供一种尺寸的塑料托盘，但是因为容器具有环境友好、可追溯（RFID 技术）、寿命长等优势，使公司在短短 5 年内就占据了美国杂货市场的最大份额。

▶ 2. 第二阶段： 港口节点下的容器租赁网络

一些企业经营容器租赁业务一段时间后，对于区域/国内的市场运维已积累了丰厚的经验，开始尝试国际业务。但是，如果贸然开拓新区域的业务，公司很可能因为没有透彻了解当地政策、法律、文化等软环境而受阻，甚至蒙受巨大的损失。

通常的做法是：以与国内具有良好合作关系的跨国公司作为服务对象，为这些公司提供海外容器租赁业务。原有的合作关系带来了当地其他企业所没有的信任，业务关系的建立和磨合不会成为初期公司发展海外业务的主要障碍，这样使得容器租赁公司有更多精力专注于本土化经营的研究和适应。例如，韩国的 LogisALL 和日本 JRP 公司正在亚洲地区迈开走向国际化的步伐，专注于港口进出口的容器租赁业务。同样，招商局集团在收购路凯公司时，也制定了结合托盘共用租赁业务进一步延伸扩展现有港口及第三方物流服务功能、完善和提升了对终端客户的综合服务水平与服务能力的完整规划。

▶ 3. 第三阶段： 全球化运作

全球化运作意味着公司无论在运作经验上还是资金实力上都是拔尖的，这样的公司有能力承担因为某行业定制个性化服务而带来的风险，可同时为多个行业、多个区域提供个性化的租赁服务。

1）容器生命周期管理服务的整体输出。容器的租赁服务不局限于租赁的环节，还可通过向容器的供应链上下游延伸，提供容器包装设计、容器制造、容器租赁、容器销售、容器翻新、容器清洗、容器维修、容器存储和容器回收等一系列容器管理服务。CAPS 提出了"容器全生命周期管理"（Lifecycle Container Management）的概念，该概念也是其他容器租赁公司的发展方向，只是业务结构不同。例如，UKCM 更加侧重容器翻新业务，但同时也提供租赁、清洗和维修的服务；SOLUPLASTIC 提供容器租赁的整套服务，却不提供容器运输服务——所有容器均由客户自提并自己送回。常规的容器生命周期管理服务以容器的物流路径为主线，包括六个环节，分别是包装设计、容器制造（外包）、容器租赁、容器清洗、容器维修和容器回收。

2）环保可循环包装容器成为未来发展趋势。过去的容器以木质托盘为主，如今塑料材质的容器逐渐成为主流。考虑到塑料容器的成本，目前美国食品等行业仍然在沿用木质托盘。但是，从安全、卫生和质量的角度来看，塑料托盘比木质托盘更具市场前景。网络调研的公司当中，除了 PECO，其他公司均提供塑料托盘/容器的选择，部分公司只提供塑料材质的容器，如集保和 iGPS。目前，许多货品的外包装仍然沿用一次性包装材料，如纸板和复合板。这样会提高供应链的成本，而且政府更加提倡采用可循环使用的容器包装。以如今的材料科学技术发展程度，完全有能力生产出成本低、质量好、无污染的塑料容器。例如，iGPS 一直以自身环保、安全的托盘而引以为傲；而集保的托盘若维护得当，使用寿命长达 10 年以上。

3）容器/产品的追踪和定位技术的开发和实现。容器的追踪技术及相关软件的开发和实现主要出于两个方面的考虑：①出于突破自身发展瓶颈的需要。例如集保，随着公司业务的不断增长，频繁发生容器丢失的事件，同时公司耗费越来越多的行政和人力费用来维护托盘的监管工作。用条码等对每个容器进行唯一化标识并在每个物流节点对其实现自动化监控成为集保必须完善的工作。②大部分公司主要是出于给予更好用户体验的需要。例如，CAPS 专门开发了容器追踪软件，客户在网站端口可随时登录查看容器的位置和状态，并且与租赁公司共同了解供应链上的瓶颈，努力降低成本、提升物流效益。

5.3 物流包装的共享

物流包装的共享是指在一定范围内，如一个汽车制造商体系内，或者一个合作联盟内，物流容器可以完全共享，即包装不与单一企业相对应。该模式也适用于可以循环使用的非一次性物流包装。为方便对比，再以汽车行业为例，系统说明该模式的运行特点。

▶5.3.1 汽车行业容器共享案例⊖

上海通用汽车公司（简称上海通用）采用共享模式管理其物流容器，通过料箱管理中心（CMC）对所有经过或在上海的空箱进行统一处理与操作。CMC库区由 1#、3#、4#仓库组成，库区面积 17 100m²，每天收发货车 1000 辆，流转

⊖ 本案例所有数据为 2013 年前所得数据。

周转箱约 50000 个；大循环器具品种 388 种，其中 220 种回收到 CMC，其余直接送回供应商；全部容器属于上海通用所有；周转总量 120 万个，流转节点 600 个；上海、烟台与沈阳 3 个流转基地服务有 7 个主机厂，共计 120 万辆整车及对应的发动机和变速器。在 CMC，所有的料箱被分类储存、清洁和发运（以上数据为 2011 年数据）。

▶▶ 1. 容器运营流程

CMC 负责管理和周转上海通用的全部料箱，供应商向就近的 CMC 提前预订一定数量的料箱，CMC 按时送达。当物流车辆带着零部件从供应商处到达上海通用主机厂时，一部分直接运到线边，另一部分运到汇通（上海通用的另一家第三方合作企业，起到零部件集散中心的作用）做周转。空箱运回 CMC 进行清洗和存放，并将一定的空箱装回车辆，带往零部件厂商所在地，保证了满车来、满车去。

▶▶ 2. 容器的采购与补充

上海通用将全部器具管理的业务委托给第三方联明公司（简称联明）运作，联明与上海通用一起设计新车型所用器具，并尽可能达到标准箱数量最大以及旧车型淘汰料箱数量和种类最少的设计准则。料箱没有规定的报废期，一般都是用坏为止。每当有新车型上线或需要补充料箱库存时，由联明根据现有可以用的通用容器来建议上海通用需要补充多少，由上海通用自己确定制造商并采购以补充缺口，并按生产节拍每月投入而不是一次性投入。

CMC 物流容器流转如图 5-5 所示。

1）车辆从一侧库区进入，站台设计为锯齿形，以节省仓库面积，每个入口规定进来车辆，比如金桥来车由 1# 口卸货，外地来车由 3# 口卸货等。

2）每个卸货口由一名工人手工记录卸货过程，包括现场运作，共约 600 人，上海通用有 2 人负责料箱管理工作；自有车辆 20 余辆。

3）不需要清洁的料箱堆垛码放，需要清洁的料箱放上传送带进行自动清洁。

4）仓库设置不同的货架，存放不同供应商、不同规格型号的料箱；并设置了"溢库区"，存放由于航期延误等原因而超过库存限制的料箱。每个空箱每个控制点都有模型进行相应的库存最大、最小、平均值分析。

5）仓库功能包括接收、分拣、清洗、配货、存储、发运。

6）周转箱预警：对各控制点、各料箱都进行了模型化的预警和调配，保证一定的安全库存并尽可能降低料箱库存数量。通过分析保有量和需求量达到库存控制的目的。

7）组织盘点及分析：循环盘点，保证财务和实物流的一致性。

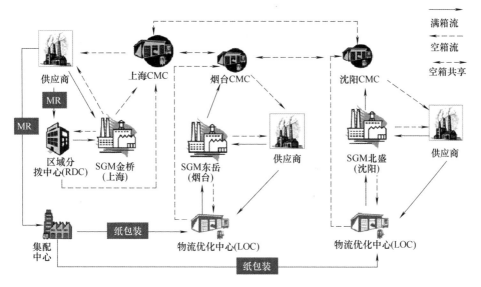

图 5-5　CMC 物流容器流转

注：图中 SGM 即上海通用。

8）供应商管理：对供应链不定期召开讨论会，共同研究料箱运作模式，促使供应商积极主动参与到上海通用的料箱管理模式中。另外，将对空箱的考核放在关键绩效指标（KPI）考核中，加强供应商的重视程度。

5.3.2　共享模式的优点分析

从物流管理的角度看，租赁模式与自营模式类似，物流包装为单个企业独自使用和管理，差异只在包装所有权的不同。因此，将租赁模式归为非共享模式。相比非共享模式，共享物流包装能够在包装数量上实现节约，空包装的运输中存在节约的空间。本节通过一个简单的数学模型，分析共享模式相比非共享模式的成本节约作用，以及影响成本节约的因素，进而帮助企业判断何时采用共享的模式能够取得更大的成本节约。

根据汽车行业的具体实践，考虑如图 5-6 所示的简单模型。其中，主机厂在 2 个区域设置有生产线，如上海和广州；而零部件供应商在两个区域均有布局，如上海的部分供应商既向上海的工厂供货，也向广州的工厂供货。在非共享模式下，可重复利用的容器会随着零部件先从供应商处运往主机厂，在主机厂卸完零部件后，空容器需要返还给供应商，因此存在一定的空箱运输问题。而在共享模式下，空容器可以在不同的供应商处共享，空箱调运的数量减少。

如图 5-6 所示，对于非共享模式，装有零件的包装采用循环取货（Milk

Run）或经配送中心或直接交付的方式从供应商运输到装配工厂。在装配工厂中卸载零件时，包装将被收集、分类、折叠，并由分配给零件的货车返回给供应商。当货车到达供应商时，空包装被卸下，然后供应商进行清洁和维修。在非共享模式中，供应商拥有包装，因此，一个供应商只能使用自己的包装，这些包装不能在供应商之间共享。

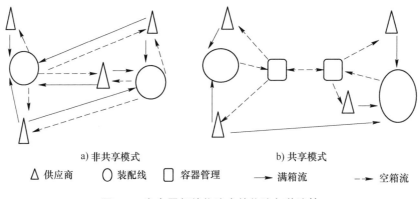

a) 非共享模式   b) 共享模式

△ 供应商   ○ 装配线   □ 容器管理   ——→ 满箱流   --→ 空箱流

图 5-6　汽车零部件物流中的物流包装流转

对于共享模式，满箱的运输与专用模式相同。然而，在装配工厂卸下零件后，空包装被运送到集装箱中心，集装箱中心通常位于装配工厂附近。空包装由分配给零件的货车运送给供应商。包装由主机厂拥有和管理，如果包装尺寸适用，则任何供应商都可以使用。

为了便于对两种模式进行分析比较，定义符号如表5-1所示。

在上述假设条件下，可以根据需求测算出两种模式下托盘的需求量，即不同模式下需要持有的托盘数量，根据托盘数量计算托盘的持有成本，即折旧成本；同时，也可以测算两种模式下空托盘的运输成本。系统的总成本为托盘的持有成本和托盘的运输成本之和。详细的计算和推导过程参见 Zhang 等（2015）。

非共享模式下，与容器相关的年化成本为

$$\mathrm{TC}^S = \sum_{i=1}^{M} \{ c_t(l_{Ii} D_{Ii} + l_{ji} D_{ji}) + h_i [\Phi^{-1}(\beta)\sqrt{Q_{Ii}^2 \sigma_s^2 + Q_{ji}^2 \sigma_l^2} +$$

$$\mu_s Q_{Ii} + \mu_l Q_{ji} + D_{Ii}(2\mathrm{TS}_i + \mathrm{TW}_i) + D_{ji}(2\mathrm{TL}_i + \mathrm{TW}_i)] \} + \sum_{j=1}^{N}$$

$$\{ c_t(l_{Ij} D_{jj} + l_{lj} D_{Ij}) + h_j [\Phi^{-1}(\beta)\sqrt{Q_{jj}^2 \sigma_s^2 + Q_{Ij}^2 \sigma_l^2} +$$

$$\mu_s Q_{jj} + \mu_l Q_{Ij} + D_{jj}(2\,\mathrm{TS}_j + \mathrm{TW}_j) + D_{Ij}(2\,\mathrm{TL}_j + \mathrm{TW}_j)] \}$$

式中，TS_i 为短途运输时间；TW_i 为等待时间；TL_i 为长途运输时间。

类似地，可以得到共享模式下总的物流包装的相关成本为

表 5-1 符号的定义

符号	定义
I, J	装配工厂编号
S_i	装配工厂 I 附近的供应商，$i = 1, 2, \cdots, M$
S_j	装配工厂 J 附近的供应商，$j = 1, 2, \cdots, N$
l_{IJ}	I 的空箱管理中心与 J 的空箱管理中心之间的距离
l_{Ii}, l_{Jj}	供应商 i 到装配工厂 I 的距离；供应商 j 到装配工厂 J 的距离
c_t	运输费率（单位距离单位体积）
h_i, h_j	供应商 i 和供应商 j 的包装持有成本
D_{Ii}, D_{Ji}	单位时间内装配工厂 I 和 J 对供应商 i 的需求
Q_{Ii}, Q_{Ji}	装配工厂 I 和 J 向供应商 i 的订货批量
D_{Ij}, D_{Jj}	单位时间内装配工厂 I 和 J 对供应商 j 的需求
TSC_j, TLC_j	供应商 j 到装配工厂 I 和 J 的物流周转时间；本书也令 $\mathrm{TSC}_j = \mathrm{TS}_j$，$\mathrm{TLC}_j = \mathrm{TL}_j$
TW_i	等待时间
Q_{Ij}, Q_{Jj}	装配工厂 I 和 J 向供应商 j 的订货批量
αs_i, αl_i	供应商 i 未能及时返回的包装的比率（由于损坏、丢失、返错等原因）；αs_i 和 αl_i 分别服从整体分布 $N(\mu_s, \sigma_s^2)$，$N(\mu_l, \sigma_l^2)$
IP_i, IP_j	供应商 i 和 j 包装的管道库存
$\Phi(\cdot)$	标准整体分布函数
IS_i, IS_j	供应商 i 和 j 包装的安全库存
β	物流包装满足的服务水平，即容器数量不低于需求量的概率
K	共享模式下，需要的容器种类数，满足 $K \leqslant M + N$
gs_i, gL_j	共享模式下，装配工厂 I 附近第 i 组供应商的编号；共享模式下，装配工厂 I 附近第 j 组供应商的编号
A_k	$A_k = \sum\limits_{i = gs_{k-1}+1}^{gs_k} Q_{Ii} + \sum\limits_{j = gL_{k-1}+1}^{gL_k} Q_{Ii}$

$$\mathrm{TC}^b = c_t \left(\sum_{i=1}^{M} l_{Ii} D_{Ii} + \sum_{j=1}^{N} l_{Jj} D_{Jj} \right) + c_t \sum_{k=1}^{K} l_{IJ} \left| \sum_{i=gs_{k-1}+1}^{gs_k} D_{Ji} - \sum_{j=gl_{k-1}+1}^{gl_k} D_{Ij} \right| +$$

$$\sum_{k=1}^{K} \Phi^{-1}(\beta) h_k \sqrt{A_k}\, \sigma_s + \sum_{k=1}^{K} \mu_s h_k A_k + \sum_{i=1}^{M} h_i \big[D_{Ii}(2\mathrm{TS}_i + \mathrm{TW}_i) +$$

$$D_{Ji}(\mathrm{TL}_i + \mathrm{TW}_i + \mathrm{TS}_i) \big] + \sum_{j=1}^{N} h_j \big[D_{Jj}(2\mathrm{TS}_j + \mathrm{TW}_j) + D_{Ij}(\mathrm{TL}_j + \mathrm{TW}_j + \mathrm{TS}_j) \big] +$$

$$\mathrm{TL} \sum_{k=1}^{K} h_k \left| \sum_{i=gs_{k-1}+1}^{gs_k} D_{Ji} - \sum_{j=gl_{k-1}+1}^{gl_k} D_{Ij} \right|$$

式中，TL 为共享模式下两个容器管理中心的运输时间。

进而可以得到共享模式相对于非共享模式，节约的成本包括：

▶▶ **1. 运输成本的节约量**

$$\Delta \text{TCT} = c_t \left(\sum_{i=1}^{M} l_{Ji} D_{Ji} + \sum_{j=1}^{N} l_{Ij} D_{Ij} - \sum_{k=1}^{K} l_{IJ} \left| \sum_{i=gs_{k-1}+1}^{gs_k} D_{Ji} - \sum_{j=gl_{k-1}+1}^{gl_k} D_{Ij} \right| \right)$$

▶▶ **2. 安全库存降低引起的成本节约**

$$\Delta \text{TCS} = \sum_{i=1}^{M} h_i [\Phi^{-1}(\beta) \sqrt{Q_{Ii}^2 \sigma_s^2 + Q_{Ji}^2 \sigma_l^2} + \mu_l Q_{Ji}] +$$

$$\sum_{j=1}^{N} h_j [\Phi^{-1}(\beta) \sqrt{Q_{Jj}^2 \sigma_s^2 + Q_{Ij}^2 \sigma_l^2} + \mu_l Q_{Ij}] - \sum_{k=1}^{K} h_k \Phi^{-1}(\beta) \sqrt{A_k} \sigma_s$$

▶▶ **3. 管道库存降低引起的成本节约**

$$\Delta \text{TCP} = \sum_{i=1}^{M} h_i D_{Ji}(\text{TL}_i - \text{TS}_i) + \sum_{j=1}^{N} h_j D_{Ij}(\text{TL}_j - \text{TS}_j) -$$

$$\text{TL} \sum_{k=1}^{K} h_k \left| \sum_{i=gs_{k-1}+1}^{gs_k} D_{Ji} - \sum_{j=gl_{k-1}+1}^{gl_k} D_{Ij} \right|$$

可以证明，总的成本节约量满足：

$$0 \leqslant \Delta \text{TC} \leqslant \overline{\Delta \text{TC}},$$

其中，

$$\overline{\Delta \text{TC}} = c_t \left(\sum_{i=1}^{M} l_{Ji} D_{Ji} + \sum_{j=1}^{N} l_{Ij} D_{Ij} \right) + \sum_{i=1}^{M} h_i [\Phi^{-1}(\beta) \sqrt{Q_{Ii}^2 \sigma_s^2 + Q_{Ji}^2 \sigma_l^2} + \mu_l Q_{Ji}] +$$

$$\sum_{j=1}^{N} h_j [\Phi^{-1}(\beta) \sqrt{Q_{Jj}^2 \sigma_s^2 + Q_{Ij}^2 \sigma_l^2} + \mu_l Q_{Ij}] - \sum_{k=1}^{K} h_k \Phi^{-1}(\beta) \sqrt{A_k} \sigma_s +$$

$$\sum_{i=1}^{M} h_i D_{Ji}(\text{TL}_i - \text{TS}_i) + \sum_{j=1}^{N} h_j D_{Ij}(\text{TL}_j - \text{TS}_j)$$

其中，$\Delta \text{TC} = 0$ 成立的条件是 $K = M + N$，即零部件厂商各自的零部件由于尺寸和重量的差异较大，完全不能共享。$\Delta \text{TC} = \overline{\Delta \text{TC}}$ 成立的条件是：① $\sum_{i=gs_{k-1}+1}^{gs_k} D_{Ji} = \sum_{j=gl_{k-1}+1}^{gl_k} D_{Ij}$，即容器在两个区域间能够完全对流；② $\sum_{i=gs_{k-1}+1}^{gs_k} Q_{Ji} = \sum_{j=gl_{k-1}+1}^{gl_k} Q_{Ij}$，即装配工厂对外地供应商的订货批量总额相等；③ $K = 1$，即所有供应商均使用同一种容器。

5.4　包装租赁与共享的相关实践

目前国内外具有较多的从事容器租赁的公司，来自澳大利亚的集保是其中的典型代表。

◈1. 企业概况

集保的英文名字 CHEP 是联邦搬运设备共享管理委员会（Commonwealth Handling Equipment Pool）的缩写。该机构是澳大利亚联邦政府在第二次世界大战后，为盘活美军遗留在太平洋军事基地的大量搬运设备和木质托盘，达成社会范围的资源共享，从而支持国家经济的发展而成立的。1958 年，该机构私有化后被布兰堡集团收购，并通过其有效运作，迅速发展壮大，成为全球最大的托盘和周转料箱共享租赁服务供应商。

据官网统计数据显示，集保每年发出、回收、维护、再发出 300 000 000 多个托盘和料箱，每天运作 3 000 000 多个设备，全球覆盖了 500 多个服务中心网络，服务于 345 000 个客户，拥有 7 000 多名员工和专业团队，在世界 49 个国家经营业务。

集保除了提供全球性的服务，同时针对本地市场特性，提供 13 种本地服务，大部分采用服务方案输出的模式，其中包括资产管理服务、供应链管理咨询服务、客户培训等。

在欧洲市场，集保提供了 8 种本地服务，内容丰富，分别是设备管理、塑料料箱服务、中型散装料箱服务、汽车行业服务、集货和交付服务、回收管理、设备全管理、设备控制计划。许多汽车零部件供应商都因享受集保在汽车行业的产品和服务，实现了利润增长和成本控制。

2006 年，集保在中国开办共享业务。针对中国市场，集保提供了以下产品和服务：针对中国市场要求定制的钢加固、内嵌 RFID 芯片的塑料托盘和经济耐用的木托盘；托盘尺寸坚持采用国际通行、中国国家标准化管理委员会推荐的 1.2 m × 1.0 m 标准；通过在中国主要经济发达城市建立的托盘服务中心网络，实现货到托盘就地退租；客户可以在生产/销售旺季起租，淡季退租，不用承担闲置托盘的折旧费用；集保提供客户现有托盘回购方案，让客户减轻非核心资产负担，并专心其核心业务；实现供应链效率的提高及社会和生态资源的节约。

◈2. 经营与运作

集保在中国的运营模式大致如下：在客户处设立服务中心，放置一定数量的托盘，以便客户根据需求量随时起租、退租。对于客户来讲，这种模式的好处在于：解决了业务淡季托盘闲置的问题；满足了使用旺季对托盘的大量需求；降低了企业的经营成本，月结账付费方式也缓解了企业的现金流问题。

一般业务流程为：①集保将准备好的托盘发出给制造企业；②制造企业将产品装载到托盘上，同时打包、发货；③产品在零售商处卸货，同时将托盘返回集保；④集保检测托盘，以决定哪些托盘可再次发出。

汽车行业流程（以奇瑞为例）为：①订单提前24h由奇瑞给到集保；②集保收到订单后，定时发出空料箱；③供应商接受空料箱，并从生产线包装零部件至料箱；④奇瑞将料箱送至组装厂；⑤集保把空料箱从组装厂的生产线送回集保的服务中心；⑥集保整理料箱并对其进行质量检测；⑦集保维护料箱，准备为供应链使用发出。

集保的计费模型为闭环系统，系统中所有的供应链环节都与集保有合同关系（见图5-7）。一开始，托盘从发送服务中心出去，制造商需要承担发送费用，这笔费用包括了中间的运输费用，此外制造商需要支付租赁费用。但满载的托盘运送到分销商/零售商时，这笔转移费用由分销商/零售商承担，同时分销商/零售商需要支付租赁费用。之后集保将空托盘回收至回收服务中心，这笔回收费用由分销商/零售商承担。若托盘在有效时间内未能实现流转，供应链上相应的环节将承担超时费用。若托盘在流转过程中丢失，其损失的费用则由供应链上相应的企业或个人承担。

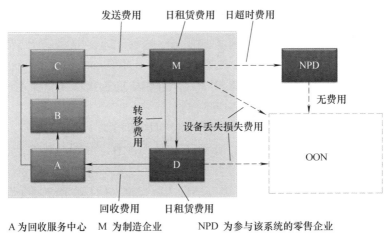

A 为回收服务中心 M 为制造企业 NPD 为参与该系统的零售企业
B 为维护和维修 D 为分销商/零售商 OON 为网络外的组织或个人
C 为发送服务中心

图5-7 计费模型

▶▶▶ **3. 容器技术**

集保不仅为汽车零部件运输提供最佳标准化料箱，而且其完善的管理整合方案更能节约每一环节的供应链成本。从仓储、配送、排序，到库存管理和场内物流，集保的标准化料箱方案对汽车供应链效能的提升起到了至关重要的作用。另外，由于线边生产所需的不同种类零部件需要不同规格的包装，单元化设计使这些不同规格的包装得以直接运送至线边，而无须重新包装和叠放。使用标准化料箱可消除缠绕膜、打包带和纸护角等辅助包装材料，并便于单人操作，使流水作业更加顺畅、高效。

集保的包装特性为：①符合人体工程学的设计，便于提拿；②与生产线匹配的规格，便于流水线自动化生产和叠放；③由集保直接提供修缮和保养；④标准化设计令多种尺寸的标准料箱得以同置其中；⑤RFID 技术便于包装的追溯和管理。

集保的包装优势为：①牢固的料箱设计为运输过程中零部件的完整如新提供了可靠保障；②消除了供应链中的包装损耗；③可循环使用，减少包装成本，利于环保；④可通过 RFID 技术定位追踪，令细微动态尽在掌握。

4. 系统实现

管理系统（PORTFOLIO + PLUS）界面如图 5-8 所示。

图 5-8　管理系统界面

集保通过网络工具 PORTFOLIO + PLUS 发布信息，客户可登录该系统了解自己账户下的信息，具体包括存货信息、订单信息、交易信息、租赁的设备情况等。例如，客户想要租赁设备，先进入预订设备界面（见图 5-9）。在该界面上，客户通过下拉菜单选择送货地点，可以选择客户自提或是由集保负责运输。随着日期的调整，客户在下面的表格中查看日期前后共七天的设备预订情况。客户通过下拉菜单选择设备的型号，设备的数量和发货时间也可在表格中选择或填写。系统默认所有订单必须提前三天下单。客户确认所有信息无误后，便可提交并打印该订单。系统通过邮件向客户发送确认的订单信息，订单的内容可以由客户亲自定制，比如客户可以选择系统发送日订单信息或者周订单信息。

图 5-9　预订设备界面

▶▶ 5. RFID 项目实施

在集保，每个托盘的平均周转周期为44天，大概每个周期的成本为5~6美元。考虑到多样化、严谨的定价模型，集保不得不花大量的精力关注来自不同客户的各种变动或固定的费用。与此同时，随着集保业务的扩大，越来越多的托盘流入网络之外。即使设备丢失的惩罚费用上升，也未能起到很好的作用。如何控制、追踪这些托盘进而完成托盘的回收工作，成为一个不可忽视的问题。

2006年6月，集保开始着手于早期的 RFID 项目，希望通过此项目实现对设备的追踪并为公司带来利益。2008年5月，集保在实际运营中启动集装箱追踪应用，150 000个贴标的 FLC（可折叠料箱）投入使用。RFID 系统（见图 5-10）的实现使得电子配送证明取代了纸质证明，大大节省了费用开支。当系统的处理能力达到100%可靠性时，便不再需要盘点、清查和烦琐的数据录入工作。

RFID 系统的实现流程为：①为响应某个订单，集保的货车驾驶员可以通过手持终端设备（PDA）获取相关信息；②读取托盘标签数据，将托盘装在到货车上；③每个托盘都要经过一个固定读卡器，标签数据被传输到 Teltra 公司的 AAM 系统中，然后传输到驾驶员的 PDA 上；④在 PDA 上，一个指示灯在软件控制下转变为黄色，表示托盘数据正在被读取，当托盘标签被读取之后，如果达到订单所需要的数量，PDA 指示器就会用绿色来显示，驾驶员就可以将货物运送给相应的客户；⑤客户仓库处也会安装固定的 RFID 读卡器，这样可以对从货车上卸载下来的托盘标签进行读取并单独验证；⑥Telstra 公司的 AAM 系统再

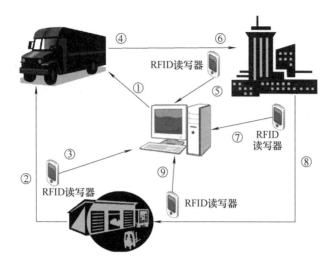

图 5-10　RFID 系统

次将数据传输到驾驶员的 PDA 上，用黄色显示已经读取的托盘标签，所有托盘标签都被读取完之后，PDA 显示为绿色，如果中间没发生什么差错，驾驶员就可以完成该次订单；⑦集保回收空托盘，并且在托盘经过读卡器安装位置时读取标签数据；⑧将托盘运送回集保仓库；⑨在集保仓库再次读取托盘标签数。

集保发明创造了三合一标签，将产品信息条码、资产信息条码和 RFID 标签相结合，同时实现了对托盘资产的管理、托盘上产品的管理和 RFID 技术的应用。

5.5　延伸阅读——绿色包装材料经典案例

▶▶ 1. 可循环回收包装案例

Liviri 公司制造了可重复使用的冷冻物流箱，如图 5-11 所示，该箱可用于生鲜食品、饮料等的运输，主要与线上生鲜食品公司合作。实践中，有两种返还冷冻物流箱的方式；一种是食品公司在配送产品给消费者时，顺便取走上一次订单所用的物流箱；另一种则是顾客通过特定的物流商返还物流箱。该公司的产品可供不同食品公司使用，这样食品公司就不用自己研发相应的产品。该公司的物流箱既能够确保食品的新鲜，又能通过可重复使用来减少塑料包装等的使用。

RePack 公司同样提供可重复使用的包装。该公司与线上商户合作，客户在

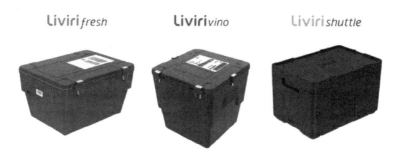

图 5-11　可重复使用的冷冻物流箱

付款时，可以选择 RePack 的可重复使用包装并支付押金。另外，一些线上商户也会为忠诚客户提供免费的 RePack 包装，以提高客户忠诚度并促进可重复使用包装的使用。每个包装都有编码，以确保客户可以追踪到订单的实时情况。客户在拿到商品后，可到指定点返还，返还后，押金将返还客户。假如包装有损坏，损坏的包装可被循环再造，作为制作新包装的再生材料。同时，RePack 不仅致力于推动环境保护，还承担起社会责任，为残障人士提供工作。

RePack 具体的运作模式是：接到来自网店的订单，用 RePack 取代一次性包装；物流派送给客户；定点返还空袋；检查包装，没问题即可继续使用，如有损坏，可被循环再造；运送空袋到网店。

不仅是电商 B2C，线下商业 B2B 之间的产品运输也开始有推广重复使用的运输用品的案例。瑞典返还系统使用可重复使用的托盘和板条箱。货物会放置于可重复使用的托盘和板条箱中，然后运送给批发商，批发商再送至零售商；零售商卸下商品后，将托盘和板条箱返还至批发商处；瑞典返还系统再将这些可重复使用的托盘和板条箱收回，进行质检和清洗。这样一套流程之后，托盘和板条箱又可以再用了。对于托盘和半尺寸的板条箱，客户需交付使用费和押金；对于全尺寸的板条箱，客户需交付日租和押金。瑞典返还系统已经与超过 1500 个线下商家合作。这些可重复使用的托盘和板条箱均采用标准化的设计，这意味着客户均可以根据同样的尺寸来安排如何放置杂货。同时，因为托盘的重量比欧洲标准要轻，所以运输的成本也有所降低。这些托盘和板条箱的使用寿命达到 15 年，在达到使用寿命后，它们的材料可以被再利用，重新做成新的托盘和板条箱。

奥乐齐（Aldi）是一家世界知名的德国零售企业，经过 100 多年的发展，至今已在全球 10 余个国家拥有超过 1 万家店铺。奥乐齐于 2017 年通过国际海外旗舰店进入中国市场，2018 年年初开设旗舰店，2019 年 6 月 7 日，于上海静安和闵行开设两家线下试点店。10 月 26 日，奥乐齐中国第五家试点店于上海市徐汇区盛大开幕。奥乐齐企业责任总经理 Frtz Walleczek 表示："我们致力于减少公司和客户使用的塑料量，尤其是不必要的或一次性使用的塑料袋。"奥乐齐还称，有望在 2022 年之前将其所有自有品牌的包装实现回收再利用或堆肥。作为减少使用一次性塑料工作的一部分，奥乐齐宣布计划在苏格兰的零售店推出可重复使用的果蔬塑料袋试点，从 2019 年 11 月底开始，苏格兰的 90 家奥乐齐商店都将提供可重复使用的抽绳塑料袋（见图 5-12）。新塑料袋采用再生塑料瓶制造，作为一次性塑料袋的可持续替代品。使用可重复使用塑料袋是奥乐齐为实现其在 2023 年年底之前减少 25% 的塑料包装这项可持续性承诺而做出的努力。该零售商表示，如果在全国范围内引入可重复使用的塑料袋，该计划每年将减少相当于 113t 的一次性塑料流通量。

图 5-12　可重复使用的抽绳塑料袋

蒙牛集团的铝塑包装盒回收比较困难。环保人士坦言，废弃包装的回收系统是最让人头疼的。建有聚乙烯铝塑复合包装材料回收利用技术公司的大中城市回收率不到 20%，普遍困扰这些企业的问题，就是利乐包回收数量的不足。关于这类包装没有建有回收公司的中小城市的回收率更低，农村三四级市场无人回收，马路边、水渠旁随处可见，又不易降解，问题连连。蒙牛集团在各个卖点设计了"一件捆一盒奶、一件送一盒纸巾"的促销，鼓励消费者用包装盒来换奶。

▶▶ 2. 新型材料应用包装案例

零胶纸箱通过借助物理力学原理，摒弃各种封箱胶带，即快递包装盒完全看不见胶带封箱的痕迹，轻轻掰断盒子两边的封箱扣就能打开包裹，取出寄递物品后，快递员将纸箱折叠好直接回收或者建立快递盒回收站点，消费者自行寄回。快递纸箱不仅做到了真正零胶带避免污染浪费，在用户体验上也收获极佳的效果。零胶纸箱的使用，一方面能减少胶带使用量，从而减少环境污染；另一方面，由于零胶带的使用，提升了用户体验，减少了拆快递必须去除胶带的过程。传统的纸箱需要胶带完全或部分包裹，消费者收到快递后，需要用手撕开或剪刀剪开，这样就会产生大量的废弃胶带，对回收和后处理造成极大困难。而零胶纸箱的使用完全避免了这一问题。但是，基于传统物理学原理的零胶纸箱对承重量肯定会有要求。包装如果仅限于设计本身，将失去箱子设计的初衷。因此，将来的零胶纸箱在注重免用胶带的同时，更要提升承重质量。

陶氏包装袋可循环技术的成功研发令人印象深刻。陶氏化学开发了一种新型易回收袋，成功"破译"了原本只能扔掉的多层包装袋的回收"密码"。该技术目前只是应用于一种设计独特的包装袋，为今后的各种包装袋回收技术奠定了基础。有了该技术，陶氏化学利用它的 Retain 品牌相溶剂，将聚丙烯和乙烯醇再加工后生成可回收薄膜。一直以来，较为流行的都是聚乙烯（PE）和乙烯/乙烯醇共聚物（EVOH）的结合，这对循环利用来说非常棘手。因为 EVOH 隔层夹在 PE 层之间，再加工时极易粘合，不易进一步加工成可回收 PE 膜。

除了陶氏化学这种传统公司，还有众多初创型的公司在积极开发新型可循环包装。例如图 5-13 所示的 100% 可循环回收纸浆模塑猫砂包装，是 Nestle Purina PetCare 公司与 Ecologic Brands 公司共同推出的一款绿色环保猫砂包装。该包装的瓶身和瓶盖均采用 100% 可循环回收纸浆为原料，没有使用任何塑料衬垫，尽管瓶身使用的压敏纸标签和胶黏剂并不是以可循环材料为原料，但均可以回收。通常来说，纸浆模塑产品的防水性令人担忧，往往需要添加防水涂料来加强。但该包装为了秉承绿色环保的理念，采用特殊的制作工艺，取代防水涂料的使用，即在纸浆热成型时对其进行高温、高压特殊工艺处理，增加包装密度，从而达到提高防水性的目的。此外，在包装设计上，该包装的提手处采用了专门的压制工艺，不仅结构上符合人体工程学，方便手提，而且异常坚固，可承受 $6.0 \sim 10.5 \mathrm{lb}^{\ominus}$（$1\mathrm{lb} = 453.6\mathrm{g}$）的产品重量。

图 5-13　环保猫砂包装

⊖　$1\mathrm{lb} = 0.4536\mathrm{kg}$。

3. 快消公司的包装案例

环保回收不仅仅与"回收"有关。首先，在产品设计环节，品牌就该考虑到什么样的包装更容易被回收。在这方面，欧莱雅的经验很值得分享。作为全球知名的化妆品集团，欧莱雅在2013年就提出了"Sharing Beauty With All"（美丽，与众共享）的可持续发展计划，并把这一计划贯彻到价值链的每一个环节。例如，在产品设计环节，尽量减少包装的体积和重量；在生产环节，尽量使用回收材料或可再生材料取代对环境有不利影响的材料；在运营环节，主动尝试为消费者提供可靠的消费后包装回收渠道（部分品牌）。

在设计包装的过程中，还需要考虑当地回收商能够回收什么，愿意回收什么。例如，2017年宝洁（P&G）推出的世界上第一款由海洋塑料制成的海飞丝洗发水瓶。这款洗发水瓶有深色和浅色两个不同版本，分别在欧洲和南美洲市场进行销售。在欧洲，深色塑料瓶可以回收再利用；但在南美洲，回收商并不接受深色塑料瓶。同样，彩色塑料瓶在韩国难以回收；但是在中国，通过激光分选器，不同颜色的塑料瓶可以被高效分拣，以备下一步处理之需。

在全球范围内，许多品牌都制定了可持续发展目标，其中很重要的一项就是，承诺到某一期限前，让所有产品包装实现100%可回收再利用。2019年3月，芬欧蓝泰标签公司签署了艾伦·麦克阿瑟基金会发起的《新塑料经济全球承诺书》，并以实际行动践行其在减少不必要塑料包装方面的坚定承诺。全球有350多家组织签署了该承诺书。《新塑料经济全球承诺书》旨在为塑料包装建立一种"新常态"。其核心在于实现塑料循环经济愿景——使塑料不会再成为废料。每个签署方均正式签字认同这一愿景，并将为实现该愿景而不懈努力。

可循环包装，无论是全球趋势还是国家政策，都已是箭在弦上，成为未来包装的必然趋势。目前，博柏利（Burberry）、SK、阿迪达斯、阿普拉（AL-PLA）、百事、百威、宝洁、达能、汉高、盒马、家乐氏、嘉士伯、卡夫亨氏、可口可乐、肯德基、乐高、联合利华、麦当劳、麦德龙、美素佳儿（Friso）、蒙牛、欧莱雅、欧舒丹、苹果、强生、雀巢、三得利、三星、苏宁物流、特百惠、沃尔玛、沃克尔斯、星巴克、亚马逊、依云、宜家、亿滋、庄臣、新希望、立白等国际和本土大品牌都已经开始行动。

4. 可降解材料包装案例

市面上常见的啤酒瓶主要采用玻璃、塑料、铅材等传统包装材料制成，虽然这种包装瓶可回收，但存在不可降解的问题，或多或少会对环境造成一定污染。为此，嘉士伯啤酒公司提出了一种革命性的包装理念，即开发零污染的包装瓶。该包装瓶以可持续发展的木材（指来源于砍伐后在一定时间内不可再次砍伐的木材）为原料，甚至连瓶盖也采用了该材料，辅以生物技术，实现包装的 100% 可降解，设计样品如图 5-14 所示。这种由可持续发展的木材制成的包装瓶更易回收和重复使用。同时，特殊的制造工艺使包装材料更为致密，确保瓶体不易破碎。此外，该包装瓶在相容性方面同样表现优异，适用于啤酒和碳酸饮料，而且其木材纤维不仅不会影响内装饮品的口感，相较于传统包装瓶，还有利于保持啤酒和碳酸饮料的凉爽口感。另外，该包装瓶外观不透明，阻挡了紫外线，更有利于产品的储存。

图 5-14　可降解啤酒瓶

在哥伦比亚地区，可口可乐公司推出了一款完全用冰块做成的可乐瓶。这款冰制的可乐瓶形状与玻璃材质的传统可乐瓶很相似，但是品牌标识（LOGO）则是直接嵌进冰里的。不过遗憾的是，目前这款冰可乐只在哥伦比亚发售，而且目前也暂无关于该公司是否会在其他国家发售这款冰可乐的消息。不过目前看来，冰可乐明显非常受欢迎——根据网站介绍，在哥伦比亚海滨的小贩们平均每小时可以卖出 265 瓶冰可乐。这些瓶子是用硅胶模具制作的，里面注满了微过滤的水，并被冰冻至 $-13°F$（$-25℃$）。一旦你把可乐都喝完了，瓶子也就会融化。每个瓶身上面都箍了一个红色的橡皮套，方便拿着瓶子，喝完可乐后这个橡皮套还可以当手环。可口可乐公司目前正在推广这些冰可乐瓶，瓶子用后可以融化不会损害自然环境。但美国广播公司（ABC）新闻指出，这些冰可乐瓶需要额外的制冷条件，所以基本上抵消了其环保效果。虽然这款可口可乐瓶抵消了它的环保效果，但这是一种新的"零废弃"思维的创新，给人们以后的"零废弃"包装制作提供了一个新的方向。相信随着科技的进步以及进一步研究，这一技术会变得更加完善。

科思创与中国瓶装水和饮料公司农夫山泉以及塑料回收公司 Ausell 签署了一项合作协议，对 19L 聚碳酸酯（PC）水桶进行升级回收和再利用。通过此次合作，两家公司将进一步优化农夫山泉 19L 聚碳酸酯桶的回收效率，提高回收材料的可追溯性和质量，延长报废桶的使用寿命。根据协议，农夫山泉计划每年收集和回收100万桶不再使用的19L聚碳酸酯桶。之后这些桶将被塑料回收公司Ausell切碎、清洗并重新造粒。科思创随后将把加工后的塑料颗粒转化为高性能的回收塑料，用于电子、家电和汽车等行业。

▶ 5. 从改善用户体验出发的包装案例

以前，饮料外包装基本都是清一色的纸盒、玻璃瓶或铝罐，而现在的包装则更加缤纷多彩，从时尚纤薄的外形到具有纹理的表面再到可互动的二维码，饮料品牌商们纷纷在包装上面下功夫，努力寻找和创造在消费者心目中更为产品加分的创新包装。

2018年年底，百事公司为了刺激苏打水的销量，并在不断增长的游戏利基市场占据一定的市场份额，隆重推出了一款带有可重复密封盖的"游戏燃料"饮料Mountain Dew Game Fuel。该产品最特别的地方在于其容易打开且可重复密封的盖子和带纹理的防滑手感，非常适合目标人群——在游戏过程中没有办法停下手去打开复杂盖子的玩家们。因而，产品一经推出就供不应求。

饮料包装公司Crown Holdings最为出名的创新之一是其Coors Light啤酒瓶身上标志性的变色山脉标识。Coors Light于2009年发布，在新包装发布后的一个季度里，产品销量增长远远超过公司预期。自那时起，Crown Holdings便将该技术进一步发展成温度敏感墨水，即包装在不同温度下可呈现不同的颜色。Crown Holdings的营销经理表示，公司正在进一步研究有助于提高消费者体验的事物，如交互式墨水和高清晰度打印。

此外，可口可乐公司也在立陶宛、拉脱维亚和爱沙尼亚推出了特殊罐装可口可乐、芬达和雪碧，向消费者展示了温度敏感的墨水：当罐遇冷时，两种热致变色墨水同时出现，但随着冷产品的消耗，一种墨水颜色会消失。该技术提供了一个环境"原始"图像、一个"冷"图像，并且当消费者饮用罐中的饮品时，还会出现第三个图像，提供了可隐藏消息的完美载体。

还有一些其他有趣的概念。例如食用水泡——一种由海藻和钙氯基膜制成的球形包装，旨在以水泡容纳饮用水来替代塑料瓶，以及CrownSmart™——一种新的、利用增强现实（AR）技术、可以增强现实感的包装等，都大受消费者喜欢。于是，各大饮料公司纷纷试图发掘能够引起消费者共鸣的东西。

Crown Holdings颠覆了另外一款产品包装。Craft酿酒商希望能彻底改变用户体验，因此Crown Holdings设计了360 End包装，这款包装具有完全可拆卸的顶部。这个想法来源自啤酒厂的设想，他们希望为消费者提供像在酒窖一样的饮用体验：瓶罐顶部的宽口可以让饮用者享受酿造的香气和颜色；而且，对于那些喜欢将啤酒倒入玻璃杯喝的人来说，可完全打开的顶部还有助于减少浪费。

▶ 6. 便携可持续的包装案例

百事公司Mountain Dew针对美国各州一口气推出了50款饮料瓶外包装和广

告以吸引消费者。这50款特色包装分别对应美国的50个州，消费者可以通过包装上的二维码来访问公司网站。消费者如若集齐50个州的包装，就可以获得100美元的购物卡。有些包装的互动虽然看起来比观看视频简单，但实际上更加复杂，如AR技术。通过智能手机激活交互式数字内容，消费者就可以与品牌互动。

如今，消费者外出或者旅行的频率越来越高，因此对可随身携带食品的需求越来越大。英敏特（Mintel）数据显示，超过1/3（36%）的消费者对即食食品包装有兴趣，这种需求促进了挤压袋的发展。可挤压包装小袋不仅在婴儿食品中是热点，在成人群体中也备受欢迎。这些柔性包装可以设计成具有可重新密封的宽开口，这样消费者可以容易地将饮料吸出。Happy Family Brands、NOKA、Munk Pack燕麦和Stonyfield有机冰沙都推出了一系列便携式饮料包装。

当然，小袋包装并非唯一适合随身携带饮料的包装，纸盒包装水曾经在行业中引起了巨大的轰动。纸盒包装水的诞生主要是为了满足工作繁忙又需要水的消费者的需求。由于大多数水传统上都是用塑料瓶包装的，由此导致的环境问题日益严重，容器和包装也成为美国产生的城市固体废物的最大组成部分，约占30%。因此，越来越多的公司开始寻找方法来减少垃圾的产生。

Sustana Fiber公司在北美推出了含有100%再生纤维的包装，符合美国食品药品监督管理局（FDA）标准，可用于食品。该公司与星巴克等大型品牌合作，创建了闭环可重用性计划，并向大众展示了其纸质外包杯如何回收利用并重新制作成新的。Sustana Fiber的销售和营销副总裁表示，随着消费者环保意识越来越强，他们开始要求供应链透明化。包装仅仅"可回收"已经过时了，产品应能实现真正的回收、再循环并转化为市场上销售的新产品，并再次回收利用才行。

7. 共享快递盒应用现状

共享快递盒是一种采用新型材质，轻便、环保、耐摔、可重复利用的快递盒。快递盒为方形的塑料箱，签收后快递小哥就会将它折叠起来，变成一块塑料板，带回仓库重复使用。共享快递盒看起来很美好，但是在实际应用中需考虑的因素众多，主要包括产品的可循环性、对流通环境的适用性、快件的安全性以及消费者的认可度等。

在成本方面，据官方统计，一个共享快递盒成本为25元，平均每周可循环6次，预计单个快递盒使用寿命可达1 000次以上，单次使用成本0.025元。有人估算，如果电商行业都使用共享快递盒，那一年可省下近46.3个小兴安岭的树木。

然而，在使用过程时，快递盒的安全性、耐用性等方面存在诸多问题亟须解决。比如锁扣的耐用性，目前市面出现的共享快递盒锁扣基于绿色可降解原则，以淀粉材质的设计居多，在运输、周转过程中会出现锁扣断裂的情况，使产品失去保护，从而造成快件丢失。另外，在分拣和寄递过程中，由于其锁扣的耐用性等问题，严重降低了快件的分拣效率。

基于共享快递盒的"共享"特点，箱体需要回收并循环使用。在回收方面，它与普通快递箱不同，鉴于其重复使用性，由于包装本身的局限性以及消费者的不稳定因素，快递员需要付出将近一倍的时间和精力对其进行回收，且困难重重，从而造成工作效率的下降，综合考虑人工和时间成本，反而得不偿失。

在箱型设计方面，目前市面上的箱型大都是基于长方体设计，这种设计就使得快递盒在使用完毕后，回收时必须进行折叠。但是，受共享快递盒材质、形状等的影响，箱体折叠之后回弹力较大，不利于箱子运输。

另外，由于快递盒的回收需要消费者配合进行面签，这就增加了回收过程中的不确定性。当消费者所购买产品为轻小件时，拆开包裹取走商品，归还箱子较容易实现；但当商品为生鲜等比较重的物品时，直接开箱取货这种操作很容易引起消费者的不满。另外，智能快件箱和菜鸟驿站等代收点的普及，也间接地阻碍了共享快递盒的回收。

共享纸箱有非常好的应用前景。目前人工智能、大数据的运用，可以对快递盒的编码建立完善的追踪机制；对于快递企业，可以对快递员进行考核，完善考核机制；对于自愿参与共享快递盒回收的网购用户，可以采取信用积分等。对锁扣的耐用性可以进行改进，采用更简单的封口设计等。关于箱体的形状问题，可以增加多种形状设计，如梯形，回收时不用折叠，采用堆叠，解决回弹问题。在安全性方面，可以增加全球唯一的二维码，一经开箱，二维码不能再次被扫描，增加寄递物品的安全性。关于暴力分拣问题，人工智能化、自动化水平越来越高，许多企业都改变了单纯靠人工进行分拣的做法，在此背景下，分拣效率将越来越高。新材料科学技术的发展日新月异，许多塑料制品都能取代钢、铝等金属，用于汽车部件。因此，对共享快递盒的改进将逐步实现。关于快递盒如何共享使用，作为新鲜事物，未来"共享快递盒"回收的试水必然遇到种种问题。然而，随着科技飞快发展，在未来人工智能的引领下，试用出现的任何问题都会有对应的解决策略。

⟫8. 领先的共享快递箱制造企业

电商企业推出的绿色快递箱大多不是自己研发的，而是第三方包材企业为其提供。其中，灰度环保、一撕得和快递宝是三家领先企业。

灰度环保是一家参与绿色循环快递箱运营的创业公司。灰度环保董事长柴爱娜表示："灰度环保采用以租代售的方式交付客户，由于多次循环使用，箱体的单次使用成本会比传统纸箱便宜约30%。"

与灰度环保类似，快递宝（丰合物联）的拉链循环快递箱也采用以租代售模式。快递宝表示，单次租赁成本要低于一次性纸箱的使用成本，如果按同体积的纸箱来算，会便宜 20%~30%。所以，就箱体本身成本而言，是降低了物流成本的，这也是推动绿色包裹落地的有利因素。

另外，除了循环周转箱，一次性环保塑料袋的成本也开始降低。据悉，一撕得的一次性环保塑料袋 Nbag 由 30% 的植物淀粉替代部分 PE 塑料，性能不劣于传统塑料袋，其综合成本与普通 PE 快递袋持平，比全降解塑料袋成本低得多。一撕得表示，百世快递、中国邮政集团公司正在推广 Nbag。与一次性环保塑料袋相比，可循环周转箱面临的最大挑战在末端回收体系的建设。为此，灰度环保、快递宝都在做快递循环周转箱的运营平台，联合电商平台、快递企业设计循环回收系统。

灰度环保与苏宁物流共建循环回收管理系统，已经实现了循环包装入仓、分拣、包装、配送、回收的全流程在线。2018 年 1 月，苏宁首批在北京、杭州两地共投放了 5 万个环保快递盒，率先用于 3C、母婴、快消易碎品及货到付款等在上门签收、自提配送的投递。2018 年计划整体投放数百万个。

为了攻克回收端难题，循环快递箱企业联合中国邮政、快递企业，依托物业、快递代收代发点、便利店（快递业务代理）等业态形式，正在靠离消费者最近的渠道探索包材回收体系。循环箱体上的二维码可追溯每一个箱体的全生命周期，实现循环快递箱的耗材管控与运营。另外，采用红包激励的方式促进用户主动参与循环快递箱的回收。

▶▶ 9. 托盘、周转箱在我国的应用

标准化、智能化、绿色化、协同化和共享化是未来包装行业必须坚持的基本方向。在利好政策的引导和扶持之下，托盘、周转箱等物流包装器具的循环共用体系建设不断加快。尤其是随着新技术、新模式、新理念的推广应用，相关企业都在积极探索和创新，物流包装循环共用取得新发展。

国家部门也开始出台相关政策，对物流包装的共享化予以扶持。例如，2019 年 3 月，国家发改委等 24 部委联合发布《关于推动物流高质量发展促进形成强大国内市场的意见》，其中提出要支持集装箱、托盘、笼车、周转箱等单元化装载器具循环共用服务运营体系的建设，鼓励和支持公共"物流包装池"的循环共用模式。

随后的 4 月，针对电商、快递物流包装问题，国家发改委会同商务部和邮政等部门再提政策措施，推进电商物流标准化，发展单元化物流，推广标准托盘、共享快递等可循环物流设施。

与此同时，与物流器具循环共用相关的标准体系也在逐步完善。以托盘为例，全国物流标准化技术委员会托盘分技术委员会秘书长唐英在 2019 年单元化物流现状与发展研讨会上介绍说，我国现行托盘标准已达到 38 项，而在整个托

盘标准体系中，托盘服务及管理标准是重要的组成部分，其中就包含了托盘共用系统标准。

目前，相关的国家标准主要有 GB/T 34396—2017《托盘共用系统木质平托盘维修规范》、GB/T 34397—2017《托盘共用系统管理规范》、GB/T 35412—2017《托盘共用系统电子标签（RFID）应用规范》、GB 35781—2017《托盘共用系统塑料平托盘》，商业行业标准主要有 SB/T 11152—2016《托盘租赁企业服务规范》、SB/T 11154—2016《共用系统托盘质量验收规范》等。

为了管理和使用这些包装物，企业还需要配备大量的人力及现金资源，这些现实的压力和挑战都严重制约着物流包装的循环及共用。相比之下，智能物流包装因为融入了物联网、云计算、大数据、人工智能等新兴技术，可以使循环包装与智慧供应链更好地融合。

未来将采用"互联网＋共享托盘"模式，建设一个既面向未来、适应我国国情，又可以与国际联通的开放式托盘循环共用系统，对共享托盘进行追踪和管理，实现托盘业跨越式发展。

开放式托盘共用系统的成功运行，需要有充足的托盘作为支撑。由于托盘共用系统属于重资产运营，建议共用系统采用多种形式，如托管模式、自由模式、平台采购模式、股份制模式。

1）托管模式。由其他专业租赁商、托盘制造商等拥有大量托盘的企业加盟，以托管的方式由托盘共用系统帮助其通过托盘共用平台运营，获取租金收入，闲置时可分享平台的利润，但是比例较低，运转时最高可获 60%～70% 的租金分成。

2）自由模式。拥有托盘的任何单位和个人可以在托盘共用系统的平台上注册店铺，以自由租赁的方式在共用系统的平台出租托盘。供给者需要缴纳一定数额的消费者协议保证金和管理费，以及运输、仓储、维修、调拨等费用（根据实际产生的计算）。

3）平台采购模式。托盘共用系统运营商向托盘制造商集中采购新托盘，以自营租赁的方式进行托盘出租服务。由于这种模式对平台运营商有很大的资金压力，除非有财政或其他大的资金支持，否则难以采用。

4）股份制模式。金融资本直接入股托盘共用系统，托盘制造商以托盘入股托盘共用系统，股东享有法律规定的权利，并按出资比例分享红利。

尽管"中国单元化物流池"目前仍处于设想和筹划阶段，未来在网络布局、运营管理和实际落地推进过程中还面临许多未知挑战，但这种思路的开启仍然值得鼓励。物流包装循环共用体系的推进需要政策的扶持、企业的加入，更需要思维的创新和具体的实践。

本章小结

本章首先介绍了物流包装的传统运营模式，即自营物流包装。在案例方面，以东风日产的汽车物流为例，介绍了采用传统自营物流包装模式的汽车行业的采购、维护及计费流程。

其次，介绍了物流包装的租赁模式，即企业通过租赁的方式获得包装的使用权，并按照一定的结算标准支付给专业的租赁方相关费用。在案例方面，以长安福特为例，介绍了租赁模式下的容器管理模式以及业务流程。然后本章对物流包装租赁市场进行了分析，介绍了容器租赁企业的发展轨迹和发展趋势。

再次，本章介绍了物流包装的共享模式。共享模式区别于租赁模式，它将容器的共享限定在一定范围内，如一个汽车制造商体系内，或者一个合作联盟内。在案例方面，以上海通用为例，介绍了容器运营流程以及容器的采购与补充模式，系统说明了该模式在汽车行业中的运行特点。然后通过数学建模的方式对共享模式和非共享模式（自营模式、租赁模式）进行分析，通过定量研究说明共享模式的成本节约作用。

最后，本章介绍了从事容器租赁的公司代表——集保，从企业的整体情况出发，介绍了集保在中国的经营与运作、容器技术以及相应系统的实现。然后介绍了集保通过实施 RFID 项目来控制、追踪托盘，解决了容器租赁中的托盘回收问题，实现了对托盘的全面管理。

第 6 章

——

物流包装的循环利用

案例导读

玻璃包装废弃物属于包装废弃物的一种，是指失去或完成保护内装物原有价值和使用价值的功能，成为固体废物丢弃的玻璃包装容器及材料。目前，发达国家玻璃包装废弃物的回收普遍达到70%以上，而我国的回收率却长期徘徊在20%左右。如果一年回收玻璃瓶10亿只，可节约生产同量玻璃瓶所需的煤49万 t、电3 850万 kW·h、石英砂4.9万 t，玻璃包装废弃物回收具有显著的经济效益、良好的环境效益和社会效益。

1. 玻璃包装物回收的特点与利用现状

相比于其他包装物，玻璃包装物在包装方面具有以下优势：①玻璃具有较高的化学稳定性，与大多数物品接触都不会发生反应，对内装物不会产生污染；②玻璃容器具有良好的抗腐蚀能力和耐酸蚀能力，适合进行酸性物质包装；③玻璃包装容器具有良好的可视性、阻隔性和密封效果，可以使我们很好地观察内装物物理状态、颜色和形状，有效隔绝外界环境，防止内装物被氧化和污染，同时也能阻止内装物自身的可挥发成分向外界挥发，有效提高内装物的保质期；④玻璃包装容器在使用后可以回炉再生产，并且基本不影响产品质量，既能有效解决包装材料使用后的处理问题，减少环境污染，同时也能够实现产品循环利用，节约资源。

（1）玻璃包装废弃物的分类

按照用途与产生的场所不同，玻璃包装废弃物可分为各类玻璃酒瓶、专用包装（包括医药）和生活瓶三类。根据其不同的类别，回收的方式与渠道也不同。目前，玻璃酒瓶中被回收的多数是啤酒瓶，多采用原厂或异厂直接复用；专用包装，尤其是医药瓶实行对口定点回收；而生活中产生的玻璃包装废弃物在我国基本被拒收。因此，研究玻璃包装废弃物的回收应主要针对最后一类进行。

（2）玻璃包装物回收的原则与处理顺序

玻璃包装物回收利用应遵循环境效益与经济效益相结合、无偿回收与有偿回收相结合的原则。其经营原则应该是有利回交单位和复用单位，兼顾包装回收利用经营单位。技术上应遵循"先复用，后回炉"和"可回炉，不废弃"以及"利旧为主，改制为辅"原则。因此，玻璃包装物回收流程应该为垃圾减量—重复利用—回收—安全处理。

（3）回收利用技术

目前，玻璃包装物的回收利用主要为商品价值低且量大的包装玻璃瓶，如啤酒瓶等。而作为商品价值较高的白酒瓶、药品（医用）瓶、化妆品瓶回收利用相对较少。按照玻璃包装废弃物综合利用的"再利用、资源化"的原则，其回收利用主要有四种类型：包装复用、回炉再造、原料回用和转型利用。

1）包装复用，即把完整无损或虽有破损，但经过修整能够重新使用的包装，返厂清洗消毒杀菌后重复使用。包装复用可分为同物包装复用和更物包装复用。前者是指回收到原厂复用或同类厂商通用，后者是指不同类商品的生产厂商复用。

2）回炉再造，即利用回收包装作原材料生产同类或不同规格的包装产品，或者称为原制品再生。它实质上是作为玻璃瓶生产制造的熟料原料，将回收的玻璃瓶按颜色分类、破碎、清洗等，回炉熔化成玻璃液，生产同类或不同规格的产品。

3）原料回用，即将不能复用的各种玻璃瓶包装废物作为生产建材产品的原料。作为生产玻璃制品原料，与回炉再造原理基本相同，可生产不同类、不同成分的产品。

4）转型利用，即将回收的玻璃包装物进行物理加工，转换用途，变废为宝。例如工艺美术品、服装用装饰品、装饰装修材料等。

2. 影响玻璃包装物回收的因素

目前，我国玻璃包装废弃物除啤酒瓶外，其他包装废弃物的回收率很低，仅占包装产品总量的 20%，造成矿物资源和能源的大量消耗。同时，玻璃包装废弃物处置也会对环境产生诸多影响。近年来，我国玻璃包装废弃物的回收工作在国家和地方政府主管部门有关政策和法规的指导下，取得了较大进步，但总体形势仍不容乐观，玻璃包装废弃物回收由于受垃圾分类管理意识、市场机制及相关行业标准等诸多因素影响，发展缓慢。当前比较突出的问题有以下几点：

（1）回收的种类与量远不能满足再生产的需要

回收情况较好的啤酒瓶主要由销售点进行回购，而大量白酒瓶、葡萄酒瓶、饮料瓶等因收购价格无吸引力而受到冷落。根据全国包装工业统计数据，玻璃包装物产量逐年提高，《2017—2021 年玻璃容器行业深度市场调研及投资策略建议报告》显示，我国玻璃包装整体产量保持连续增长，2014 年—2016 年我国玻璃包装容器累计年产量分别为 1 975 万 t、2 047 万 t 和 2 208 万 t，但回收量却不容乐观。该行业没有形成集团化或规模经营，一直处于低水平徘徊状态。

（2）回收渠道不畅

近年来，随着人民生活水平的不断提高、观念和环保意识的改变，现有回收系统和渠道不能发挥应有的作用。通过发放调查问卷形式对政府、包装物制造商、零售商和消费者的行为进行分析，得出的结论是消费者参与回收的积极性还是比较高的，关键是回收渠道设置问题。在对回收渠道选择的调查中，92.5%的消费者选择销售点回收和废品收购站上门回收，28.8%的消费者认为目前包装物的回收渠道单一，缺少政府统一管理。在对包装物回收渠道征集意见中，46.3%的消费者认为由销售点或生产商进行回收比较合理，32.5%的消费者认为由废品收购站回收比较合理。目前，生产商将玻璃包装物计入产品成本，视一次性包装物为消耗品，也没有回收意愿；专业生产玻璃包装物的企业没有自己独立的回收网络，只考虑从市场采购废弃物作为生产原料；在政府统一管理下，专门从事回收分类的正规企业很少，整个回收系统尚未建立。

（3）回收主体职责不明确

我国现有回收体系不完善，虽然有一些自发的民间回收体系，但回收体系中各级主体职责不明确、工作不到位、分配不均等对玻璃包装物回收有一定影响，造成了一方面垃圾中存有大量的可再生利用玻璃包装废弃物，另一方面玻璃包装行业及资源再生企业的来源不够。

首先，我国目前几乎没有专业化的分拣与处理手段。玻璃包装废弃物的分类完全靠手工分拣，很难达到准确分类，使后期的处理难以进行，即便处理也只能获得很原始和粗陋的产品。而且，由于没有专用的分类废弃物回收箱，不仅废弃物的回收过程繁复，而且废弃物普遍被再次污染。

其次，由回收利益引起回收企业市场竞争激烈，造成回收企业规模小、经营分散、机械化程度差，加工能力难以提高；并且这些企业在回收、加工、管理、储运等环节上各成体系，彼此无联系。

最后，我国两大与再生资源利用有关的部门之间的相互协调机制不完善。环保部门在废物回收体系中主要负责污染源的综合处理，如开发无污染工艺和技术以促进绿色包装的实施；环卫部门负责居民生活、商场、医院的垃圾的清运处理。所以，环保和环卫部门之间各尽其责，缺少有机联系和协调。由于管理范围和职能所限，造成了实际操作中环卫部门对形成废物的产品结构所提出的建议，没能最终对企业的生产决策产生影响。因此，政府有必要建立统一协调机制，加强环境监测、研究开发与清运等机构之间的沟通和合作。

（4）相关法律法规滞后

从20世纪80年代到现在，我国环保、劳动、商检及包装材料和容器的科研生产、运输储存、流通使用等各个有关部门一直致力于包括玻璃在内的包装废弃物的处理与利用工作，相继出台了《固体废物污染环境防治法》《再生资源回收管理办法》等一系列法律法规，规定产品生产者应当采取易回收、处理、处置或在环境中易消纳的产品包装物，并要求按国家规定回收、再生和利用。但是，这些法律法规在实施过程中还存在诸多问题，在今后相当长的时间内效果不会明显。

3. 推进玻璃包装废弃物回收的思考

（1）提高垃圾分类意识，建立垃圾分类处理制度和系统

垃圾分类关系到广大人民群众的生活环境，关系到节约使用资源，也是社会文明水平的一个重要体现。其指导原则为：要加强科学管理、形成长效机制、推动习惯养成；垃圾分类制度要以法治为基础、政府推动、全民参与、城乡统筹、因地制宜；要建立分类投放、分类收集、分类运输、分类处理的系统。

（2）立法强制与政策倾斜

我国《清洁生产促进法》《固体废物污染环境防治法》等有关法律法规对产品和包装物的设计和减少及合理利用固体废物、废弃物回收等进行了规定，进一步明确给出类似欧盟法规或德国法令中提出的回收率和量化值。因此，应加紧制定明确相关方的主体责任、玻璃包装废弃物回收指标和目标的相关法规和标准，以立法的形式禁止使用含有有害成分的玻璃包装材料以及不能达到再循环比例或不能再利用的玻璃包装容器和材料。

政府应制定玻璃绿色包装产业财政、信贷和税收等方面优惠政策，支持和鼓励企业发展玻璃绿色包装，加大对生产制造、使用和回收企业的政府补贴和减免税。试点建立玻璃包装物可回收再生资源的区域性和专业性集散交易市场，逐步形成集资源回收、分类、加工、再生于一体的绿色循环经济产业。

（3）实施回收：工作规范化、标准化和网络化

在行业协会下设立玻璃包装废弃物专业部门，统一管理与垂直协调。首先，建立完善玻璃包装废弃物分类回收及处理工作的相关标准，做到有章可依。其次，引导包装生产者、商品生产者、销售商和消费者的行为规范，明确各方在体系中的责、权、利。此外，对回收现状做调研分析，建立网络交易平台，制定交易制度和规则，制定回收站设立规章，为经营者提供价格信息、政策咨询服务，建立统计信息互动平台，提供信息服务，使经营者、居民、企业之间建立信息互动机制，提高便民、快捷的回收服务；最终，实现可再生资源回收利用的网络化、产业化和无害化。

（4）建立回收物流系统

回收物流系统的建立可以从回收源头上控制回收质量，保证回收数量，并且各回收主体在物流供应链机制约束下，相互协调，实现风险共担与利益共享的双赢局面。

玻璃包装废弃物具有种类多、颜色丰富、比重较大、不变形、不变质、数量大等特点，回收物流方式围绕集中和分类具有多样性。我国城市人口是市场消费的主力军，城市也是产生生活垃圾最集中的地方。垃圾分类处理系统应从大城市向中小城市推广，由点到面，逐步启动。针对目前垃圾分类的现状，可先采取先集中、后分类方式，人们垃圾分类意识增强、分类投放设施普及后，

逐步转变为先分类、后集中回收方式。回收物流系统基于回收网络平台，将居民、回收站、集散市场、生产厂商联结在一起，实现良性循环，降低物流成本，形成产业化。

（5）加强技术与资金支持

近年来，包括玻璃包装废弃物在内的再生资源行业很难得到国家和地方政府投资和技术投入。全国再生资源回收企业整体工艺技术落后，机械化程度低，二次污染严重。由于缺乏资金投入，大量科研成果很难转化成规模生产，影响了全行业的技术水平提高和推广。国家和地方政府应积极推行政府和社会资本合作（PPP）和环境污染第三方治理等模式，简化政府职能和审批程序，增强公共产品和服务供给能力，通过引入专业化资本方和运营服务商，推动建立政府与资本方、运营服务商利益共享、风险分担和长期合作的机制，保障投资运营收益实现高效、持续运营。充分发挥龙头企业的带动作用，通过兼并重组等市场化模式，连通上游回收网络、中游转运分拣网络、下游资源化利用设施，完善城市废弃物回收及资源化利用产业链延伸与耦合。

6.1　物流包装的回收

6.1.1　包装回收现状

随着电商平台的快速发展和网购模式的兴起，国家邮政局数据显示，2018年我国快递服务企业业务量达到507.1亿件，同比增长26.6%，其中电子商务快递包裹占比不断上升。我国快递业务量不断上升带来了快递包装的巨大消耗和浪费，给人们的生存环境带来了极大的负面影响。快递包装材料费用已超过了20亿元，根据估算，一年内就消耗掉编织袋近30亿条、塑料袋80多亿个、包装箱近100亿个、胶带近170亿 m。此外，由于当前电商环境下快递包装量大且难以标准化，部分礼品、补品、化妆品等有过度包装倾向，且多为一次性使用，带来了严重的环境污染。我国每年有约1600万 t 包装废弃物，约7%属于难以自然降解的包装，且电商快递包装多用泡沫气泡袋。因此，如何处理快递物流产生的大量包装物成为我国回收物流的一个难点问题。

我国物流包装存在的问题主要包括以下几个方面：

1. 商品过度包装

随着网购文化的盛行，商家为了避免商品在暴力分拣时损坏，保证产品的完好性，同时吸引顾客再次购买，商品往往会被过度包装。而且，采用的包装大部分是纸箱、纸、塑料袋、胶带、气泡膜等材料。其中的纸箱和填充纸虽可回收，但回收率很低，而塑料袋、胶带、气泡膜则大部分是不可自然降解材料。

快递站点附近的垃圾箱每时每刻都爆满，到处都是包装纸盒和填充废纸，极大地影响了周围的环境。此外，礼品的过度包装现象也越演越烈。普通商品在豪华包装下变成了高档商品，甚至包装的价值远远超过商品本身的价值。这不仅造成了包装材料的浪费，也给社会风气带来了不好的影响。有关资料统计显示，目前我国的包装废弃物约占城市固态废弃物排放量重量的 30% 以上，废弃物体积占比更是达到了 50% 以上。

▶▶ 2. 包装回收意识不足

企业和消费者回收意识缺乏和认识不足是我国包装回收率低的重要原因之一。而且，我国倡导绿色消费起步较晚，绿色消费尚未形成风尚。企业在生产商品和促进消费时，只关注自身的经济利益而忽视了社会效益与环境效益，因此未意识到建立包装回收体系的重要性。而且，包装回收渠道的建设需要投入大量的人力、财力、物力，所以企业缺乏相应的回收动力。此外，消费者缺乏资源再利用意识，导致真正实现包装回收较为困难。另外，虽然有企业意识到回收物流在可持续发展中所扮演的重要角色，但是由于涉及范围广、实施难度大，导致在实际操作中结果并不理想。

可持续发展战略是我国现代化建设中必须实施的战略，不仅要实现经济可持续发展，更要实现社会可持续发展、生态可持续发展。但是，在物流包装物回收方面尚未真正地践行可持续发展理念。早年间，人们对易拉罐、玻璃瓶、废纸板等可回收物品还保持着回收变卖的思想。但是，随着经济发展和生活水平的提高，人们不再关注废弃物变卖带来的收入。虽然现在有企业开始采取回收利用包装物的行动，但没有进行全面大力展开，只是小范围、有针对性地回收。因此，国家、企业、学校等机构需要对包装物的回收利用加大宣传，增强人们的循环利用和回收意识。

▶▶ 3. 包装物回收难度大

消费者手中的塑料袋和包装物非常分散，要对这些包装物进行回收再利用，对垃圾进行有效收集、分类和处理是最有用的办法。在德国、美国、日本等较为先进的国家已经有了成规模化、产业化的包装废弃物回收体系。例如，德国瓦楞废纸的回收率已达到 90% 以上，美国每年回收包装废弃物的收益达到 40 亿美元。而在我国，除玻璃、纸质物和塑料制品的回收情况较好外，其他物品的回收率还很低，没有达到应有规模。我国地大物博，拥有 14 亿多人口，这给我国带来了丰富的自然资源和劳动力，然而也给现代物流行业带来了巨大的挑战，即物流网络的覆盖问题。土地辽阔，人口数量巨大，各个物流企业配送点的覆盖程度不同，这些都影响着包装物的回收。

从企业层面来说，企业对包装物的回收需要大量的资金支持，特别是循环回收利用的初始阶段。在这一阶段利润空间较小，而这与企业盈利的目的相违背，且目前一般包装物的生产成本远远低于包装物的回收成本。因此，这对我国无法确保能支撑到回收盈余的中小型企业来说不是一项明智之举，它们一般都不会选择增加回收利用这一流程来增加负担，而大型企业在回收利用这方面也缺少优秀典范。

▶ 4. 废旧包装物回收利用方面的机制不健全

目前，我国还没有建立回收利用废旧包装的完善机制，缺乏对物流企业、供应商和消费者的引导和激励机制。而且在国家政府层面，我国在此方面的规范较为欠缺，缺乏相应的约束体系，导致了物流包装物回收行业的混乱局面和资源浪费。虽然我国也颁布了一些与之相关的法律，为推进包装的绿色生产提供了一定的制度保障，比如《环境保护法》《固体废物污染环境防治法》等，但是目前尚无专门的包装管理法规。这不利于保证包装的规范性，同时也不利于督促企业降低环境成本，从而大大降低了绿色包装的生产率和覆盖面。

一个国家的法律体系在一定程度上影响着一个行业的发展。以德国为例，它在循环经济立法方面一直走在世界前列，而其循环经济立法首先是从包装领域展开的。德国是第一个颁布包装废弃物处理专项法规的国家，从源头上控制包装物滥用的现象。德国在20世纪70年代开始相继颁布有关循环经济的法律，1998年修订的《防止和再生利用包装废物条例》中将回收目标进一步提高。例如，玻璃75%、纸和纸板70%、塑料60%、铝质包装塑料60%，比原来的目标均提高了5%～10%。这些法律法规的制定不仅加强了对包装物的控制，也带来了很大的成果。因此，要想做好绿色包装，国家最好能够提供相应的法律支持。

虽然我国在《固体废物污染环境防治法》第六十八条规定和《循环经济促进法》第十五条规定中都提到对废弃产品和废弃包装物的强制回收制度，以及在《清洁生产促进法》第二十条规定中提到关于产品和包装物的设计应考虑其生命周期对人类健康和环境的影响，以及减少产品包装物和限制过度包装的内容。但是，我国有关包装物的相关法律相对于他国依旧显得薄弱，在包装物的回收利用管理体系中尚没有很好地结合外国经验与我国实际国情实施相关的措施。

（1）快递包装相关标准不统一

目前，我国包装生产厂家生产的包装纸箱尺寸仍然主要采用 YZ/T 0093.1—2003《邮件包装箱 第1部分：国内》标准中的12种纸箱尺寸。这些包装标准主要针对包装生产环节。但随着电子商务的发展，这些包装尺寸无法适应电子商务快递包装的应用和回收环节，所以在使用过程中难免出现"大材小用"的浪费现象。

（2）快递包装监管制度欠缺

因缺少相应的快递包装监管制度，我国电子商务企业对快递包装不够重视，往往导致快递包装质量低下，不宜回收使用。当前，在美国、日本等发达国家已经普遍制定了垃圾分类回收的制度，而我国的大部分地区还没有真正实现垃圾的分类管理制度，可回收快递包装垃圾的丢弃现象较为严重。

5. 对已回收的包装物进行加工再利用的难度大

由于在包装的生产和使用阶段并未考虑包装的回收利用，因此往往出现包装物无法进行回收再利用的情况。如一些有背胶的包装物和塑料袋粘在一起，难以分离，再次进行生产会影响生产的塑料袋的品质。为了实现包装物的回收再利用，供应商可对此多加考虑来进行产品包装的设计，如在包装过程中加入一些分离设计以方便进行分类回收，从而进行加工再利用，提高利用率。此外，还存在以下原因造成包装废弃物的回收利用难度大：

（1）设施落后，技术水平低

与发达国家相比，我国的物流包装技术较为落后，缺乏规范的回收利用网络。此外，仓储设施落后，并且托盘规格各式各样，运输方式与装备标准之间难以统一，导致物流包装规格不一致，物流公司包装各成一家，难以回收利用，机械化自动化水平不高，运载率低下等。而且，企业缺少设计型人才和专业技术，生产的信息化水平也较低。物流技术不先进，则很难推进绿色包装的发展和使用。

（2）包装材料的替代品少，回收利用率不高

提高包装废弃物的回收率和循环利用率对实现绿色包装至关重要。但是，目前大量的包装材料并没有统一标准，而且基本上为一次性用品。同时，包装材料有一定的使用期限，降解也是目前迫切需要解决的难题之一。

（3）绿色物流与物流包装人才严重缺乏，自主开发和创新能力薄弱

我国物流起步较晚，现阶段虽然众多高校都开设了相关的专业，但是主要以学术为主，实践动手机会较少。关于绿色包装和绿色物流的研究生教育刚刚起步，而且高校对绿色包装的关注度较低。据了解，我国绿色物流与物流人才缺口有几百万人，这从根本上影响了绿色物流的实施进程。

（4）快递包装创新技术落后

一方面，生产快递包装的企业规模小，缺乏创新意识；另一方面，国内的电子商务企业、快递企业对包装技术创新不够重视，包装仅仅满足销售包装的要求，对运输、配送等快递包装应用环节无法满足，而在暴力分拣过程中，不得不采用过度包装的方式来避免产品损坏，从而造成了快递包装的巨大浪费。

6.1.2 EPR 与包装回收

生产者责任延伸（Extended Producer Responsibility，EPR）制度是指国家为了应对废弃产品问题所制定或认可的，用以引导、促进与强制生产者承担延伸责任（义务）的一系列法律规范。具体而言，生产者责任延伸制度大致包括以下两个方面的基本内容：

1）生产者的延伸责任，具体包括生产者应对废弃产品问题的源头预防责任、产品环境信息披露责任和废弃产品回收、处置与循环利用责任。

2）生产者责任延伸制度的调整机制，具体包括用以引导、促进与强制生产者承担延伸责任的行政管制机制与经济调节机制。

生产者责任延伸制度于 1988 年由瑞典隆德大学（Lund University）环境经济学家托马斯·林赫斯特（Thomas Lindhquist）首次提出 EPR 的核心思想就是生产者应该对废弃产品问题承担延伸责任。至于延伸责任的内容和范围，林赫斯特、经济合作与发展组织、欧盟以及美国所界定的 EPR 略有差异。但是，EPR 的基本含义是一致的，即"生产者应当承担延伸责任"。换言之，对延伸责任的内容和范围界定存在差异并不应当影响对 EPR 概念的界定。其中，EPR 制度的经济调节机制与行政管制机制相互衔接、相互配合，共同构成了 EPR 的"混合调整机制"。

6.1.3 逆向物流与包装回收

1. 逆向物流的概念

逆向物流（Reverse Logistics）是应对 21 世纪越来越突出的地球环境问题，使传统线性生产方式向循环生产方式转变而产生的。"逆向物流"一词是斯托克（Stock）在 1992 年提交给美国物流管理协会（the Council of Logistics Management，CLM）的一份报告中提出来的。他认为，逆向物流是一种包含了产品退回、物料替代、物品再利用、废弃物处理、再处理、维修与再制造等流程的物流活动。该定义是从废弃物产品管理的角度给出的。同年，波伦（Pohlen）和法里斯（Farris）又从市场营销的角度对逆向物流做了定义："逆向物流是指物品通过分销渠道由消费者向制造商移动的过程。"

美国逆向物流执行委员会（Reverse Logistics Executive Council，RLEC）主任罗杰斯（Rogers）等在逆向物流的定义中包含了物流相关的目标和过程："逆向物流是以重新获得价值或有效处理各种废品为目的，基于成本效益原则，有效地规划、实施和控制从消费点到生产点的原材料、半成品库存、制成品和相关信息流动的过程。"

中国国家标准 GB/T 18354—2006《物流术语》中将逆向物流定义为"物品

从供应链下游向上游的运动所引发的物流活动"。总体而言，逆向物流可以分为回收物流和废弃物物流两大类。回收物流（Returned Logistics）是指不合格物品的返修、退货及周转使用的包装容器等从需方返回供方所形成的物流活动。比如，回收用于运输的托盘和集装箱，接受客户的退货，收集容器、原材料边角料、零部件加工中的缺陷在制品等的销售方面物品实体的反向流动过程。废弃物物流（Waste Material Logistics）是指将经济活动中失去原有使用价值的物品，根据实际需要进行收集、分类、加工、包装、搬运、储存等，并分送到专门处理场所的物流活动。

总体上来讲，逆向物流是一个复杂的系统。虽然逆向物流也有"四流"，但与正向物流相比，逆向物流的难度更大，不确定性更高，实际运作过程也更加复杂。

▶ 2. 逆向物流的特征

（1）不确定性

逆向物流的不确定性主要体现在以下四个方面：

1）回收对象来源地的不确定性。如图 6-1 所示，产生包装物逆向物流的地点和时间较难把控，可能是消费者、零售商、包装生产商等任何产品流动的节点和过程，这大大增加了回收对象来源地的不确定性。

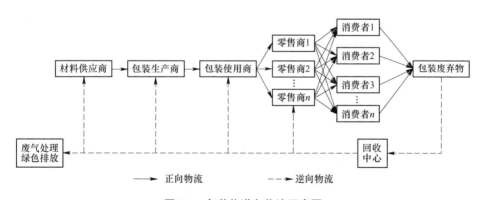

图 6-1　包装物逆向物流示意图

2）回收数量的不确定性。包装物的回收数量取决于其质量、寿命、使用环境等多种因素，这也导致了包装物逆向物流回收数量的不确定性。

3）回收包装损坏程度的不确定性。回收的包装损坏程度不同，损坏方式也不同，这就为后续的处理带来了极大的不确定性。

4）回收处理方式的不确定性。由于损坏情况不同，回收处理方式也不尽相同。如何针对不同的损坏情况进行合理操作，给后续的回收处理带来了很大的不确定性。

逆向物流不确定性的特点预示着逆向物流的复杂性以及在实际操作中存在的层层困难。

（2）复杂性

逆向物流的复杂性主要体现在以下两个方面：

1）收集、分拣过程的复杂性。在进行包装废弃物的回收时，往往出现多种废旧物混杂的情况，只有在经过检测和合理的分类后才能确定其去向，这大大增加了回收初级处理的难度与复杂性。

2）处理方式的复杂性。不同的处理方式对恢复资源价值的贡献差异显著。以铅酸电池为例，正规拆解厂和非法拆解厂有着完全不同的处理方式。蓄电池内的铅酸溶液属于国家危险废物，非法拆解厂为了获得重金属铅，往往采用不当手段处理铅酸溶液，甚至直接将铅酸溶液倒进下水道，导致严重的水污染与土地污染。这样它们虽能获得一定的经济效益，但却给环境带来了不可逆转的损失，显然应该接受法律的严惩。而正规拆解厂不仅可以将拆解铅酸电池的环境污染降到最低，而且可以实现铅的再利用。因此，采用合理合法的处理方式对逆向物流的实施至关重要。

▶ 3. 基于 EPR 逆向物流的回收模式

逆向物流回收活动涉及的参与者有生产商（Manufacturer）、分销商（Distributor）、客户（Customer）、专业回收企业（Third Party）等。但是，EPR 制度规定了生产商的责任是必须对其所生产产品的整个生命周期负责。所以，基于EPR 制度，逆向物流回收的主导角色是生产商。如图 6-2 所示，国内学者魏洁、李军在《EPR 下的逆向物流回收模式选择研究》一文中将 EPR 下逆向物流的回收模式分为生产商直接承担回收责任和间接承担回收责任。其中，生产商直接承担回收责任又分为生产商负责回收（MT）、生产商联合体回收（PT）和委托第三方回收（TPT）。而间接承担回收责任的模式，是指不用生产商直接承担回收责任，生产商可以通过交易，将其责任进行转移，即将固体废弃物的排放、回收进行交易，称为"回收责任交易"。间接承担回收责任的本质是将生产商的

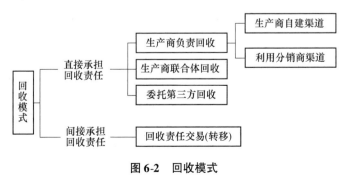

图 6-2 回收模式

责任进行转移，生产商只需要支付一定费用，就能免于其应承担的回收处理责任。在这种交易制度下，生产商可以不知道具体的回收方是谁，通过什么方式进行回收。

6.2 物流包装的再设计

20 世纪 90 年代，"可持续设计"逐渐成为发展的主流，"再设计"作为可持续性设计的重要组成部分，最早由日本设计大师原研哉提出。"再设计"又称"减物质化设计"，是在环保、节能、回收和再利用的环保理念基础上，利用各种科技知识对周边的事物进行重新考虑、重新定位的设计。其内在追求在于回到设计的原点，以最平易近人的方式来探讨设计的本质。包装的再设计就是基于上述"再设计"的理论提出的。

包装的再设计主要解决包装行业中的资源浪费问题，如果能有效地运用这样的循环型经济模式，将会为我国创建节能型社会带来较大的经济价值，同时也传递着新型的消费文化。任何包装物都不可避免地要经过回收利用的处理，但通过合理的再设计可以延长包装的使用寿命，减少包装材料，可以让包装物与其他附加功能联系起来，使其具有包装以外的使用功能，从而在消费者手中被直接重复利用，这是未来产品包装发展的重要方向。

应基于环保、节能、回收等绿色概念对日常包装进行再设计。如何克服惯性思维，对熟悉的事物重新思考、定位，将包装功能进行延伸，这就需要回到设计的起点，以最质朴、最简单的态度来探寻事物的本质。

6.2.1 一体化设计方式

包装的一体化设计方式是指将包装完美融入产品设计当中，利用包装的材质和造型等特征，让包装物成为产品结构的一部分。此类包装不仅具有保护物品的功能，同时共同构筑了产品的使用功能，能够最大限度地利用包装物。一体化设计方式就是最大限度地完成包装与产品结构功能的结合，这样包装就兼备了双重功能。但在考虑此种设计方式时，必须了解包装材料的一些固有特性，如防潮性、耐热性、坚固性等，选择适合的材料或通过一些有效的加工工艺来克服材料的局限性，以符合产品使用的需要。

6.2.2 配套化设计方式

包装配套化设计方式是指在包装发挥其保护和运输功能的同时，探索其成为产品的配套物件的可能。在现实生活中，许多产品需要同一些配件配合使用才能充分发挥其功用，而配套化设计的目的就是希望充分利用包装的结构、材质、造型特点等实现配套使用的功能，赋予包装二次价值，甚至使其在产品损坏后仍可以发挥功能，实现包装的充分利用，为其创造更大的价值。如肥皂盒与肥皂的套装，在运输的过程中，肥皂盒既可以保护产品，同时在使用时发挥其盛装肥皂的配套功能，延长包装的使用时间。

6.2.3　独立化设计方式

包装的独立化设计方式与配套化设计方式相反，它是指在进行包装的设计时，不考虑其与内装物之间的关系，单独探索包装的新功能。因为在实际的设计中，很多包装由于其材质、结构等限制，很难与内装物相互结合或配合，这时就需要对包装的二次功能进行独立设计。这种类型的设计需要厂商的引导和消费者的积极参与。如拆卸后的包装在合适位置附有详细的再利用说明和可能的组装形式，能够引导消费者积极参与，同时具有一定环保意识的消费者能够亲自动手对包装物进行一些组装、改造。

6.3　包装回收的国内外相关实践

6.3.1　包装回收的国外相关实践

综合来看，已构建包装回收体系的国家对包装的管理主要是从流通过程入手。首先是生产过程的优化，从源头减少包装浪费。其次是使用过后的包装废弃物回收，并根据包装类别判断废弃物的回收目标，并根据回收目标对企业进行考核，以保障包装物回收目标的实现。最后是包装废弃物的最终处置，或再利用，或填埋焚烧。其中，废弃物的回收阶段是包装回收体系最为关键和困难的一环。为了实现包装废弃物的回收目标，应通过必要的措施来支撑回收体系的建立，重点包括信息统计、企业回收目标、消费者参与渠道、激励机制等，并将其纳入相应的法律法规中。

由于各个国家在实际操作时面临的情况不同，所以在制定包装废物管理的法律法规体系上也有一定的区别。但是，包装回收体系建设较好的国家均通过法律法规来实现包装和包装废弃物的管理。

1. 美国

美国的回收责任制强调关注产品的流通全过程，要求在产品生命周期中所有参与者，包括企业、政府、消费者，均对产品的环境影响负责，而不仅限于最终的废弃阶段。从制定的《资源保护与回收法》到《废物处理预收费法》，美国包装物回收法规规定的内容贯穿产品的整个生命周期。例如，总的塑料包装中含有的回收再利用的废塑料、回收废弃物中可再生利用的比例应达到45%等，相关企业只要达到一定的回收再利用水平，其包装废弃物的税收即可免除。又如，建立路边回收站、分散回收系统，通过最大的覆盖范围来进行废弃物的收集工作。废弃物经过有关部门收集到分离中心，再经整理挑选后送至相应工厂重新利用。美国通过构建回收体系，在实现高回收率的同时，为处理和回收行业提供了5万多个就业岗位。

▶▶ 2. 日本

由于日本的国土面积狭小且资源匮乏，而且包装废弃物占其市政废弃物的比例较高，因此日本对包装废弃物的回收再利用尤为重视。首先是法律制度上的规制，《环境保护基本法》《资源有效利用促进法》《关于加强容器包装分类回收再利用法》等完善了日本包装废弃物管理的法律体系。而且，日本在法律规制方面对回收再利用的细节要求比很多国家严格谨慎，消费者如果没有履行义务乱扔废弃物会被罚款，甚至判刑。在日本的回收体系建设中，规定国家、地方政府、企业以及国民共同承担回收责任，回收利用的经费基于全民承担的原则，总体强调的是全民参与以及经济责任共同分担的方针。日本的回收站遍及全国，地方政府以及相关回收企业将消费者分类排放的包装废弃物回收，回收方式有定时收集方式、桶状容器收集方式、集合中转方式等，再将包装废物整合到指定的回收企业中，包装制造商、产品生产商等再向指定回收企业缴纳与自身排放量相当的回收再利用费用。包装制造商、产品生产商等企业也可以委托包装相关的行业协会组织回收其产生的包装废弃物，根据销售量产生的包装体积来定价收费。企业完成委托费用交付后可被认为完成回收义务，包装协会再委托相关回收厂商进行再利用处理。包装协会成为连接包装生产企业、政府、消费者之间的纽带，实际上执行的是政府的管理职能。日本的纸类包装回收再生单位成本从2000年的58.6日元/kg降低到2007年的12.5日元/kg，证明了日本包装回收体系的有效性。

▶▶ 3. 欧洲

欧洲国家的回收体系是具有代表性的。1994年欧盟颁布的《包装和包装废物的指令》对包装以及包装材料的管理设计、生产流通、使用消费等环节进行了规范，相关方应从防止包装废弃物的产生入手，通过提高再利用率等回收处理方式来减少废物量。与美国类似的一点是实施措施，欧盟1996年在法律中规定了包装废弃物回收利用率为5%～45%，并且规定了包装材料的最低回收率为15%。除了法律的相关规定外，欧盟还要求各成员国对包装废弃物的回收再利用建立相应的系统。

共用回收体系的运行下，回收效果最为显著的是德国的DSD组织。DSD（Duals System Deutschland，德国二元回收体系）作为一种正规的组织形式，对德国的固体废弃物进行回收工作，它是一个非营利性组织，建立的目的就是促进废弃包装物的回收再利用。DSD 是在 1990 年年底由 95 家生产商、销售商等自发组织成立的，2007 年时已拥有 19 150 个会员单位。

DSD 将许可证"GREEN - DO"（绿点标志）印在产品包装上。绿点标志是一种环保标志，认证机构根据相关的环境保护标准及规定，用来颁发给产品或服务符合环境要求的生产者。生产商在获得绿点标志后，可将其印在产品包装上，告知消费者该产品与其他无该标志的同类产品相比，产品的整个生命周期包括回收利用均符合环保要求，不会危害人体健康，而且对环境无害或危害较小。绿点标志的使用，表明产品的生产企业已经向 DSD 缴纳了委托回收费用，DSD 对带有该标志的产品废弃物负有回收、分类、处理及循环使用等责任。但 DSD 自身并不完成具体的回收工作，而是通过委托专门的回收企业进行回收处理。因此，DSD 将生产企业与回收企业紧密地联系起来，从而构成了生产企业、DSD、回收企业所组成的共用回收体系。通过回收人员、回收设备等资源共用，不仅降低了每个生产者单独创建回收体系的成本，而且使规模经济效应获得显著提升。德国的商店如果销售未注明绿点标志的产品，那么商店就必须自己负责该产品包装材料的回收利用。在此背景下，一般商店不愿销售没有绿点标志的产品。在 DSD 参与的共用回收体系运作下，德国的包装废弃物回收取得了显著成效，1990 年—1992 年，约 2/3 的企业和 50% 的产品包装都获得了一定程度的改善，更重要的是德国市场上逐渐不见了泡沫包装的身影。

▶6.3.2 包装回收的国内相关实践

我国现行的回收体系缺乏政府干预，由利润驱使，不同的回收资源根据回收特点对应不同的回收体系。要使我国从高资源消耗的模式转向循环经济模式，必须根据不同回收资源的特点改造回收体系，生产者责任延伸制度、税收激励等措施在回收体系规划中也起到重要作用。

2004 年，我国包装工业总产值超过 3200 亿元，其中 2300 亿元的产品是包装废弃物，如果以 25% 的回收利用率计算，那么至少 1700 亿元的资源没有被充分利用。2019 年，我国规模以上包装行业企业达 7916 家，较 2018 年增加 86 家；累计完成营业收入 10 032.53 亿元，同比增长 1.06%。目前我国包装回收率较低，以快递行业为例，包装的总体回收率不足 20%，其中塑料类更低，接近于零。我国现阶段对包装废弃物的回收处置还不具备形成规模化、产业化的条件，造成了极大的资源浪费与环境污染。

由于目前我国的包装立法较为滞后，政府政策缺乏相应的引导和激励，企业、消费者环保意识不强，导致包装废弃物的回收情况不尽如人意。从资源的浪费到经济发展的制约，影响甚远，因此，建立适合我国的包装废弃物回收体系迫在眉睫。

6.4　延伸阅读——政策和法律方面对包装行业的干预

1. 快递包装的各国实践

以转转和闲鱼等为代表的二手交易平台，在资源的回收利用方面对人们起到了重要的社会教育作用。各大电商平台针对快递包装推出的积分换购活动以及绿色包裹专区，也吸引了不少消费者积极参与。但是，我国因快递包裹产生的包装废弃物的回收率仍较低。在快递业快速发展的同时，快递包装的污染逐渐显现。以黑龙江省龙江县为例，当地县城每天产生的垃圾中，快递包装占 1/3 左右。据测算，我国平均每件快递的胶带使用量是 0.8m。此外，生产 1t 纸需要砍伐 17 棵十年生大树；生产 1t 塑料袋，需要消耗 3t 以上石油。

业内人士表示，快递使用的塑料袋大部分为一次性再生塑料袋，但胶带部分的主要材质仍是聚氯乙烯，需要经过近百年才能降解。统计数据显示，2015年，仅全国快递业所使用的胶带总长度就达 169.85 亿 m，可以绕地球赤道 425 圈。

据悉，我国目前已在快递行业大范围推广电子运单。较之前的五联纸质运单，电子运单大大减少了纸张用量，每年可为快递企业节省支出 50 亿元；而中国邮政速递物流的运单使用热敏环保材料，省去底纸，减少了一半的原材料，免除了处理废弃底纸的费用，避免了所造成的环境污染。

在快递绿色包装方面，一些快递企业在寄递时也开始采用可降解纸箱和可循环塑料箱，而在中转时采用可循环使用帆布袋，并推出了纸箱回收计划。据顺丰速运介绍，顺丰速运 2016 年的聚乙烯（PE）类材料减少消耗 2793t、聚丙烯（PP）类材料减少 843t、原纸减少消耗 2539t。

事实上，除我国外，发达国家早已建立了相关法律法规。德国于 1991 年、1997 年先后出台《包装废弃物管理办法》和《包装回收再生利用法》，要求除包装生产商外，从事运输、代理、批发、零售的企业需负责回收包装物。

法规要求，凡包装体积明显超过商品本身 10% 以及包装费用明显超出商品 30% 的行为，应判定为侵害消费者权益的"商业欺诈"。此外，德国还设立了对传统塑料袋征收 1.27 欧元/kg 的绿点税，而完全生物降解的塑料袋免税。

在"污染者付费"原则的基础上，日本 1995 年提出，由消费者负责将包装废弃物分类，市政府负责收集已分类的包装废弃物，私有企业获政府批准后对包装废弃物进行再处理。同时，日本还规定包装容器内的空位不得超过容器体积的 20%，包装成本不得超过产品出售价格的 15%。

英国立法规定，包装物除满足商品卫生安全的要求外，不得添加过多包装。

如果企业违反规定，消费者可以投诉并进行处理。在过去 20 年，英国商品的包装重量减少了 40%。

此外，除快递本身的包装外，汽车碳排放也是国际邮政减排的重点。法国 2014 年设立了企业社会责任（CSR）部门，提出到 2020 年，法国邮政现有的车辆将 100% 替换为新能源车，以减少温室气体排放。目前，法国邮政拥有世界上最庞大的环保车队。

瑞士则开始使用环保系数更高的 B7 柴油、新能源车辆和太阳能供电系统等，这些举措已经帮助瑞士邮政减少碳排放 1100t。而在挪威，除了大量采用电动车外，还开始采购零排放燃料，部分城市的邮件配送已实现二氧化碳"净零排放"目标。

在此背景下，2015 年，在国际邮政公司环境监测体系成员邮政运营商中，可替代性新能源车辆占车辆总数的比例由 2008 年的 10% 提升至 14%；可替代性新能源扩展至 11 类。目前，已有 5 个国家的邮政运营商率先迈向 100% 使用可替代性能源车辆的目标；18 个国家的邮政运营商在提高能源使用效能、提供技术支撑、增加资金投入、使用可替代性能源车辆、办公楼使用新能源等方面采取针对性措施。

而在国内，京东也已联合大型电动汽车整车厂家，开始研发电动物流货运车，用于各分拣中心到配送站点路段的运输。2016 年 6 月，首批京东新能源货车在北京、上海、成都三地率先上路运营。

但需注意的是，快递包装绿色化是一个系统工程，虽然在快递及上下游企业的努力下取得了部分进展，但仍面临着推进瓶颈。业内人士表示，虽然国家倡导绿色发展理念，也出台了相关政策，但方案及现有行业标准缺乏强制性，难以对各市场主体形成有效约束。

▶▶ 2. 快递行业绿色包装的发展情况

虽然各大物流企业和平台在大力推进包装的绿色化，但实际效果并不理想。

一位月销量 1000 单左右的母婴产品卖家透露，一个月大约用掉的纸盒成本不足 1000 元，加上胶带和泡沫的支出，总成本在 1200～1500 元浮动。"该费用对于店铺来讲，在承受范围之内，也就没有必要使用成本更高的可降解包装箱。"

尽管商家积极性不高，但物流企业在国家相关政策支持下早就展开了快递绿色化的探索。2018 年，顺丰速运将组建的快递行业物流包装实验室升级为可持续包装解决方案。顺丰速运相关负责人表示，可持续包装解决方案对快递网络使用量最大的纸箱、胶带、文件封及填充物和编织袋等进行改良，2018 年减少了 9901t 碳排放。

百世快递从 2016 年开始推广实施绿色快递方案，截至 2019 年 9 月底，百世快递的一联单使用占比达到78%。而中通快递的电子面单使用率也接近100%，比传统五联单节省了80%以上的纸张。申通快递的环保芯片袋目前已经在全网循环使用超过1亿个，且两联单变成一联单，成本降低了一半。

现阶段快递企业绿色化的成本依然居高不下，这不仅需要快递企业和电商平台的努力，更需要上下游产业乃至整个社会共同努力。目前快递行业上下游产业对物流绿色化的积极性不高，快递企业单方面努力，加重企业成本。以电商平台为例，消费者在平台端购买的商品可能是从商家发货，不经过快递企业或电商平台的包装。因此，平台方或快递企业无法强制品牌商采用绿色化包装材料。此外，快递加盟网点也需承担部分成本。

除此之外，快递员的激励机制也是绿色化回收推荐的重中之重。目前快递网点和公司对快递包装回收基本没有激励制度，在快递量递增的今天，快递的上门配送已经成为一大问题，更不要说抽出时间上门回收。

⟫⟫ 3. 绿色包装逐渐向外卖行业渗透

2019年秋天，美团单平台外卖日单量突破3000万单，如果按线下客流量分析，相当于每天有3000万人进进出出；如果按照城市来比喻的话，就相当于整个重庆市的人口总量。2018年餐饮行业整体规模达4万亿元，外卖达4500亿元，占比达11.25%。2019年秋天美团外卖的这一数据可以视为外卖行业将迎来重大突破。

然而，3000万单外卖的背后，是整个外卖行业日均使用超6000万个塑料餐盒的现状。上海实行垃圾分类一个月后，外卖数据出炉，出乎意料，无须餐具订单反增476%，环保订单进一步增加。饿了么大数据显示，上海垃圾分类新规实施20多天以来，上海地区饿了么上无须餐具的环保订单呈现飞速增长，上海7月1日—24日的无须餐具订单环比上月同期增加了476%。诸多用户为了方便垃圾分类，纷纷给商户提出了"少点儿汤""珍珠奶茶只要10颗珍珠""羊肉串不要串"等备注需求，以减少产生的干湿垃圾。一般来讲，外卖中的残余食物垃圾需要倒入湿垃圾，再把外卖盒倒入干垃圾。美团方面提供的数据显示，上海全市主动选择无须餐具的用户大幅上升，无须餐具订单量比6月同期增长超过4倍。《上海生活垃圾管理条例》实行初始，就有餐饮人担心单量会不会因此下降。此时数据表明，外卖单量并没有受垃圾分类的影响。垃圾分类不仅日益改变人们的生活消费习惯，更树立了外卖环保这一实践理念。

另外，外卖行业经常会被质疑包装过度。进入2019年以来，外卖行业发生了诸多变化，其中最引人注意的就是包装的变化。无论是新店还是老店，都不同程度地对包装进行了优化处理，使之高端兼具价值感。但过度包装的外卖，产生了大量塑料垃圾，难降解，焚烧或者填埋方式易催生微生物，与人们的衣食住行休戚相关。

外卖的包装最后将会向何种形式发展呢？美团方面表示，未来，将探索尝试外卖餐盒上门回收模式、校园卡分类积分激励体系等，以全产业链条为出发点，包括上游的源头减量、包装升级以及下游的回收分类与循环利用，建立完整闭环，用科学的方法与技术推动行业环保化。

▶ 4. 购物节带来的快递包装量激增

2019 年"双 11"成交额和物流订单量再创新高。国家邮政局监测数据显示，11 月 11 日当天，各邮政、快递企业共处理 5.35 亿快件。狂欢"剁手"之后，随着海量商品陆续送达，快递包装盒数量激增。

《2018 年中国快递发展指数报告》显示，2018 年我国快递业务量达到 507.1 亿件，比 2017 年增长 26.6%。有专家指出，目前我国快递业中纸板和塑料实际回收率不到 10%，这些包装大多被直接送进垃圾场填埋，不仅成为极大的资源浪费，也给城市环境带来巨大压力。各大电商、快递积极应对"绿色"成 2019 年"双 11"的热词。

绿色环保行动成了"双 11"的新趋势，快递包装带来的环境问题日益凸显，着力破解这一难题已成为各大电商、快递的共识。在淘宝，用户搜索"绿色双 11"，就可以成为"双 11 绿色合伙人"，承诺加入绿色行动。京东相关负责人表示，"双 11"期间京东通过仓内作业、循环包装、瘦身胶带、电子运单、绿色回收、绿色运配的应用，共减少超过 4 万 t 快递垃圾，其中封箱胶带"瘦身"超过 1 860 万 m，生鲜循环保温箱使用 140 万次。在"快递最后 1 公里"行动中，4 万个菜鸟驿站和 3.5 万个快递网点分类回收利用快递包装，通过"回箱计划"推动快递纸箱分类回收、循环利用。

2019 年《政府工作报告》提出，要推广绿色快递包装。当前，绿色快递已成为多家快递企业的"董事长工程"，数智化升级和创新模式悄然改变着快递的每一个环节，从打包发货、中转分拣、再到运输送达，一条绿色物流链路已然形成，但面对"绿色转型"，还有许多瓶颈需要破解。

▶ 5. 政策层面的干预

2018 年 12 月 17 日，以"推进快递行业绿色发展"为主题的全国政协第二次网络议政远程协商会召开，200 多位委员围绕快递绿色包装踊跃发表意见，而这些意见和建议也被国家邮政局和邮政企业广泛采纳。

2019 年 7 月 11 日，国家邮政局发布的数据显示，快递包装减量化成效明显，电子运单使用率已达 95%；寄递企业的二次包装占比逐渐降低；可循环中转袋推广应用深入推进，已达到 50%；45mm"瘦身胶带"得到全面推广。

首先是监管体系逐步建立。快递行业涉及上下游产业和多个部门，推进绿色、健康发展涉及整个产业的全链条。在完善现有联动机制、制定协同配套政策、加强监管监察力度的同时，还要考虑加快论证、出台与时俱进的相关法律、法规和行业标准。全国政协委员张国俊在第二次网络议政远程协商会上如是发言。

"快递"登上重磅会议，这让邮政管理部门及邮政企业无比振奋。此次网络议政远程协商会也被评为"2018年快递十大事件"之一。全国政协常委、提案委员会副主任支树平结合自己多年的工作实践，对推动快递包装绿色发展谈了几条建议，其中一条便是要健全、完善快递绿色包装标准体系，制定快递绿色包装强制标准。这与很多全国政协委员的想法不谋而合。

"快递行业涉及上下游产业和多个部门，推进其绿色、健康发展涉及整个产业的全链条。在完善现有联动机制、制定协同配套政策、加强监管监察力度的同时，还要考虑加快论证、出台与时俱进的相关法律、法规和行业标准。"全国政协委员张国俊说。

在委员们看来，快递业联系千城百业、千家万户，推进快递业绿色发展是一个系统工程，需要标本兼治、综合施策。要加强法治建设，加快修订《快递暂行条例》等法律法规，完善配套规章，将快递污染纳入规制范围，明确相关主体责任，强化硬约束。

这次会议之后，国家邮政局成立了邮政业生态环保工作领导小组，强化统筹协调和工作推进，并在市场监管司增设环境保护处，专门负责行业生态环境保护工作，推动工作体系建设。同时，积极完善法规标准，强化系统治理；加强监督管理，全面落实监管责任；开展试点示范，强化示范引领；强化创新引领，推动行业绿色发展；注重沟通协同，推动多方共治。经过前期不懈努力，行业生态环保监管体系逐步建立。

6. 立法层面的干预

产生网购快递包装垃圾困境的原因包括：①网络购物支付后商品能够直接到达消费者手中，作为沟通商家和消费者重要桥梁的快递物流近年出现爆发性增长，导致快递包装垃圾问题凸显。②电商对网络销售巨额收益的逐利刺激了快递业的无序增长，加之快递业对环境社会责任的担当相对不力，使得快递垃圾大量产生。③改革开放的"红利"使得我国平常百姓的收入和生活水平显著提高，这是我国经济继续向前发展的动力，而不断增长的物质基础助推了公众对网购商品的无序选择。由于对快递包装垃圾危害严重性的认知不足，因此也无法对政府和企业形成解决这一问题的压力。④政府和行业对网络交易规制的欠缺为快递垃圾增长提供了制度漏洞。现阶段，我国网购的红火与企业的自我约束、行业规范、政府监管、社会监督的制度化程度较低形成反差。长期以来，推进新包装材料使用的激励机制、减少快递垃圾污染的约束机制欠缺，过度包装问题没有得到根本解决。

针对上述问题，应该考虑出台更加完善的法律法规，在立法层面给予指导。

1）优化包装回收利用法律体系

2018 年 1 月 23 日，国务院办公厅发布《关于推进电子商务与快递物流协同发展的意见》（国办发〔2018〕1 号）（简称《意见》），指出我国"电子商务与快递物流协同发展仍面临政策法规体系不完善、发展不协调、衔接不顺畅等问题"。因此，与包装回收利用相关法律体系的优化与完善成为当务之急。

① 整合现行相关法律。强化落实《循环经济促进法》《清洁生产促进法》《固体废物污染环境防治法》中有关固体废物回收利用的规定，协调适用相关法律条款，并强化制定法律的相关配套规范。现行《邮政法》应当结合《环境保护法》宗旨，参照其他相关单行法律尽快修订，赋予邮政行政部门相应的环境监管职能，为其监管快递行业垃圾问题提供明确的法律依据。建议参考或借鉴日本循环经济法律体系建构思路和美国加利福尼亚州废物回收法律体系建构经验，将循环经济法治与快递包装法律控制和调整结合起来。

② 形成网络交易中包装物回收利用规范和标准体系。结合《意见》，执行《关于协同推进快递业绿色包装工作的指导意见》（中央政府十部门，2017 年），加快制定配套法律规范。将《关于限制生产销售使用塑料购物袋的通知》（国务院办公厅，2008 年）（俗称"限塑令"）上升为国务院行政法规，强化地方政府对塑料监管的实施责任。通过立法授权邮政部门制定统一的快递包装标准，对快递包装所涉主体及其权利义务责任予以明确规范，尤其要赋予邮政行业协会和公众参与监督的权利。制定实施对可降解、可循环包装材料的推广标准和奖惩规则，实施包装物规格的标准化和统一化。也可由快递行业协会整合行业资源，制定统一的快递包装标准，实施包装物收费的标准化。

③ 建立绿色快递包装回收利用多元体系。按照《意见》的要求，推进"探索包装回收和循环利用，建立包装生产者、使用者和消费者等多方协同回收利用体系"，将多元化的废旧产品回收处置体系建构、规模化和专业化的回收处置设施配套和具有专业素质的从业人员培训相结合。针对我国大量资金投入，尤其是中小企业难以承受的问题，可以结合国家正在全力推行的 PPP 模式，借鉴德国由第三方非营利性公司专门负责回收再利用快递包装废弃物的运营系统（也称"DSD"）。另外，在运用 PPP 模式进行固体废物管理、垃圾处理方面，英国和法国均有长期运作的成功经验可资借鉴。

④ 建立绿色快递包装、回收使用扶持制度。为破解我国目前不可降解材料技术成熟、价格和市场需求方面优势较大，但是环保材料的研发市场竞争力不足的困境，国家可通过立法保障对再生包装材料研发、生产、使用企业的扶持和资金支持措施。设立与实施强制押金制度是国际上大多数国家处理产品或者包装物回收的一项有效制度，是环境法上受益者负担原则的具体化。在该制度

中，电商、快递企业、消费者均应当承担押金制度实施中的相应义务。我国可借鉴德国《包装法令》有关押金制度的立法和实践经验进行制度设计。

⑤ 建立快递包装垃圾处理的中国国际合作机制。合作机制设立的基础在于互联网和信息技术的发展趋于全球融合，以及我国的"一带一路"倡议、电子支付手段的广泛应用和人民币国际化。合作机制设立的两个功能：其一，为我国与境外电子商务快递包装废弃物问题提供协调一致的解决方案；其二，我国作为网络销售领先的大国，有必要在电子进出口销售国际贸易中主动把握新型规则和标准制定的话语权，使得对网购快递包装环境问题的处理既符合国际环境和贸易规则，也符合我国国家利益、我国企业和消费者的利益。

2）通过立法强化电商、快递业对快递包装材料回收利用的社会责任。我国《公司法》和 YZ/T 0128—2007《快递服务》为快递企业承担环境社会责任提供了法律规范依据。《意见》要求的"建立健全快递包装生产者责任延伸制度"可以助力治理新的快递包装垃圾污染，推动企业履行环境社会责任。当然，企业在生产者责任延伸制度中占据主导地位，生产者和快递企业作为包装物"源头"，若采取优化材料、节约资源模式，将会从根本上减少包装浪费并有效减轻包装垃圾对环境的危害。

近年来我国企业的实践创新也表明，基于互联网的共享经济能够与环境相互融合协调。当绿色物流战略被重点提出并整合到物流服务之中，就会提升物流服务的市场可见度和市场声誉，最终提高物流企业的市场份额和价值。

3）通过立法倡导形成全民绿色消费文化，将有利于推动电商和快递业的健康发展、推动快递垃圾问题的有效解决

一方面，与生态文明建设相协调。党的十九大报告所传递的资源节约、绿色消费理念有利于促进我国快递包装垃圾的处理和回收体系的构建。这要求在快递包装及其后续处理的整个产业链和各个环节上，融入对快递包装实施回收利用的目标元素，协调好企业、消费者和政府三者之间的利益，分配好各主体在产品生命周期（生产、加工、流通、消费）各个环节上的责任。政府应通过经济、行政、法律等手段引导企业树立尊重生态、保护环境的意识，在生产和发展中重视环境成本、珍惜环境资源；指引消费者绿色消费，营造拒绝过度包装、注重循环利用的社会氛围。

另一方面，发挥典型群体的引领功能。消费者的引领功能体现在倡导"极简生活方式"，选择低碳的消费方式，并与生产者及政府一起参与快递包装物的回收处理。应当重视和关注家庭妇女，尤其是中年妇女，以及 18～28 岁的学生、22～45 岁的上班族等关键网购群体对电商快递业的影响作用，促进对快递包装垃圾问题的有效解决。电商、快递企业的引领功能表现为：企业秉持环境友好的行为模式会反作用于公众的绿色消费观念，并推动全社会绿色消费文化

的形成。

本章小结

　　本章首先分析了我国包装立法现状以及废弃物回收现状，阐述了我国包装回收过程中出现的问题；然后从生产者责任延伸制度、逆向物流等方面深入分析，对建立符合中国特色的基于政府规制的包装物回收体系及其特点进行详细阐述。

　　在此基础上，本章介绍了包装的再设计方式，解决包装行业中的资源浪费问题。如果能有效地运用循环型经济模式，将会为我国创建资源节约型社会带来较大的经济价值，同时也传递着新型的消费文化。

　　最后，对国内外包装废弃物管理的相关实践进行了介绍。国外主要对美国、日本、德国的回收体系进行了详细阐述，以对我国回收体系的建立起到一定的借鉴作用；然后，针对我国现行的回收体系进行了介绍，说明了建立适合我国的废弃物回收体系的重要性。

第 7 章

——

典型产品的物流包装与绿色化

案例导读

　　软包装是指在充填或取出内装物后，容器形状可发生变化的包装。用纸、铝箔、纤维、塑料薄膜以及它们的复合物所制成的各种袋、盒、套、包封等均属于软包装。近年来，在国际形势变幻莫测、世界经济普遍下滑的内外夹击下，我国软包装行业如履薄冰，求自保、谋出路、图发展，保持整体运行在合理区间，呈现出总体比较平稳、稳中有进的发展态势。

　　1. 国内软包装行业现状

　　受经济大环境和环保政策趋严的影响，我国软包装行业面对下行力，努力克服负面因素保持基本平稳，呈现稳中求进的局面。但是，企业呈现两极分化现象，犹如"冰火两重天"，好的越来越好，差的越来越差，落后产能逐渐被淘汰。

　　有实力、管理规范、年产值过亿的企业普遍形势向稳。这些企业代表了行业主流，企业本身基础较好，在设备、技术、资金、管理等方面处于业内领先，有较强的风险抵抗能力和竞争优势，稳中有进。

　　走差异化、特色化路线的企业增长明显。随着经济的发展、消费的升级，消费者对包装个性化的需求日益增长。这些企业深耕于细分领域，做精、做专、做强，获得了良性发展。

　　因环保问题一些小企业关门，订单便集中到一些管理规范、能够达标排放的企业手中，这一现象在北方地区比较突出。

　　经营规模在年销售2000万元左右及以下的小企业受冲击较大：有的是没有资金实力投入做VOC治理，关门倒闭；有的是管理水平、设备、技术落后，竞争力较差，导致订单下滑，经营惨淡。因为包装行业小企业多，但总体产能不大，对行业整体影响不是非常大。

　　以外贸订单为主的企业饱受冲击。以出口美国订单为主的一批软包装企业受影响很大，销售明显下滑。

　　2. 软包装行业面临的问题

　　目前，我国软包装行业面临的问题主要是：如何努力达到绿色化包装的环保要求，如何解决外贸订单减少造成的困难。

　　如今全球都在关注保护环境和节约资源，包装绿色化成为当务之急。绿色化包装是指包装制品从原材料采集、材料加工、产品制造、产品使用、废弃物回收再生，直至最终处理的生命全过程，均不应对人体及环境造成公害。其中包括两个方面：一是绿色制造，即在包装产品制造过程中，清洁生产，减少污染，保护环境；二是绿色包装，即包装产品对环境和人类没有任何不良影响。

我国软包装行业存在与绿色化不一致的环节，对环境造成损害。如果软包装生产不能达到环保要求，则监管部门必须要求停产整改。这是软包装企业的当务之急。

3. 软包装行业应该采取的对策

针对包装绿色化，应该从源头抓起，力争原材料环保化，研发降解材料和水性墨。在环保治理方面，加大投入，推广环保设备，完善对废气、废水、印墨及热力的回收利用。继续推广减少污染的无溶剂复合工艺。据初步统计，国内无溶剂设备目前约有2100台，随着无溶剂工艺的发展，除了耐介质包装和铝箔等刚性材料之间的复合不能用无溶剂工艺做，其余的干式复合基本可以用无溶剂来替代。继续研发源头治理印刷工艺，争取重大突破。干式复合胶水、溶剂油墨产品的重点研发方向将集中在功能性及高固含量、低黏度的产品，以减少溶剂挥发。在产业链方面，考虑软包装的重复使用和回收利用。

针对外贸订单减少，采取的措施如下：政策要求扩大内需，要顺势而动，研究新业态，适应市场新需求。随着网购的飞速发展，快递包装行业形势喜人，多品种、小批量订单增加。现在企业同批次的订单量都在下滑，所以未来的印刷设备要适应多品种、小批量的印刷方式，换版快捷、方便。休闲小食品的迅猛发展给软包装企业带来了订单的增长。休闲食品一般包括糕点、膨化食品、坚果产品、糖果、卤制品等产品。我国休闲食品规模2020年达到了1.3万亿元。为迎合这一市场的发展，与之配套的针对个人消费的小包装、可供多人分享的大包装、赠送他人的礼品包装等都会得到相应的发展。其中表现最突出的将是独立小包装。这些都是机遇，企业要敏锐地抓住，充分发挥自身优势，开拓新客户，满足国内市场需求；同时，提高科技水平，采用先进设备，提高竞争力。

7.1 产品物流包装的确定

产品从生产者运送到消费者手中通常需要采用物流包装。我国国家标准GB/T 36911—2018《运输包装指南》提出，在确定产品的物流包装时，可从内装物特性、需方要求和限制事项、危害因素、内装物的防护、包装方式五个方面展开。然后，实施相应的包装方案，装载和固定包装件，还要对包装进行试验验证、监测与改进。

▷ 7.1.1 内装物特性

内装物特性即指产品特性。在确定产品的物流包装时，需要充分了解产品特性，以便找到适合产品的包装方式。

▶ 1. 内装物的形态

根据内装物的形态，如固体（刚体、柔体、粉粒体）、液体或气体，可选择相应的包装容器或包装方式。

▶ 2. 尺寸、 质量和质心

根据质量和尺寸，内装物可分为轻物、重物、小型物、大型物、扁平物或超高物等。在充分了解内装物的质量、尺寸、质心的位置以及装卸和储运的相关要求后确定包装方式。

▶ 3. 易损性

内装物的易损性主要考虑内装物耐压、耐振动和耐冲击的能力，耐温、耐水、耐潮、耐腐蚀、耐霉、耐磨的能力，以及对静电、磁场的耐受性等。这些是选择包装容器或包装方式至关重要的因素。根据内装物的易损性和不同的流通环境，实现对内装物的恰当防护。

▶ 4. 危险性

有危险性的内装物的物流包装需符合特定的规定、标准和要求。

▶ 5. 内装物的种类和用途

内装物的种类（如单台设备、成套设备、零部件、建筑材料或原材料等）和用途也会影响内装物物流包装方式的选择。

▶ 7.1.2 需方要求和限制事项

产品的物流包装不仅需要保证产品在运输过程中的安全与便利，而且需要满足产品需方的要求和相关的限制事项。

▶ 1. 需方要求

物流包装需考虑产品需方对包装的要求，包括易于识别、便于销售、方便检查和拆开，以及拆开后便于再包装、再利用或废弃处理等。

▶ 2. 限制事项

物流包装需考虑出发地和目的地的相关规定，包括职业健康、安全和环保等方面的要求，以及公路、水路、铁路或航空运输、仓储和海关等部门规定的包装限制事项。

此外，环保的要求是不可忽视的。除了尽可能减少包装材料的用量之外，在包装的整个生命周期，即从原材料的采集、加工制作、包装作业到包装废弃物的回收利用或再生，直至最终处理的全过程，均不可对人体及环境产生污染或造成公害。

7.1.3 危害因素

在运输过程中导致产品损坏的因素有很多,如压力、振动、冲击等。通过充分了解内装物的危害因素来确定其防护包装,是保证内装物运输安全的重要措施。

1. 压力

在堆码时,底层的包装件会受到上层包装件的压力。其中最底层的包装件承受最大的压力,这可能导致最底层包装件的变形损坏,甚至可能使包装堆码发生整体倒塌。

2. 振动

振动主要发生在运输过程中,与运输工具类型、路况、速度等因素有关。振动可能导致包装件的损坏。

3. 冲击

在装卸和运输过程中,垂直方向的冲击主要来自搬运、装卸、起吊;而水平方向的冲击主要来自运输工具的起动、制动、火车编组、飞机着陆、船舶靠岸等。冲击可能导致包装件的变形和损坏。

4. 温湿度

高温易导致材料膨胀、变形、力学性能降低,加速高分子材料老化、内装物变质等;而低温易导致材料强度降低,易发生脆裂损坏等。

高湿易促进霉菌的生长,加速金属腐蚀、降低纸质材料强度等;低湿易造成电子产品的静电积累等。

此外,温差变化大时易导致包装内压变化、相对湿度增加,甚至发生凝露和腐蚀等。

5. 盐雾

海上运输时,海面上的盐雾易加速金属材料的锈蚀,从而造成机械故障、绝缘性能下降。盐雾的腐蚀破坏作用与环境的温湿度有密切关系,随着温湿度的升高,腐蚀破坏能力加强。

6. 气压

密闭容器在高海拔地区运输或非增压舱航空运输时,包装内外压差的变化可能导致容器变形,甚至发生渗漏等。

7. 水

流通过程中的雨、雪、冰、露和波浪等可能使包装进水后发生霉变、变形、塌陷或变质等。有的内装物可能会与水发生化学反应,从而导致鼓胀或燃爆。

8. 生物

包装或内装物有时会受到生物的直接侵害，如被动物撕咬或者受到动物排泄物的污染，以及霉菌、细菌和其他微生物的繁殖。高温和高湿会助长霉菌的生长和细菌的繁殖。

9. 化学腐蚀

腐蚀是最常见的化学反应之一。包装件与腐蚀性气体、化学品、危险货物等接触时可能会发生腐蚀。

10. 其他

物流包装件在流通过程中还有可能遭遇沙尘、偷盗或电磁辐射等危害。

7.1.4 内装物的防护

了解内装物可能的危害因素后，可以通过选择合适的防护方式以减轻商品在运输过程中可能受到的损害。

1. 防水

对于需要防水的内装物，可根据其性质、流通环境和可能遇到的水侵害等因素选定防水包装。

2. 防潮

对于需要防潮的内装物，可根据其性质、流通环境和防潮期限等因素综合考虑选定防潮包装。

3. 防锈

对于易锈蚀的内装物，宜先清洗和干燥，然后进行防锈和包装，可根据内装物的性质、流通环境和防锈期限等因素综合考虑选定防锈包装。

4. 防霉

对于有防霉要求的内装物，可根据其抗霉菌侵蚀的能力、流通环境、包装结构、所用包装材料的抗霉性能以及样品霉菌试验的结果等因素选定防霉包装。

5. 缓冲

对于不耐冲击和振动的内装物，可采用适当的缓冲材料进行缓冲包装。缓冲包装的设计方法一般按如表 7-1 所示步骤进行。

6. 其他

根据内装物的特点和流通环境，可能还需考虑防静电、防磁、防辐射或防虫等措施。

表 7-1　缓冲包装的设计方法

序号	步　骤	设　计　方　法
1	确定危害因素	通过监测物流包装件在流通过程中的危害因素，获得流通环境数据
2	确定内装物脆值	确定内装物的许用冲击脆值和许用振动脆值
3	改进内装物设计	根据内装物脆值的大小，改进内装物的设计，改变内装物的脆值
4	缓冲材料试验	确定缓冲材料的特征曲线
5	缓冲包装设计	在综合考虑危害因素和实验室数据的前提下进行初步包装设计
6	测试包装件	包装设计完成后，根据步骤1制定试验大纲或选择物流包装试验标准对包装件进行试验。未能通过试验的需要对内装物或包装进行改进

7.1.5　包装方式

不同的产品特性会使得内装物采用不同的包装方式。常见的包装方式包括箱类包装、桶罐类包装、袋类包装、底盘包装、托盘包装等。

1. 箱类包装

常见的箱类包装按照包装材料的不同，可以分为纸质类、木质类、塑料类以及金属类。通常，由于纸箱的生产性、环保性较好，成本相对较低，大多数轻小型产品宜采用纸箱包装；对于重型、大型机电设备，往往采用木箱、钢箱或钢木结合的包装箱；塑料箱多用作周转箱。常见箱类包装的类型及适用范围如表 7-2 所示。

表 7-2　常见箱类包装的类型及适用范围

类型	名　称	适　用　范　围
纸质类	瓦楞纸箱	单瓦楞纸箱内装物质量不大于 40kg，最大综合尺寸 2m
		双瓦楞纸箱内装物质量不大于 55kg，最大综合尺寸 2.5m
	重型瓦楞纸箱	内装物质量大于 55kg 或最大综合尺寸大于 2.5m
	冷链物流包装用低温瓦楞纸箱	内装物质量和最大综合尺寸与瓦楞纸箱相同，同时储存和运输温度低于 −15℃
	蜂窝纸板箱	可替代重型瓦楞纸箱或木箱
木质类	框架木箱	内装物质量 500~40 000kg，箱的外尺寸长度不大于 12.0m、宽度不大于 5.0m、高度不大于 5.0m
	普通木箱	内装物质量不大于 200kg，箱的内尺寸长、宽、高之和不大于 2.6m 或体积不大于 1m³
	滑木箱	内装物质量不大于 1 500kg，箱的外尺寸长度不大于 6.0m、宽度不大于 1.5m、高度不大于 1.5m

（续）

类型	名　　称	适 用 范 围
木质类	竹胶合板箱	内装物质量 竹木箱：普通箱型的不大于200kg；滑木箱型的不大于500kg；框架箱型的为400～10 000kg
		竹钢箱：普通滑木箱的不大于500kg；框架箱型的大于10 000kg（但底座需周转使用时不大于10 000kg）
	拼装式胶合板箱	内装物质量不大于2 000kg，且综合尺寸不大于6m
	钢丝捆扎箱	内装物质量 A 级：不大于135kg B 级：不大于225kg
塑料类	塑料周转箱	内装物质量不大于70kg
金属类	钢箱	可替代木箱

▶ 2. 桶罐类包装

桶罐类包装多用于液体和粉粒体的包装。常见桶罐类包装的类型及适用范围如表7-3所示。

表7-3　常见桶罐类包装的类型及适用范围

类　型	名　　称	适 用 范 围
塑料类	聚乙烯吹塑容器	容积不大于250L，不适用于危险品和食品包装
	聚丙烯注塑桶	多用于盛装液体
金属类	钢桶	最小总容量 全开口钢桶：200L及以下、208L、210L和216.5L 闭口钢桶 200L及以下、212L、216.5L和230L
	钢提桶	容量为17～24L
	方桶	容积不大于18L
复合材料类	复合式中型散装容器	由刚性塑料内容器和钢质外框架构成，盛装液体，公称容量可分为820L、1000L和1200L
	钢塑复合桶	公称容量20～200L
纸质类	纸桶	不适用于直接包装食品和药品

▶ 3. 袋类包装

袋类包装多用于粉粒体的包装。常见袋类包装的类型及适用范围如表7-4所示。

表 7-4　常见袋类包装的类型及适用范围

类　　型	名　　称	适 用 范 围
塑料类	塑料编织袋	袋宽 200～1050mm，最大装载质量 60kg
	集装袋	容积在 0.5～2.3m³，装载质量在 500～3000kg

▶▶ 4. 底盘包装

底盘包装属于敞开包装，即将产品固定在底盘上，无须包装成箱形的包装。底盘可用木材或钢材制作，也可以钢木结合，多用于 500kg 以上机电产品的包装。

▶▶ 5. 托盘包装

托盘包装是将包装件或产品堆码在托盘上，通过捆扎、裹包或胶粘等方法加以固定，形成托盘单元货载便于机械设备搬运。常见托盘包装的类型及适用范围如表 7-5 所示。

表 7-5　常见托盘包装类型的类型及适用范围

类型	名　　称	适 用 范 围
木质类	联运通用托盘	适用于联运，也适用于托盘公用系统，额定载荷 1000kgf
	木质平托盘	
塑料类	塑料平托盘	额定载荷 1000kgf
	组合式塑料托盘	额定载荷 500kgf、1000kgf、1500kgf 和 2000kgf
	塑料箱式托盘	额定载荷 500kgf 和 1000kgf
纸质类	纸基平托盘	额定载荷 1000kgf
塑木类	组合型塑木平托盘	额定载荷 500kgf、1000kgf、2000kgf 和 3000kgf
金属类	铁路货运	适用于铁路内部及铁路与货主间使用，也适用于联运
	钢制平托盘	
	箱式、立柱式托盘	额定载荷 300kgf、500kgf、1000kgf、1500kgf 和 2000kgf
其他类	一次性托盘	额定载荷 500kgf 和 1000kgf
	植物纤维类模压平托盘	其他材料模压平托盘也可参照执行

▶▶ 6. 其他包装

根据内装物的特点，还可以选用盘卷包装、捆装、压缩打包、裸装等其他包装方式。

▶▶ 7.1.6　包装方案的实施

在充分了解内装物特性、需方要求和限制事项、危害因素、内装物的防护、包装方式五个方面后，可针对特定的产品选择合适的物流包装。

▶ 1. 包装容器的设计与制作

当有相应的标准时，包装容器按相应标准的规定进行设计和制作；当没有相应的标准时，可参考类似容器标准的设计原理进行设计和制作。

需注意的是，标准所规定的材料尺寸和容器结构往往是针对通常的流通环境设定的。对于特定的流通环境，包括较严酷或危害较小的流通环境，宜做相应的设计。

▶ 2. 内装物的准备

对内装物包装时，考虑到流通过程中可能遇到的危害，可能要对其做相应的准备。为确保准备工作不对产品的性能造成影响，包装部门宜征询产品生产厂的意见。

内装物尺寸或质量过大不便于搬运时，在不影响内装物性能的前提下，可考虑将内装物进行分解或部分拆解。这样可以缩小包装件的体积或质量，甚至可以调整包装件的质心。

对冲击和振动敏感的易损部件，可采用合适的缓冲材料进行局部保护；对细小的部分或不稳定的部分，可用支撑或支架进行支持和固定；对可拆卸的易损部件，可单独进行缓冲包装。

内装物有可动部件且需进行固定时，可根据其特点和强度，使用木材、钢材、捆扎带、胶带或缓冲材料等进行适度的固定。

内装物需防锈时，可采用防锈油、防锈脂、气相防锈剂或气相防锈膜等进行防锈处理。其防锈前的清洗干燥作业以及防锈作业通常由产品生产厂负责完成；如果这些作业需委托给包装部门负责，则建议在产品生产厂的指导下进行作业。

▶ 3. 包装作业

根据客户的要求、包装物的特点和流通环境危害程度，选择适当的防护方法并按相关标准的规定实施。包装作业场所宜干燥、清洁、无污染。整个包装作业过程均需防止对内装物造成损坏。

为防止内装物在包装容器内部的移动而造成损伤，需根据内装物的易损性和流通过程中的冲击和振动强度，采取适当的措施将内装物稳妥地固定在包装容器内：

1）轻型、小型内装物宜采用缓冲与固定相结合的办法，如采用瓦楞纸板、蜂窝纸板、纸浆模塑、泡沫塑料、气泡薄膜或现场发泡等将其固定在包装容器内。

2）轻型、小型包装件集装在托盘上时，宜采用拉伸薄膜、热收缩薄膜或打包带等将其固定在托盘上。

3）重型、大型内装物宜采用木材、钢材、地脚螺栓、紧固件、钢丝绳或捆扎带等将其固定在包装容器内。

此外，包装容器的封缄作业宜按相关的规定或技术要求执行。为确保物流包装件安全到达目的地，在包装件的外侧需标打各种储运标志。进行包装的同时，需备齐相关的运输文件，包括并不限于发货单、内装物明细、托运收据等；出口时还需有出口申报单、原产地证明书等；木包装箱及包装容器中使用木材固定内装物时，可能还需有木材熏蒸处理证明书。

7.1.7 包装件的装载和固定

1. 装载

装载时需考虑不同包装件的兼容性，特别是内装物的性质。如考虑气味或飞尘相互沾染的可能性，以及物理或化学兼容性，需避免不兼容的包装件混装在同一运输工具内，或将其有效分隔开，装有液体的包装件不堆放在其他包装件之上等。

包装件的载荷宜尽可能均匀地分布在运输工具的地板上，避免对地板的集中载荷超过其限度。同时，还需考虑所有包装件的总质心处于运输工具所允许的偏心限度之内。

包装件多层装载时，需将重的或强度大的包装件放在下面，将轻的或强度小的包装件放在上面。上下包装件的长宽尺寸不同时，需插入垫舱物，以避免对下层包装件的集中载荷。码放在下层的包装件的强度需足以支撑其上码放的包装件。

在集装箱等封闭运输工具内装载易因潮湿而受损的包装件时，需避免同时装入湿度大的包装件和使用木托盘或使用湿度大的木材固定包装件，以避免储运过程中因昼夜温差大而造成封闭运输工具内的凝露。需要时可采用防范顶部滴水的麻布、纸板，防范侧壁流下凝结水或包装件底部积水的木板，以及加入足够的干燥剂等措施。

2. 固定

尽可能采用紧密装载，使包装件在运输时不会在运输工具内发生移动，否则需考虑对包装件进行固定。

固定包装件时，首先需确认包装件的坚固部位和易破损部位，不宜在易破损部位进行固定。

宜根据包装件的特性和形态选择适当的固定用材料和固定方法：

1）尽可能将包装件紧贴在运输工具的侧壁等位置上固定。

2）增加包装件与运输工具地板的摩擦力。

3）在包装件之间或包装件与运输工具的侧壁之间插入如轮胎、托盘、物流包装用可充气填充袋等各种垫衬物。

4）采用钢丝绳、铁链或捆扎带等进行捆绑，捆绑位置应在包装件重心的上方，捆绑材料需尽可能短。

5）采用挡块、木方、胶合板或木框架等进行固定。

6）为防止一个包装件的移动造成二次损害，可将多个包装件集合固定，其间不留空隙。

7）固定材料的强度需足以抵抗运输中的各种冲击，以防运输过程中包装件松动，以及运输时或开门卸货时包装件跌落。

7.1.8 物流包装试验验证、监测与改进

1. 试验验证

对物流包装件有要求时可进行试验，以验证物流包装件是否达到预定的防护要求。

2. 监测

需要时，可使用流通环境记录仪、湿度指示卡、倾倒指示标签或冲击指示标签等对流通过程中的物流包装件进行监测，记录和分析物流包装件在流通过程中经受的各种危害因素的数据，还可以通过监测的数据判断包装件的状态，发现可能或已经出现的损坏，及时采取相应措施。

3. 改进

需根据试验验证结果、监测数据、客户的反馈或投诉以及调查结果，不断对内装物、包装、流通环境进行改进，以达到物流包装件损失最小化的目标。

在掌握了如何确定产品物流包装方案后，接下来将分别介绍机电产品、生鲜产品以及服装产品的物流包装。

7.2 机电产品的物流包装

机电产品是指使用机械、电器、电子设备所生产的各类农具机械、电器、电子性能的生产设备和生活用机具。一般包括机械设备、电气设备、交通运输工具、电子产品、电器产品、仪器仪表、金属制品等及其零部件、元器件。[⊖]

⊖ 中华人民共和国出入境检验检疫行业标准 SN/T 2838.2—2011《进出口机电产品检验专业通用要求 术语和定义》。

7.2.1 机电产品的特点

1. 机电产品种类多、范围广

机电产品的概念非常广泛，常用两种分类标准：一是我国海关统计商品目录 HS 编码；二是联合国的《国际贸易标准分类》（SITC）。根据用途的不同，采用不同的适用标准，而且各类标准之间可以进行转换，可以视具体情况而定。

根据我国海关统计商品目录 HS 编码可以将机电产品分为五大类及其他。其中，五大类机电产品的商品类别为金属制品、机械及设备、电器及电子产品、运输工具以及仪器仪表。

2. 机电产品出口稳步增长

自 2001 年我国加入 WTO 以来，国际贸易成为拉动我国经济增长的"三驾马车"之一。其中，机电产品出口在我国的出口贸易中占有重要比重。2004 年以来，机电产品出口额占我国出口总额的比重始终超过 50%，而且机电产品出口额由 2004 年的 3064 亿美元增长到 2017 年的 12437 亿美元，增长了 3 倍。

3. 机电产品易锈蚀

在运输过程中，机电产品容易与周围介质发生化学或电化学作用，导致金属锈蚀。我国机电产品的出口大都采用海运，海上的盐雾、水汽等极易导致机电产品生锈腐蚀。腐蚀所引起的损害还不局限于金属本身，有许多机电产品因局部腐蚀而使整个产品的质量降级甚至报废。

4. 机电产品出口形式多样

机电产品的出口形式一般有三种：第一种为整机销售，整机出口；第二种是 SKD 出口，即电子产品在国内组装成小块部件并调试完毕，然后出口；第三种则是 CKD 出口，即整套元器件散装出口。不同的出口模式对产品的物流包装有着不同要求。一般而言，在包装方面 CKD 出口比整机出口和 SKD 出口更为复杂。

7.2.2 机电产品的主要物流包装方式

机电产品物流包装的主要目的在于保证产品运输过程中不发生锈蚀、精度降低、残损或散失等现象。因此，选用的包装材料不应引起产品的表面色泽改变或锈蚀，也不应由于包装材料的变形而引起产品损坏。

根据机电产品的特点，首先应选择合适的防护包装来避免锈蚀。机电产品常用的防护包装方式包括真空包装、热收缩膜包装以及气相防锈热收缩膜包装。真空包装是指抽取包装内所有的空气并配合氧气透过率极低的包装材料，使外界的氧气无法渗透。热收缩膜包装是利用有热收缩性能的塑料薄膜裹包产品或包装件，然后迅速加热处理，使包装薄膜按一定的比例自行收缩，紧贴住被包装件的一种包装方法。气相防锈热收缩膜则是在热收缩技术的基础上，加入气相防锈技术，是金属及设备贴体包装的常用方式。

由于机电产品种类繁多，既有轻物又有重物，既有小型又有大型，既有扁平物又有超高物等，所以，不同类型的机电产品采用不同的物流包装方式。常用的物流包装方式包括箱装，包括普通木箱、滑木箱、框架木箱、瓦楞纸箱、胶合板箱、纤维板箱、钙塑箱、菱镁砼箱、竹胶盒板箱、塑料箱、钙塑瓦楞箱、金属箱、蜂窝纸板箱等，敞开包装，局部包装，捆扎包装，裸装，袋装，托盘包装等。

以电子元器件的出口为例，电子元器件由金属材质以及非金属材质构成，为了保证其在运输的过程中不发生锈蚀，可采用气相防锈热收缩膜密封包装，内置气相防锈粉剂、干燥剂，然后再将其放置在瓦楞箱中，并采取适当的措施将其稳妥地固定在箱内，根据其堆放规则放置于集装箱中运往海外。

随着科技的发展以及人们对物流包装材料环保的重视，我国机电产品的包装材料也在不断发展。在我国机电产品包装中，木材包装约占80%，每年消耗木材1000多万立方米，占我国商品木材产量的1/6左右，而且大部分都是优质木材。近几年，我国在机电产品包装节材代木方面进行了积极探索，在包装使用类、包装生产类以及物流设施循环共用类企业中开展节材伐木应用试点，使得机电产品的包装材料更加多样化、绿色化。通过试点，在以速生林木材加工成"单板层积材"替代实木包装材料，以金属、菱镁材料、木塑材料及竹胶板、蜂窝纸板、农作物秸秆板替代木包装材料等方面取得了较大进展。

▶案例——电焊机物流包装设计

电焊机作为我国机电类产品出口的其中一类产品，其物流包装的性能在整个运输过程中起着决定性的作用。目前，电焊机的运输主要借助汽车和船舶。在船舶运输过程中振动较小，但是在汽车运输过程中电焊机受到路面、发动机振动，车辆的减振性能等因素的影响，会产生随机性的上下颠簸和左右摇晃。并且，车辆起动、变速、转向和路过坑洼道路时都会产生冲击，从而损坏电焊机。所以，在产品运输过程中电焊机的物流包装是保护其运输安全的重要举措。

电焊机特点为体积较大、重量较轻，且属于专业机电类设备，整机销售，不能拆分运输，需整体运输。电焊机内部的支撑件属于脆弱件，并且内部有许多电子元器件，在运输、装卸和搬运时容易产生损坏。而外壳则为金属部件且具有一定的强度，而且脆值也较高（脆值是指产品不发生物理损坏或功能失效所能承受的最大加速度值），因此，在设计时需要对内部的易损件进行相应的隔振设计，以减缓外来冲击或振动对产品的影响。因此应根据缓冲材料的特性来选择合适的缓冲材料。

考虑材料的特性以及电焊机运输过程中防振和防冲击的要求以及成本的高低、适用的场合等诸多因素，选用 EPE（发泡聚乙烯）作为电焊机物流包装的缓冲材料。EPE 俗称珍珠棉，是一种低密度、半硬质、闭孔结构、耐腐蚀的聚乙烯聚合物。它的抗拉强度较高，不易掉渣；缓冲性能也较好，能够耐受多次冲击，动态变形小；抗静电性能好。

考虑到电焊机的特点以及包装材料的成本，选择局部包装而非全面包装。虽然采用全面缓冲的包装方式缓冲效果较好，但是所花费的成本较高，而且电焊机外壳具有一定的强度，因此全面包装并不适用于电焊机的物流包装。此外，考虑到实际运输、搬运和装卸过程中电焊机缓冲材料受损程度最大的在于底部，同时，实际物流运输过程中的不良冲击和振动都是从底部开始的，因此，在电焊机物流包装设计上应着重设计其底面的缓冲垫。

在确定了包装材料以及包装方式后，需要对其物流包装进行相关的物流包装件振动试验。通过试验结果对物流包装进行优化，降低其运输过程中的损坏概率。

电焊机作为我国一种重要的机电类产品，应通过运用包装设计六步法对电焊机的物流包装进行设计和改进，进而有效地保护电焊机内部部件，降低非预期的损坏。

7.3 生鲜产品的物流包装

在生鲜产品当中，果蔬（蔬菜水果）、肉类、水产品消费占比较高，因此被称为"生鲜三品"。这三类产品未经烹饪制作，仅通过简单加工即可上架出售，因此也称初级产品。此外，生鲜产品还包括经加工后的面包、糕点食品以及经过腌制或者熏煮后的熟食调理产品等，合称为"生鲜五品"。

7.3.1 生鲜产品的特点

1. 生鲜产品种类繁多，对冷链温度要求多样

不同的生鲜产品对冷链物流的温度要求不同，具体如表 7-6 所示。果蔬产品通常为冷藏或者控温条件下运输，水产品和肉类往往根据加工后的产品特点选择超低温、冷冻、冰温、冷藏等不同温度下运输。以农、畜、水产品为原料加工的速冻食品在超低温以及冷冻的条件下运输。面包、糕点等则往往根据产品特点选择相应的运输温度。

表 7-6　生鲜产品及温度要求

产品	超低温	冷冻	冰温	冷藏	控温
	（< -50℃）	（< -18℃）	（-2~2V）	（0~10℃）	（10~15℃）

（续）

水产品	金枪鱼、生鱼片	速冻海鲜	冷鲜水产	—	—
肉类	牛肉急冻	以猪、牛、羊等为原料加工调理的冷冻食品	肉馅、肉丸	冷鲜肉（猪、牛、羊等）	—
水果	—	—	—	樱桃等	菠萝等
蔬菜	—	—	—	南瓜、菠菜等	辣椒、黄瓜、番茄等
乳制品	蛋糕坯等	—	植物奶油蛋糕	鲜奶油	
速冻食品	冷藏盒饭	所有速冻食品			

2. 生鲜产品保质期短、损腐高

生鲜产品保质期短、损腐高，因此需要采用极速冷链配送，以保证产品的成活率及新鲜度，而且，在供应链管理的每一个环节都对时间、温度、包装有严格的要求。

3. 生鲜产品冷链物流形式具有多样性

以水产品冷链物流形式为例：高档鲜活水产品从国外直接空运进国内；冷冻集装箱水产品通过海运、铁路运输和冷冻冷藏车长途联运；泡沫箱塑料袋包装活鱼通过零担运输和活水车运输等。

7.3.2 生鲜产品的主要物流包装方式

由于生鲜产品种类繁多，而且不同类型的产品对温度的要求不同，包装方式也有较大差异。接下来将针对农产品、肉类产品以及水产品分别进行阐述。

1. 农产品物流包装

农产品从上游采收后，大部分都直接放入纸箱、塑料袋、塑料筐等初级包装中进行运输。目前，国际上通行的农产品物流包装是 EPP 可循环包装。这种包装具有强度高、保温性能和缓冲性能极佳等特点，且易于分解，不会对环境造成污染。

2. 肉类产品物流包装

肉类产品可分为鲜肉、冷冻肉以及加工肉制品等。不同类型的肉类产品对运输温度的要求不同，因此往往采用不同的物流包装。

（1）鲜肉的物流包装

鲜肉一般通过包装和冷藏相结合的方法来达到保鲜抑菌的作用。为了防止肉中的水分过度散失，应使储运环境的相对湿度保持在 85% ~ 95%，这就要求使用透湿率低的包装材料，阻止包装内部与外部的气体交换和水分损失。

鲜肉常用的包装方法包括真空包装、气调包装、托盘包装等。其中，真空包装是指抽取包装内所有的空气并配合氧气透过率极低的包装材料，使外界的氧气无法渗透入内，降低了鲜肉氧化、酸败的速率，以确保鲜肉的新鲜度。真空包装的鲜肉在 0 ± 1℃可储存 $14 \sim 20$ 天。气调包装则通过改变包装内的气体成分同时配合低温等措施，有效延长食品的保质期。气调包装最常用到的气体是二氧化碳气、氮气和氧气。托盘包装往往适用于短距离的鲜肉运输，且对运输过程中的温度有严格要求。此外，冷藏肉多使用聚苯乙烯托盘，托盘底层垫放吸水纸以吸附水分。

（2）冷冻肉的物流包装

冷冻肉的包装材料除了要能防止氧气和水蒸气透过以避免脂肪的氧化酸败外，还必须能适应温度急剧的变化，不随着冻结或解冻操作而收缩或膨胀。常用的包装材料包括铝箔、塑胶膜复合材料。铝箔可与其他材料复合成柔软性的包装材料用于包装冷冻食品，同时也可以加工成各种形状的半硬式包装容器来包装肉品或即食食品。其防水蒸气透过性与防气体透过性极好，但收缩性和热封性较差。塑胶膜复合材料，如尼龙与聚乙烯，聚乙烯与聚酯薄膜、涂聚偏二氯乙烯的聚丙烯等常用于包装牛排等，再装入涂蜡的纸箱后冷冻运输。

（3）加工肉制品的物流包装

加工肉制品的包装为了维持加工肉制品的品质，包装材料选择要考虑其生产加工、储存及食用方式的特性。肉制品的包装材料很多，常用的包装材料可分为天然肠衣、人造肠衣及其他包装材料。天然肠衣主要由猪、牛、羊的小肠、大肠、膀胱等加工而成，以猪肠衣和羊肠衣两种最常用。人造肠衣包括胶原肠衣、纤维素肠衣和塑料肠衣。常见的其他包装材料包括铝箔、收缩袋、拉伸膜等。铝箔适用于传统肉制品的高温灭菌包装，具有较长的保质期。收缩袋采用多层复合材料，阻氧、阻水性能比较高，具有热封性、收缩性、印刷性能，用于低温肉制品的二次包装。拉伸膜包装材料抗拉强度高，纵横延伸率高，抗戳穿、防撕裂性能好，紧固性强，同时拉伸膜机械化程度高，特别适合肉制品的二次包装。

》3. 水产品的物流包装

水产品是指海洋、江河、湖泊、滩涂以及池塘等出产的活体或经过冷冻的动物，如鱼、虾、蟹、贝类等。水产品包括鲜活水产品、冰鲜水产品和冰冻水产品。不同类型的水产品采用不同的物流包装。

（1）鲜活水产品的物流包装（GB/T 27638—2011《活鱼运输技术规范》）

以活鱼为例，根据鲜鱼运输的三种方式，即充氧水运输、保湿无水运输以及活水舱运输，鲜鱼采用不同的物流包装。

1）充氧水运输。充氧水运输是指在活鱼运输过程中通过使用充气机、水泵喷淋或直接充入氧气等方法，在敞开或封闭式的运鱼装载容器的水体中增加溶氧量进行活鱼运输。充氧水运输方式可分为封闭式充氧水运输和敞开式充氧水运输两大类型，适用于大、中、小各种规模的活鱼运输，可车运，也可船运。装运容器常用木箱、塑料箱、帆布桶和薄膜袋等。重复使用的装载容器应能方便清洗和安装有良好的进排水装置。

装鱼前，装运容器应先加入新水，并将水温调至与暂养池的温度相同。装运海鱼时，应加入与鱼养殖场海水盐度相同的海水。采用塑料薄膜袋加水充氧封闭式装运时，装鱼前应先检查塑料袋是否漏气，然后注入约1/3空间的新鲜水，再放入活鱼，接着充入纯氧，扎紧袋口，放进纸板箱或泡沫塑料箱中进行运输。用于航空运输时，充氧袋不应过分充气。应根据不同的鱼类选择合适的运输时间，运输时间一般控制在40h内为佳。

2）保湿无水运输。保湿无水运输则是对某些特定鱼类，经采用保湿材料盖住鱼体，使鱼体表面保持潮湿，温度宜控制在接近鱼类生态冰温的环境条件下实行无水保活运输。常用的装载容器为食品周转箱、木箱、蟹苗箱、帆布袋、橡胶袋、PVC薄膜袋等。保湿无水运输可分为箱式保湿无水运输与薄膜袋保湿无水运输，适宜用于有体表特殊呼吸功能且耐干露能力较强的鱼类进行中小规模运输量的车运、航运和空运。应根据不同的鱼类选择合适的运输时间，一般控制在10h内为佳。保湿材料应采用干净卫生、无污染并且质量轻、吸水、保湿性能好的材料，如纯棉质毛巾、吸水纸、木屑、谷壳、海绵等。

以三文鱼箱式保湿无水物流包装为例，装箱时应先在箱子里垫上吸湿纸，再在箱底铺上经加湿及冷却的保湿材料，厚度为1.5~2cm，然后铺放1~3层三文鱼，上面再铺盖保湿材料。

3）活水舱运输。活水舱运输是指在运输船水线下设置装运鱼的水舱，并在水舱的上、中、下层均匀开有与外界水相通的孔道，在航行时从前方小孔进水，后面出水，使水舱内保持水质清新与稳定的条件下进行活鱼运输。活水舱运输适用于在水质良好的水域环境进行大批量的长途船运。应根据不同的鱼类选择合适的运输时间，运输时间一般控制在48h内为佳。

（2）冰鲜水产品

装运冰鲜水产品的装载容器应采用泡沫塑料保温箱、木箱、塑料箱等坚固、洁净、无毒、无异味和便于冲洗的容器。用于长途运输的装载容器应具有排水功能。

待运的水产品在捕获后应立即用冰保鲜，装箱时应在箱底铺一层碎冰，然后按一层鱼一层冰的方式装放，放足量的碎冰，产品温度在运输过程中应始终维持在0~4℃条件下。

（3）冷冻水产品

冷冻水产品是指将水产品冻结，并保持低温状态。在冻结鱼、虾、贝类时，常在其冻结后再包冰衣。冰衣（冰被）是冷冻水产品的保护层，可以防止水产品在冻结及储藏过程中发生干耗、油脂酸败、变色、变质，也使附着于水产品中的好氧细菌因缺氧而生长缓慢。因此，冰衣（冰被）越厚，冷藏时的温度越低，产品的品质就越好。外包装材料则多采用内部涂蜡的纸板箱。

▶案例——易果网

随着消费者对生鲜产品的需求与日俱增以及电商平台的快速发展，易果网、天猫电商、沱沱工社以及顺丰优选纷纷进入生鲜电商领域。易果网作为我国第一家生鲜电商，不仅拥有四大主要的线上入口，包括天猫超市、苏宁生鲜频道"苏鲜生"、"易果生鲜官网"以及淘宝店铺，而且还拥有"生鲜+传统便利店""生鲜+无人货架"及"生鲜+无人便利店"三种线下入口。

生鲜产品由于其易腐性，对包装以及运输条件有着严格要求。易果生鲜产品的包装整体分为两大类：原箱包装和易果网包装。商品的原箱包装就是货物的本来包装，包装内部充有氮气等保护气体，并且是密封包装，通常箱子规格比较大。易果网包装包括普通纸箱包装和保温泡沫箱包装。普通纸箱包装就是纸箱添加防振保护材料；保温泡沫箱包装是泡沫隔热箱，箱内除了防振装置，采用制冷剂作为冷源保持箱内的低温状态，保证产品的新鲜。

依托高速增长的国内冷链市场，安鲜达从易果网的物流团队成长为独立的冷链物流企业。安鲜达致力于发展生鲜冷链物流服务，为生鲜产品的冷链运输提供专业化、标准化的服务。

依托易果网14年的生鲜经验，安鲜达潜心打造冷链的标准化体系，沉淀出覆盖生鲜全品类的标准化操作与管理规范。截至目前，安鲜达主导制定了1个行业标准，参与制定了2个国家标准和6个行业标准，还自主制定了涵盖采购、仓储、物流、客户服务四大体系的319个企业标准，真正实现了生鲜标准化体系建设覆盖全品类全流程。而且，在包装环节，安达鲜成立了安鲜达包装服务中心（PSC）来专门改善产品包装。在过去十几年的生鲜包装与配送探索中，安达鲜积累了大量运营数据，建立起了丰富的实战案例库，可为全品类生鲜提供体系化的包装方案开发，拥有5 000多种商品的包装经验，并推出了真空包装以及冷冻产品专用的泡沫干冰外包装等来更好地保障产品品质，以此探索出更适合的包装标准。此外，在商品的内部运转中，安达鲜统一使用1m×1.2m的塑料托盘，以此提高运转效率，降低产品损耗。

7.4 服装产品的物流包装

按照不同的分类标准，服装产品可分为不同的类型。按消费对象的不同，服装产品可分为男装、女装和童装；按产品的价值或价格不同，可分为高档服装、中高档服装、中档服装、中低档服装和低档服装；按服装的功能不同，可分为职业正装、商务休闲装、生活休闲装、内衣及保暖衣物等。

7.4.1　服装产品的特点

1. 服装产品具有季节性，产品生命周期较短

服装产品具有极强的季节性，一旦过季，其价值和价格都会大打折扣；并且，服装产品具有潮流性，其生命周期较短。

2. 服装产品的消耗具有品牌偏好

随着生活水平的提高，人们对服装产品的需求已不拘泥于遮羞、保暖等基本功能，还追求商品所能够带来的附加值，如希望服装产品能够表达自我的个性与追求等。

3. 服装产品对运输条件无过高要求

相对于工业品和其他消费品而言，服装产品的单位价值小、质量轻、易保管，对运输和分发无过高的要求。

4. 服装产品的品牌、种类繁多，且易被仿冒

由于服装产品的技术含量较低，因此服装行业的进入壁垒较低，而且容易被仿冒。此外，服装企业的投产和新产品的开发难度远远低于机电产品，所以一定程度上使得服装产品的品牌和种类繁多。

7.4.2　服装产品的主要物流包装方式

区别于机电产品和生鲜产品对物流包装的高要求，服装产品的物流包装相对简单。一般的服装只需要保证其在运输过程中的干燥和整洁即可，而高档服装则需根据不同的要求选用合适的运输包装。

服装产品常用的内包装方式包括塑料包装、真空包装等；常用的外包装方式包括塑料袋、瓦楞纸箱、无纺布、布、普通集装箱、挂式集装箱等。

塑料袋的特性能够基本达到服装产品在运输过程中的包装要求，通过内置防潮纸、外用塑料袋的方式能够实现服装在运输过程中的干燥与整洁；而且，塑料袋的价格便宜，适用于大量使用；塑料袋的可塑性较强。所以，可以根据商品的特性选择不同的塑料材料以及不同的厚度。

对服装产品进行真空包装时，先降低服装的含湿量；再将服装装入塑料袋中；然后当服装在塑料袋中被压缩时，抽掉服装袋中以及服装内的空气；最后在真空和压缩结束后，将袋子粘合。真空包装能够减少成衣的装运体积，减少被运输成衣的装运重量，降低成衣的运输成本。服装经过真空包装后，往往被放入纸箱中进行封装。

瓦楞纸箱是保持服装平整度和整洁度的有效包装形式，而且方便运输。无纺布和布材料手感柔软、使用舒适、便于携带，而且无纺布具有防潮、防划等作用，对皮革类服装有较好的保护作用。

挂式集装箱是以挂装形式长途运送服装的一种专用集装箱，主要针对一些易皱、不宜折叠的高档服装，如西装、衬衫等。挂式集装箱包括木质集装箱和金属集装箱。挂式集装箱完全免除了纸箱，但每件衣服增加了一个衣架，放入挂式集装箱中进行运输。在外贸服装物流中，挂装运输已经成为一种趋势，较多应用于高档服装出口，这就是常说的立体包装。立体包装能够克服服装经运输后产生的皱褶，使衣服保持良好外观。立体包装就是将衣服挂在衣架上，外罩塑料袋，再平直吊挂在挂式集装箱内。服装挂式集装箱使服装吊挂，能够避免折皱，货到后即可直接上货架出售，无须重新熨烫，很适合大百货公司与超级市场的销售。

此外，随着工艺的发展，一些创新材料和新型技术在服装产品中也有体现，如无污染和易回收的竹胶板箱。

7.5　包装行业未来展望

2019 年 5 月 16 日，Mintel 发布了《2019 年全球包装趋势》，详细解读了影响 2019 年及未来全球包装行业的四大趋势，包括对消费者、品牌和制造商的影响。

≫ 1. 互联式包装

全球拥有互联式设备的人数不断增多，连接包装和网络世界的技术日益进步，人们对互联式包装的兴趣也被再次点燃。品牌可以通过多种方式与包装虚拟相连，包括二维码和其他图形标记、近场通信（NFC）、RFID、蓝牙和 AR。互联式包装可以成为连接实体和数字购物世界的纽带，让品牌商能够在一定程度上控制如何在线上展示其品牌和产品，并提供引人入胜的内容和具体产品信息，从而直接影响购买决策。

≫ 2. 循环回收

品牌商和各类加工企业在宣传时往往承诺采用 100% 的可回收材料或者对所有的包装进行回收。然而，现实是很少有人考虑如何、在哪里以及由谁来供应和回收这些材料。尽管可回收包装的要求已经很普遍，但包含可回收成分的要求仍然很少。难以获得高质量的再生塑料以及对食品安全的担忧，阻碍了食品和饮料中再生材料的使用，尽管很多企业乐于回收，但是围绕回收的不便和混乱，阻碍了更多的企业参与回收。包装废料出口的困难将会促进回收设施的快速改进，从而提升高质量可回收材料的回收量。展望未来，品牌商将有机会通过承诺在新包装中使用回收材料，来顺应消费者对回收的关注。

▶ 3. 重塑包装箱

快速发展的电子商务对全球包装设计的影响远远超过该行业过去几十年来经历的任何事情。对于新一代货架陈列展示、零售商网站上的"主页横幅"（Hero Image）以及"拆箱"体验，品牌营销人员均有无限的探索空间。在电子商务中，品牌逐渐意识到应将运输包装和内部包装的信息传递和品牌推广分开——后者将包含可以让消费者在打开网购产品时感到惊喜的设计元素。虽然消费者目前可能更喜欢在实体店而非网上购买食品杂货，但网购的便利性终将蔓延至食品、饮料和家用产品。与此同时，仅通过探索利用具备可持续性的包装优化元素，商家在电子商务包装领域即可获得巨大的财务、社会和品牌资产收益。

▶ 4. 零塑料

超市零塑料通道日益流行，品牌商需考虑哪种包装解决方案可以助其在货架上占据一席之地。

海洋塑料污染已变成全球最严重的环境问题之一，人们逐渐意识到应区别对待材料。全新的探索，如零塑料通道、零包装商店和替代包装材料，赋予了消费者主动选择市场中非塑料包装的机会，而这些全新尝试仍然面临着挑战。零塑料通道映射着消费者对过度塑料包装的不胜其烦，然而，现实生活中鲜少有人愿意放弃塑料包装的便利性和优点。"零塑料"一词看似简单，却没有统一的定义。即使是零塑料包装，通常也包含植物基塑料，这表明对零塑料的界定并不明确。品牌应立即采取行动，可以通过改用广受认可的包装材料以确保在新兴的零塑料市场中占有一席之地，也可参与讨论，明确解释塑料包装对产品的好处，消除人们对塑料污染的顾虑，提供合适的解决方案，处理包装使用寿命到期的问题。

包装行业未来的发展趋势也给各行各业的包装设计带来了一定的指导和借鉴意义。随着我国不断贯彻科学发展观、推行绿色发展理念，各行各业都应关注和推行产品的绿色包装，在实现经济效益的同时保证环境效益，为构建资源节约型、环境友好型社会承担相应的责任。

7.6 延伸阅读——冷链包装的智能化发展

▶ 1. 冷链行业的现状

近年来生鲜电商行业发展迅猛，带动了国内冷链物流产业崛起。与此同时，我国在 2019 年 7 月首次提出实施城乡冷链物流设施建设工程，国家发改委、交通运输部、商务部等有关部门也陆续发布政策文件，从不同层面以最高级别的指导部署推动冷链物流行业健康发展。

（1）发展势头强劲

在市场需求与政策的双轮驱动下，我国冷链物流行业获得了飞速发展。早在 2016 年以前，冷链物流还一直处于不温不火的状态。眼下的冷链物流却已飞上枝头，成为各大知名电商物流企业争相追逐的"香饽饽"。艾媒咨询数据显示，2016 年—2018 年，我国生鲜电商整体市场规模稳步增长，2018 年市场规模已突破 1000 亿元。生鲜电商的羽翼渐丰，将持续为冷链物流行业带来海量订单。

巨大的市场需求让冷链物流行业进入了爆发期，风口之下，电商物流巨头争相入局，阿里巴巴、京东物流、苏宁物流、顺丰等头部企业齐刷刷出现在赛道上。

阿里巴巴旗下驯鹿冷链计划在我国建立了 50 个大中型专业生鲜冷链仓库，布局了 100 条生鲜冷链运输干线、1 000 条运输支线及冷链短驳。京东物流接连推出了冷链运输服务"京东卡班"、B2B 核心产品"冷链城配"以及首个平台化产品冷链整车。苏宁物流宣布，到 2022 年将实现 100 万 m^2 冷链仓储建设。顺丰则成立了冷链物流合资公司"新夏晖"。

巨头们推动我国冷链物流行业冲上云霄，市场规模持续稳步增长。中国质量新闻网数据显示，2018 年，冷链物流业总收入近 2900 亿元，比 2014 年增长了近 1400 亿元，5 年增长近一倍，年增长率保持在 13% 以上。与此同时，我国冷链物流基础设施建设成果喜人。中国质量新闻网数据显示，2018 年，我国冷库总量达 5200 多万吨，比 2014 年增加了 1900 多万吨，年增长率保持在 10% 以上；全国冷藏车保有量 18 万辆，比 2014 年增加了 10.4 万辆，年增长率保持在 20% 以上。

此外，智慧商店、自动分拣、智能仓储、新能源汽车等新技术、新装备逐步在冷链物流行业推广应用，特别是出现了许多智能生鲜店、无人生鲜体验店（货柜）等，给人带来新的体验。

冷链物流行业飞上枝头，自然成了资本市场的"宠儿"。据统计，仅 2017 年一年间，并购事件涉及金额就超过 80 亿元。而在 2019 年 5 月，生鲜供应链服务平台九曳供应链宣布完成 C + 轮融资。九曳供应链正式成为目前国内最大的冷链物流平台之一。

尽管同在冷链物流这条赛道上奔驰，但玩家们各有千秋。顺丰之所以与夏晖强强联合，成立合资公司"新夏晖"，看中的是夏晖物流世界领先的冷链和多温度食品分发技术，这是顺丰已与超过六成的国内百强药企合作、拥有 3 座 GSP（Good Supply Practice，产品供应规范）认证医药冷库的底气。

京东物流似乎更加看重冷链物流体系。从 2014 年开始，京东物流就确定打造冷链体系。数据显示，目前京东生鲜冷链配送已覆盖全国 300 个城市，在全国核心城市拥有全温层冷库，日均订单处理达 100 万件。不仅仅局限于国内市场，京东物流在 2018 年 1 月开始发力全球冷链物流体系建设。

与京东物流不同的是，苏宁物流的关注焦点在自建冷链仓。目前，苏宁已形成一张拥有 40 座冷链仓覆盖 173 城的全国冷链网。仅 2019 年上半年，苏宁物流就有 17 个全国冷链仓开仓。以苏宁小店作为超级入口，再借助苏宁物流冷链仓，苏宁物流计划未来三年打造出家门口的生鲜冷链门店仓。

随着电商物流行业不断"下沉"，冷链物流行业的触手也不断向低线城市以及广大的乡镇、农村地区延伸，或将再次开辟出广阔的空间。

（2）问题依然严峻

虽然目前冷链物流遍地开花，京东、苏宁、顺丰等电商物流巨头纷纷入局，我国冷链产业已经有了长足的进步，但毕竟起步晚、基础薄弱，其发展成熟度距离国外的冷链运输网络仍有不小的差距，我国冷链物流的各个环节目前"断链"问题依然严峻。

目前，我国冷链基础设施并不完善，与国内冷链物流巨大的市场需求不匹配。数据显示，2018 年我国冷库总量达到 1.3 亿 m³，冷藏车保有量为 18 万辆，似乎相当可观。但在 2018 年，日本和美国人均冷藏车拥有量分别是我国的 15 倍和 18 倍，冷库人均保有量分别是我国的 3 倍和 4 倍，差距立显。

同时，我国的冷链运输率仅为 10% ~ 20%，与发达国家 80% ~ 90% 的平均水平相去甚远。受制于较低的冷链运输水平，我国每年仅仅是果蔬一项的损失金额就有上千亿元。据专家估计，我国易腐食品在流通环节中的损失率高达 25% ~ 30%，大约 90% 肉类、80% 水产品、大量的牛奶和豆制品基本上还没有冷链运输保证。

更为棘手的是，全国各地冷链基础设施分布不均的矛盾也十分尖锐。沿海地区冷链基础设施相对较多，中西部地区冷链资源匮乏，发展相对滞后。

冷链运输率低是造成货品损失率高企的重要因素，但并不是唯一的因素，企业的不当操作也是重要推手。在"最前一公里"方面，由于企业对冷链认识不足，很多农产品没有进行田间预冷，导致产品进入冷链环节之前品质已受损。在预冷方面，我国预冷果蔬的占比一般仅为 10%，而国外高达 95% ~ 100%。

而在运输过程中，本应全程低温保存，但企业为了降低冷链物流成本，间断性地关闭制冷设备，造成冷链中断，使产品的保质期大大缩短，再加上产品预冷缺失造成的损坏，相关产品的损坏率自然高企。

除了预冷、运输过程，冷链的"最后一公里"同样对冷链质量有着决定性影响。国内生鲜电商很难盈利的部分原因就出在冷链运输上——冷链成本占到总成本的40%。很多中小企业为了控制成本，难以兼顾冷链"最后一公里"，水果、生鲜等产品在"最后一公里"配送环节"脱冷"造成损坏的案例屡见不鲜。

尽管冷链目前并不"冷"，但门槛高，它在预冷技术、冷藏车、冷链物流供应链管理等方面的要求之高和投入之大，一般企业难以招架，这也成为市场发展的一大阻力。

另外，冷链盈利难。当前冷链物流行业的平均净利润率仅在3%～4%，且仍在不断压缩。一部分冷链物流企业"赔本赚吆喝"，也有的企业不惜主动放弃既有业务"断臂求生"。利润微薄，企业思考更多的是生存问题，即如何活下去，加大基础设施建设等投入也就无从谈起。

综合来看，我国冷链物流行业想要短时间内达到与发达国家相当的水平并不容易，既然规模上难以匹敌，不妨先着眼于冷链的质量，将整个流程做精做细。以优良的冷链质量降本增效，厚积薄发，以待破局。

可喜的是，国家高度重视冷链物流发展，自2017年以来，相继出台了多项涉及冷链物流产业的政策，对冷链物流产业的发展目标、行业标准、供应链体系建设等提供建议指导。在社会需求不断加大与政策环境向好的共同推动下，我国冷链物流行业发展前景值得期待。

▶▶ **2. 电商型冷链玩家**

目前，行业内发展较好的包括电商型冷链物流和供应链型企业。电商型是京东、苏宁、阿里巴巴等，它们依靠背后巨大的订单量和数据支撑并自建冷链物流；顺丰、中通、圆通等快递企业依靠自身拥有的资源进行冷链布局。供应链型企业主要是将信息流、资金流、物流、商流四者合一，打通从采购到终端配送的一站式服务链条，省去中转环节。

（1）京东

京东冷链衍生于2014年京东物流打造的冷链体系，2017年随着京东物流的独立走向社会化服务道路，2018年京东物流正式推出京东冷链品牌，2018年下半年开始转型——由过去专注B2C领域，转型重点打造B2B服务网。目前，京东冷链分为医药和生鲜两大业务板块。

京东物流通过与各路企业合作，推动冷链技术的发展。早在2015年，京东与玛氏合作，借助玛氏先进的冷链物流技术、运输体系，保证产品"安全"进入"最后一公里"环节。2017年7月，京东宣布在冷链领域与日本物流巨头雅玛多合作，双方将在生鲜冷链、跨境物流、全球贸易、物流技术等领域展开全面合作。2019年6月，京东冷链宣布与蒙牛乳业达成合作，双方将从冷链仓储管理、干线运输、品质保障等多个维度进行全面创新。

（2）苏宁

苏宁冷链物流的打法是，由原产地开始覆盖，从产地仓到前置仓，以及与其平级的中央厨房和加工中心，最后是末端的快递网点和苏宁小店。简而言之，每一个物流节点都拥有储存和配送的能力，覆盖范围不断扩大，并进一步下沉。据了解，截至2019年6月底，苏宁物流共投入使用46个生鲜冷链仓，覆盖218个城市。

（3）阿里巴巴

2015年6月，菜鸟网络宣布在北京、上海、广州三地推出生鲜仓储配送中心，全球各地的新鲜水果、水产海鲜及肉类，在24h内通过冷链配送到消费者手中。据了解，菜鸟网络在全国重要城市设立生鲜仓储中心，整合菜鸟网络上的订单、仓储、配送资源，通过将商家订单分仓来缩短物流线路、降低成本，为生鲜电商搭建社会化的冷链仓配后台。在一个核心城市设立仓储服务，可以辐射周边几十个市县。

（4）顺丰

顺丰冷运的起步是在2013年，最初以食品冷运为主，2014年开始医药冷运服务，到2014年9月实现整合，并以顺丰冷运品牌发布。值得一提的是，顺丰冷运的仓储也为客户提供分拣、包装、简单的加工等服务，通过集中、专业的服务，降低客户成本。顺丰冷运通过监控中心对仓库的环境数据和车辆运行情况监控，对所有的环节进行监管，以确保服务质量的可控。此前，在顺丰集团冷运事业部总裁William E. O'Brien看来：顺丰正致力于探索端到端的冷链物流解决方案、满足客户个性化需求，未来还有可能"往上"和"往下"整合相关企业。

3. 供应链型冷链玩家

鲜易供应链成立于2009年，公司以产业互联网为基础，将供应链服务嵌入产业链，业务涵盖温控仓储、冷链运输、城市配送、供应链金融、保税物流、集采分销、流通加工等服务，为客户提供温控供应链服务解决方案。

在技术方面，鲜易供应链打造了垂直生鲜B2B电商平台鲜易网和智慧冷链物流综合服务平台冷链马甲。鲜易网依托食品产业链和温控供应链，解决了交易信息不对称、流通环节多、成本高等问题，提升了生鲜品流通效率；冷链马甲为用户提供信息发布、交易撮合、供应链优化、食品安全追溯、在线支付、金融保险等服务，带动线下冷链运输、冷链仓储、冷链多式联运的投资建设和运营。通过供应链活动数据化，促进货源、库源、车源和物流服务高效匹配，降低用户成本。

九曳供应链成立于2014年7月，主要为客户提供全国生鲜仓储运营服务，提供基于全国分仓的生鲜宅配、零担运输服务，保鲜及包装的冷链物流一体化解决方案。在技术方面，九曳供应链IT团队自主研发的ERP、WMS、TMS、OMS等业务系统对全国冷链物流运营进行支撑，提供快速、实时、准确的信息，使得生鲜电商企业能够在最短的时间内对复杂多变的市场做出反应，并为客户提供有利于企业生产、销售、备货等的数据支持增值服务。资金的快速摄入也为九曳供应链智慧冷链助力不少。2019 年 5 月，九曳供应链对外宣布已完成 C＋轮融资。据九曳供应链创始人张冰表示，此轮融资将继续用于扩大在 IT 技术和生鲜云仓方面的投入，建设智慧生鲜仓储体系。

▶▶ 4. 冷链物流包装的介绍

在冷链物流包装中，食品从生产出来直到达到消费者手中，其间一直会在特定的低温情况下储存起来，通过这种方法能够有效地提高食品质量，减小环境温度对食品造成的影响。这一技术是随着现代化的制冷工艺和存储技术发展而形成的，以冷藏冷冻技术作为基础，将制冷工艺作为关键方法，实现食品低温存储运输的新技术。当前在冷链物流包装技术中主要采用泡沫箱、铝箔材料、PE 复合材料以及石头纸材料等。而由于这一技术对环境有着较高的要求，因此在研发冷链物流包装技术的过程中需要投入的人力、物力、财力也十分巨大，其资金规模远远高于常规的物流水平。

随着我国冷链物流包装技术的不断发展，冷链物流可以有效地解决食品运输过程中的保鲜问题，满足人们对新鲜食品日益增长的客观需求。此外，还能够降低食品在存储和运输过程中由于环境气候温度所造成的损失和浪费。在电子商务日益发展的今天，人们对食品存储运输中的保鲜技术需求更为迫切，因此，冷链物流包装技术也在不断地提高研发速度，完善自身的应用能力。当前我国每年都会有大约 4 亿 t 生鲜产品进入物流环节中，冷链物流包装所占的比例也在不断提高。由于生鲜农产品市场规模的逐渐扩张，很多冷链物流包装企业不断出现，在建设和发展过程中向系统化、规模化、集约化的方向发展，这也进一步显示出冷链物流包装技术的优势所在。

首先，冷链物流包装技术能够有效地提升生鲜食品在存储运输过程中的保鲜能力。通过冷链物流包装的生鲜食品的品质受到环境气候温度的影响很小，当产品送到消费者手中时，可以最大限度地保留食物本身的味道和营养成分。其次，冷链物流包装技术具有非常高的效率。通过冷链物流可以在短时间内将生鲜食品送到指定的地区，同时可以保证食品的质量。最后，冷链物流包装技术可以保证生鲜食品的运输安全。冷链物流包装技术在运输中需要全程控制温度，通过冷藏、冷冻保证食品的质量安全，包括食品在装载搬卸过程中也处于封闭的状态。

▶▶ 5. 冷链物流包装存在的问题

首先，行业标准不规范。冷链物流包装技术在我国仍属于新兴技术，主要是随着电子商务行业的兴起而发展起来的，所以在这一行业中，很多技术相关的内容还处于探索阶段。例如，冷链物流包装的各项指标缺少统一的标准，社会和相关政府机构对冷链物流产业的管理还有待提高，很多刚刚兴起的企业在实际操作中没有按照国家的相关标准执行进而导致冷链物流包装的质量很难得到保障，人们对冷链物流包装的认可度不高，对冷链物流包装技术的发展造成不利影响。

其次，技术不完善。冷链物流包装技术虽然能够有效地保证生鲜农产品在存储、运输过程中的保鲜能力，但是这一技术研发的时间较短，技术上的很多问题还有待解决。冷链物流包装技术在我国发展的时间并不长，因此技术的应用还不成熟。很多地区的冷链物流包装技术缺少相应的生产设备，配套设施也不完善，技术水平相对落后。这些问题会造成生鲜农产品在物流中的保存能力差。

再次，应用规模有限。由于冷链物流包装技术在我国处于刚刚发展的起步阶段，因此在冷链物流产业中还缺少完整的推广宣传模式，人们对冷链物流包装的认知度有限，进而导致冷链物流技术发展受到制约。相比于传统的物流技术，冷链物流包装技术的投资需求更高。我国现阶段的冷链物流企业一般规模较小、资金有限，因此在这一领域投资发展的企业数量较少，也造成冷链物流包装技术的研发工作受到阻碍。

最后，产业发展不完善。冷链物流包装技术是一项十分复杂的专业技术，很多易腐的生鲜农产品在进行冷链物流包装时需要复杂的工艺和设备。当前我国在冷链物流包装行业中还缺少很多与技术相配套的生产设施，产业资源的整合程度低，缺乏统一的发展规划。在冷链物流产业链中，上游企业与下游企业之间的协调性也需要进一步磨合。例如，冷链物流产业在冷库设施的建设中更加重视肉制品冷库的发展，而忽视了其他生鲜食品的冷库建设；从建设规模的角度来看，行业内部更加愿意建设大型冷库，而轻视对零售型冷库的发展。这些发展不平衡的问题都对冷链物流产业的发展造成不利影响，导致冷链物流至今还尚未形成一个能够独立运作的产业体系。

⫸ 6. 冷链包装的分类

对于生鲜产品、加工食品和医药产品这些需要温控条件的产品类别来说，商品品质的高低不仅取决于商品自身的好坏，也与其在物流环节是否处于适合的冷链环境息息相关。在冷链物流中，合适的冷链包装不仅能够为产品保持最适宜的温度，让食品保鲜，让药品保质，同时也可以有效避免挤压磕碰，降低货损。与此同时，生鲜电商行业的蓬勃发展，使末端配送冷链包装需求量急速增长，对冷链包装技术提出了更高的要求。

物流包装作为在物流过程中保护商品、方便储运、促进销售的容器、材料及辅助物的总称，具有丰富的种类。例如，按照使用次数，可以分为一次性包装、多次包装和可循环（可周转）包装等；按照功能，可以分为储存包装、运输包装、销售包装等。

冷链包装是物流包装中一个细小的分支，由于其所装载商品——生鲜产品、冷冻食品、加工食品、药品等的特殊性而受到关注。此处所探讨的冷链包装技术主要聚焦于此，即在运输及配送过程中，生鲜、冷冻食品及医药的冷链包装技术。其中，医药冷链包装需求主要集中体现在干线运输及城市配送环节，生鲜食品还涉及末端配送冷链包装，且以这部分需求为主。

冷藏车辆作为冷链运输中最重要的设备，可以视为"大冷链包装"。冷藏车辆按照温度区间要求的不同分为多种类型，如保温汽车、冷藏汽车、保鲜汽车，以及专门用于医药冷链的运输车等。在技术方面，箱体绝热性能优化、新制冷方式研究和新箱体结构研制成为主要方向。

（1）冷藏保温箱

冷藏保温箱绝大多数用于冷链物流的最后一个环节，即末端配送。近几年，随着生鲜电商的蓬勃发展，对保温箱的需求量上升到新的数量级，仅安鲜达一天的使用量便达到 5 万 ~ 6 万个，一年超过 2 000 万个，整个行业的用量不难想象。除了末端配送，保温箱也被大量用于药品的干线运输及落地配等，京东等传站（从分拣中心到站点）环节使用的也是不同温层的保温箱。

对于医药冷链配送，由于其温度区间更多，要求更高，保温箱根据材质的不同也具有多个类型。例如，中集冷云针对 7 种保温材质进行透彻研究，结合冷媒、客户使用场地等诸多因素，推出了多种保温箱，如表 7-7 所示。

表 7-7　中集冷云针对不同保温材质推出的保温箱

保温箱类型	保温材质	特点及适用范围	温控需求
一次性保温箱	高密度聚丙乙烯	形体密封性好，温控效果优	可以满足不同温控需求，温控时间 12 ~ 72h
	挤塑成型聚丙乙烯	隔热性好，吸水性差	
可周转保温箱	聚氨酯（PU）泡沫	密封性好，隔热效果好	可以满足不同温控需求，温控时间 20 ~ 100h
	PE + PU 箱	军工工艺，坚固耐用	
	VIP 系列箱	整箱的导热系数降低	
	VIP + PU 系列拼接箱	无须模具，规格灵活	
	VIP + PU 系列一体箱	一体发泡成型，密封好	
	便携式保温箱	便于携带和搬运	

（2）航空冷链包装

除了公路运输，部分易腐生品和药品也通过航空冷链运输。由于药品价值更高，冷链运输要求更为苛刻，需要从厂家到病患的冷链全程严格遵循温控等要求。各航空公司必须保证产品温度的准确性和稳定性，对此采用了新型航空温控集装箱、药品运输隔热罩、Silverskin 或 Temax 等产品或解决方案，在药物冷链包装上的投资也远远超过易腐品。目前，航空冷链包装技术还在进一步朝着基于云技术的货物实时跟踪监控等方向升级，同时寻求降低冷链包装和运输成本。

▶ 7. 冷链包装未来的发展方向

在保温箱需求量不断增长的同时，也面临技术升级要求，以实现更低的成本、更高的保温性能和更精准的温度控制。在技术发展方向上，聚焦于保温材质升级、单元化/标准化、匹配自动化设备等，主要体现在以下几个方面：

1）延长保温时效，精准控制温度范围。由于不同的药品有不同的温度区间，需要严格控制；不同的生鲜蔬菜水果等也有适宜的温度要求，以保证营养流失得更少；而在东北等地区，生鲜蔬菜等还面临冻伤的问题，需要保温箱进行保暖等。因此，保温箱的功能正由保证商品不坏向保证商品品质更好的方向提升。如何使保温箱保温时间更长，并且为不同的商品提供适合的温度范围，成为对保温箱最重要的要求，也是保温箱技术发展的重点。

2）绿色环保，减少包装污染。众所周知，在电商的快速发展下，由海量包装带来的环境压力正成为大众关注的焦点，对于冷链包装而言，同样面临这方面的问题。为了更加绿色环保，目前整个物流行业正刮起一阵清新的"绿色回收风"，而冷链物流领域也在积极寻找更加环保的保温箱材料，并且将一次性使用的保温箱升级为可周转保温箱。

3）改变外形，减少空间占用。当可周转保温箱成为行业趋势，其后续的回收和存储就面临新的问题——存储空间及运输空间。这些都是与物流成本息息相关的。为此，企业对可周转保温箱的外形设计进行了调整，使其可折叠、可套装，从而减少空间占用。

4）打造智能保温箱，实时可追溯。随着大数据时代的到来，利用"互联网＋"大数据思维发展已经成为物流行业的共识，保温箱也越来越智能化。

5）设计更多规格，满足多种冷链运输需求。据介绍，目前部分医药企业在小批量冷链运输方面正处于困境：采用普通保温箱运输，单箱装载量有限，运输成本过高；采用冷藏车包车，成本太高，而拼车运输时限受到制约。

本章小结

本章首先从内装物特性、需方要求和限制事项、危害因素、内装物的防护、包装方式五个方面展开诠释了如何确定产品的物流包装。在确定了产品的物流包装后，为了保证包装的有效性，接下来介绍了如何应用到实际场景中对包装进行试验验证、监测与改进。基于对产品物流包装方案的确定，接下来分别对包装行业中的典型产品——机电产品、生鲜产品以及服装产品的物流包装进行了阐述。

在案例方面，首先以电焊机物流包装设计为例，阐述了其包装材料、包装方式和注意事项；然后以易果网的生鲜包装为例，介绍了在实际操作中生鲜运输的复杂性。

最后，本章介绍了未来全球包装行业的四大趋势：互联式包装、循环回收、重塑包装箱以及零塑料，诠释了对消费者、品牌和制造商的影响，说明了绿色包装材料的选材与制造对行业发展的重要作用。

参 考 文 献

[1] 陈国良，王熙法. 遗传算法及其应用 [M]. 北京：人民邮电出版社，1996.

[2] 戴宏民，戴佩华. 绿色包装材料的研发进展和我国的发展对策 [J]. 包装工程，2004，25 (6)：4-7.

[3] 丁天明. 基于循环经济理论的我国快递包装"绿色化"发展研究 [J]. 物流科技，2020，43 (4)：28-33.

[4] 方文康. 新时代的绿色包装材料发展 [J]. 上海包装，2018 (6)：46-48.

[5] 方荧. 新型绿色环保材料缓解天牛虫引发的外运危机 [J]. 中国包装，1999 (1)：44-46.

[6] 戈伟. 我国软包装行业面临的问题与对策 [J]. 绿色包装，2019 (9)：52-54.

[7] 郭彦峰. 包装物流技术 [M]. 北京：印刷工业出版社，2011.

[8] 韩永生. 包装管理、标准与法规 [M]. 北京：化学工业出版社，2003.

[9] 贺克. 基于绿色包装设计的可持续发展研究 [J]. 大众文艺，2017 (23)：76.

[10] 贾琳琳. 绿色物流大潮下的国际贸易：国外经验及国内应对 [J]. 商业经济研究，2017 (11)：118-119.

[11] 李蓓蓓. 绿色包装的评价手段：生命周期评价法 [J]. 包装工程，2002，23 (4)：150-152.

[12] 李春田. 标准化基础 [M]. 北京：中国标准出版社，2004.

[13] 刘鼎铭. 国际集装箱及其标准化 [M]. 北京：人民交通出版社，1998.

[14] 刘冬林. 绿色物流的制度研究 [D]. 武汉：武汉理工大学，2010.

[15] 刘林，王凯丽，谭海湖. 中国绿色包装材料研究与应用现状 [J]. 包装工程，2016 (5)：24-30.

[16] 刘鹏飞，谢如鹤. 物流包装价值分析 [J]. 包装工程，2005，26 (1)：110-112.

[17] 刘诗雅，冯洪炬，向红. 电商物流包装存在的问题与对策 [J]. 包装工程，2015，36 (5)：144-148.

[18] 刘小静. 面向物流的包装设计：宜家案例分析 [J]. 包装工程，2020，41 (9)：174-180.

[19] 刘永翔. 产品生态设计观念与绿色包装设计 [J]. 包装工程，2003，24 (6)：119-121.

[20] 刘勇，李军柱，李帅，等. 包装设计组织结构对于物流绩效的影响分析：宜家家居集团包装设计组织结构变迁及启示 [J]. 港口经济，2011 (7)：38-41.

[21] 刘战豫，孙夏令，薛金礼. 我国绿色物流发展面临的突出问题及应对策略 [J]. 经济纵横，2018，390 (5)：97-101.

[22] 陆佳平. 包装标准化与质量法规 [M]. 北京：印刷工业出版社，2007.

[23] 宋世斌，杜明. 影响瓦楞纸箱抗压强度的因素及改进措施 [J]. 包装工程，1996，17 (5)：22-24.

[24] 王安霞，魏旭. 论宜家产品包装设计成功的核心要素 [J]. 包装工程，2013，34 (8)：

5-8.

[25] 王娟. 汽车行业容器共享平台模式研究 [D]. 上海：上海交通大学，2013.

[26] 王晓红，徐革岭. 现代物流标准化和包装标准化 [J]. 包装工程，2005，26（2）：82-84.

[27] 王玉. 汽车行业包装器具租赁共享发展探讨 [J]. 物流技术与应用，2019，24（12）：131-134.

[28] 王作雨，彭国勋. 军用物流包装系统的生态设计 [J]. 包装工程，2014（9）：140-146.

[29] 席涛. 包装设计的绿色革命 [M]. 上海：上海科学技术文献出版社，2002.

[30] 许笑平. 绿色物流的发展障碍与推进策略 [M]. 北京：清华大学出版社，2012.

[31] 杨昌举，黄灿. 中国输美商品木质包装案的深层次分析 [J]. 环境保护，2000（11）：39-42.

[32] 杨国新，杨萍. 绿色包装设计探析 [J]. 包装工程，2006，27（3）：240-241.

[33] 佚名. 共享站方便纸箱循环使用 [J]. 绿色包装，2019（6）：92-93.

[34] 佚名. 科思创与农夫山泉合作聚碳酸酯材料 [J]. 绿色包装，2020（2）：24.

[35] 佚名. 快递包装垃圾困局怎么破？ [J]. 绿色包装，2020（2）：79-80.

[36] 张成钢，杨晓艳. 玻璃包装废弃物回收现状研究 [J]. 玻璃，2019，46（9）：48-52.

[37] 张芳. 食品包装分析报告 [J]. 中国包装工业，2016（5）：30-37.

[38] 张新颖，郑明. 回收物流 [M]. 北京：中国物资出版社，2003.

[39] 赵彬. 电焊机运输包装技术及试验的研究 [D]. 杭州：浙江大学，2017.

[40] 朱磊. 快递绿色包装迎"检阅"年 [N]. 中国新闻出版广电报，2020-04-15（D5）.

[41] 莫森. 基于物流包装尺寸标准化的集合包装优化系统研究 [D]. 重庆：重庆大学，2008.

[42] HANLON J K. Handbook of package engineering [M]. New York：McGraw-Hill Book Company，1984.

[43] KOPICKI R J，BERG M J，LEGG L，et al. Reuse and recycling：reverse logistics opportunities [M]. Oak Brook，IL：Council of Logistics Management，1993.

[44] ROWLINS G. Foundations of genetic algorithm [M]. Los Altos，CA：Morgan Kanfmann，1991.

[45] STOCK J R. Reverse logistics [M]. Oak Brook，IL：Council of logistics Management，1992.

[46] ZHANG Q H，SEGERSTEDT A，TSAO Y C，et al. Returnable packaging management in automotive parts logistics：dedicated mode and shared mode [J]. International Journal of Production Economics，2015，168：234-244.